弃购的江湖

王巍 ◎ 著

中国出版集团
中译出版社

图书在版编目（CIP）数据

并购的江湖 / 王巍著. -- 北京：中译出版社，2023.5
ISBN 978-7-5001-7283-3

Ⅰ.①并… Ⅱ.①王… Ⅲ.①企业兼并 Ⅳ.①F271

中国版本图书馆 CIP 数据核字（2022）第 247682 号

并购的江湖
Binggou de Jianghu

著　　者：王　巍
策划编辑：龙彬彬
责任编辑：龙彬彬
文字编辑：田玉肖
营销编辑：马　萱　纪菁菁
出版发行：中译出版社
地　　址：北京市西城区新街口外大街 28 号 102 号楼 4 层
电　　话：（010）68002494（编辑部）
邮　　编：100088
电子邮箱：book@ctph.com.cn
网　　址：http://www.ctph.com.cn

印　　刷：河北宝昌佳彩印刷有限公司
经　　销：新华书店
规　　格：710 mm×1000 mm　1/16
印　　张：26.5
字　　数：350 千字
版　　次：2023 年 5 月第 1 版
印　　次：2023 年 5 月第 1 次印刷

ISBN 978-7-5001-7283-3　　　　定价：89.00 元

版权所有　侵权必究
中　译　出　版　社

序言一

我认识王巍是1987年11月的事。我们一群在美国金融市场工作、学习的中国留学生组织的中国旅美商学会（China Business Association）在哥伦比亚大学搞了一次有关美国资本市场的讲座，王巍那时刚从国内来到纽约攻读博士，给我们带来了国内金融改革的大量信息。我们当时对在国内搞金融改革充满了热情，而王巍也正因为刚刚离开国内热火朝天的金融改革舞台而彷徨四顾。大家惺惺相惜，一拍即合。

那年10月19日，美国乃至整个资本主义世界的资本市场发生了一场堪比8级地震的事件。从纽约股票交易所开始，道琼斯指数一天暴跌了近四分之一。华尔街可说是人仰马翻、血流成河。本来我们这些已经在美国学习、打工多年的中国留学生并没有将此事与当时中国国内的经济改革形势联系起来，因为当年的中国无论是从经济总量、人均GDP还是从金融市场的成熟度乃至基本经济制度的设计上都可说与美国有天壤之别。可是中国驻纽约总领馆带给我们的信息却让我们吃了一惊：中央高层领导对这次席卷整个资本主义世界的金融海啸十分关注，迫切地需要了解其确切信息，并要求我们就此次事件对美国乃至世界经济的影响做出近距离的评价。中国政府对这样一个貌似远离中国国内方方面面国计民生的事件如此重视，大大地出乎所有人的预料，自然对我们触动很大。这也促使我们组织了在哥伦比亚大学的那次讲座，从而得以接触到许多金融业界、学界的朋友，其中就包括了像王巍、戴伦彰等刚从国内到美国的金融界人士。

王巍迅速地加入了我们与华尔街一些年轻的金融家、律师、会计师等在此前不久搞起来的"中国资本市场促进委员会"（Council for the Promotion of China's Capital Markets），并十分积极地参与活动，最终成为向中央政府建言建立中国自己的股票交易所的白皮书起草小组的几名成员之一。

中国的资本市场在短短30年里发展到今天的规模、体量及影响力，不能不说是中国乃至世界经济史上的一个不容忽视的事件。这固然与整个世界政治经济格局与互动态势在过去几十年中的巨大变动不无关系，但同时也是当时国内外无数志士仁人各自以不同的方式为改变中华民族一百多年的悲催境遇、提高中国在世界民族之林中的地位、改善亿万普通中国人的生活条件而不计名利、努力奋斗的结果。在我看来，王巍正是这些奋斗者中不可多得的一位。

王巍在1992年获得福特汉姆大学金融学博士之后回国，先后在中国资本市场上扮演过不同的角色，积累了大量的实践经验，也通过自己的观察、思考而获得相当多的感悟。后来他放弃了市场一线的纸醉金迷和纷纭热闹，开始从事中国兼并收购协会的组织建设及金融博物馆事业，以自己特有的方式开展对市场的宣传教育工作。据我观察，他所从事的这两项工作，无论是在国内还是在国际上，都取得了相当的成绩，并获得了相当的认可。

眼下许多人对世界金融市场特别是中国市场今后数年的宏观发展态势持悲观的看法；对技术层面的问题更抱有犬儒主义的态度。其实，正如巴菲特先生和达利欧先生所不厌其烦反复告诫我们、而绝大多数人却总是无法领会其直白语义背后之精髓的情形那样，任何一种经济局面下都会有投资成功的机遇，关键在于我们如何高度自律地学习、理解、运用各种市场信息带给我们的启示。王巍将自己在过去几十年通过学习、观察、实践、思考积累的国际资本市场上的大量事件、案例整理出来，加以分析、评论，应当说是为金融界人士提供了一个很好的学习、讨论平台，便于大家在此基础之上进一步学习、思考、实践，从而将中国投资界在历经近年来范式改变洗礼之后的研究、操作水平提高到一个新的阶段。

高西庆

中国证监会原副主席

2023年2月2日

序言二

1986年，我作为一个好奇的加拿大人来到广东省，为我创建的体育用品品牌寻找制造合作伙伴。在过去的36年里，我见证了中国从低成本生产商到制造合作伙伴，再到被许可方转变为授权许可方，最后到品牌收购方和全球品牌开发商的转变。我们不能低估这种转变的力量。对于中国及其周边地区来说，中国巨大的潜力激发了大众的活力。

在过去的20年里，我也见证了中国和世界其他国家之间的贸易和投资关系的诞生，这种关系注定是无与伦比的。中国投资者越来越多地将资本配置多样化，以欢迎国际市场和国内市场的投资者。工业、消费和科技行业是近期投资最大的受益者。中国的"数字革命"和碳中和也成为影响我们全球未来的两个重要趋势。

首先，中国通过技术创新和国内外技术开发部署的投资，为"数字革命"做出了重大贡献。

此外，中国在碳中和方面的先锋作用为我们这些投资者提供了一生中最大的创新机会之一。我们已经到达这样一个时刻：世界各地的企业和人们比以往任何时候都更受鼓舞去做正确的事情，去合作、创新并加速实现一个更加可持续的未来。

在中国的带头作用下，世界上最先进的国家提出了一系列实现碳中和和清洁能源向净零排放过渡的目标。到2050年，中国可再生能源发电的比例将提高到50%以上，风力发电和太阳能发电将增长一倍。新能源领域的并购和投资机会无与伦比。我相信，中国在水电、核能、风能、太阳能、生物质能、氢能等领域的决定和主导作用，将具有重大的经济和地缘政治意义。

2018年，在本书作者王巍博士的推动下，亚太并购协会理事会在北京成立。这是一个由18位理事组成的大会，旨在促进18个成员方之间的跨境并购和投资。2022年底，我们宣布向全球并购协会过渡，我们的目标是在2023年将覆盖范围扩大到包括来自欧洲、美洲、中东和非洲以及亚太地区的并购专业人士。

并购是一个以人为本的行业。尽管我们的贸易工具已经进步，所有业务部门正在数字化转型，但我们行业的核心是人。全球并购与投资委员会（GMAIC）的成立使命是纯粹的：创建一个全球平台——与政府产业发展相关但不受政治利益制约的平台，为我们行业的并购和投资专业人员提供协调和合作的机会。我们团结一致，以行业最高标准追求合作学习、支持和交易，以期在所有国家内部和国家之间实现卓越的并购进展。我相信，这个全球独特的联盟组织将在所有市场产生示范性影响。

随着第四次工业革命下一篇章的展开，我对中国的未来充满乐观和热情，对中国及其并购从业者和投资专业人士将在全球社会发展中发挥的日益重要的作用充满信心。我设想，如果我们在目标、资源和承诺方面保持一致，我们将迎来一个真正繁荣的未来。

我钦佩王巍博士在推动中国与世界其他国家之间的并购方面所表现出的毅力和创造力。《并购的江湖》正是我们期待已久的，从并购前辈的历史中汲取智慧和灵感，这会给未来的并购人士带来巨大的收获。

大卫·弗格森（David Fergusson）
亚太并购协会联席主席
联合国全球创新网络项目 ESG 和碳中和
投资指导委员会主席
2022 年 12 月 20 日

序言三

我和王巍相识于纽约，都是改革开放后第一批留学生，都怀揣着金融报国的理想。20世纪90年代初，我满怀激情地游说他和我一起组建高盛团队，把华尔街的投行业务引入国内。出乎我的意料，王巍选择放弃华尔街的诱惑，直接回国投身于中国证券及公司并购市场的创立和发展。这无疑是一条更具开拓性也更加坎坷和极具挑战性的道路。当时我不太理解，转眼几十年已过，现在看来他的选择是明智的。他在业界被广泛认可的成就是最好的证明。

在写作方面，我是王巍的铁粉。当年在纽约我们曾经合作为某杂志撰写金融稿件。每当动笔的时候，都是他干活，我歇着。这本并购的书凝结了王巍几十年的经验和思考，体现了国际视野，充满本土智慧，我读了很受启发。他的文笔流畅，内容深入浅出，语言生动幽默，可读性很强。在此强烈推荐给国内或国际上所有希望在并购市场上有所作为的企业和从业人员，相信你们不会失望。

刘二飞
亚投资本主席
原美林（亚太）有限公司主席
2023年2月4日

前言

我要写一本什么样的并购书

2022年夏天,中译出版社乔卫兵社长亲自出马,以其极具煽动力的语言和压迫感十足的口气劝我,作为长期沉浸并购江湖的老将和行业协会的会长,我写这本书必定有市场影响力。尽管已经过了虚荣的岁月,但是这种期待还是让我不免正襟危坐起来,开始翻检大量过往资料,并参考大量近年来关于并购的新书,真的把自己当成学者或业界导师而"端"了起来。

真正动笔了,才越发感到困难重重。市面上的并购教材和所谓专业参考书,多数都是学者和教授主笔,很有逻辑和思想深度。这些书总结出了一套理论和规则,案例写得也很生动、易懂,多是传媒报道的再加工。我从事并购操作几十年,了解越多,胆子就越小,除了具体案例的讨论,实在不敢妄议,更不知规则从何而来。而谈到具体案例,又涉及许多人物和机构的隐私,不便分析,这是职业伦理。况且,我近10年来主要从事公益事业,与市场渐行渐远。并购市场变化之大,远非当年的面目。

按官方传媒报道的口径亦步亦趋,或按照监管机构的原则条分缕析做些诠释工作,倒是顺手。可是,在汗牛充栋的同类书市场上,还需要这样一本书吗?我狐疑起来。不过,自己承诺的事,无论如何纠结也要做完,这是君子一诺了。

金融(当然也包括并购)的初心与核心动力首先是创新,这是驱动商业文明进步的机制。到了成熟的市场制度与社会生态中，政府的监管陆续形成了规则和秩序。政府为维护市场稳定和社会安全，当然要监管和指导，而金融家的首要职责依然还是通过不断创新来实现产业、科技、消费等各个领域的文明发展。让负责创新的力量以建立规则和秩序为责任，或让负责监管的力量创新变革传统秩序，这都是非常危险的本末倒置。显然，我作为一个民间创业者，以个人的立场和体验来写一本片面的书才是本分。自然没有视野和能力做非分之想，这样也卸下了自己的责任和压力。

过去30年来，中国的资本市场充分借鉴了美国与欧洲两百多年来的金融模式，初步建立了有中国特色的金融体系，丰富而完整，这是一代创业者、企业家和政府监管者共同奋斗的成果。我们有幸参与其中，很有成就感。同样奠定这个成就的还有一大批失败的创新者、企业家和监管者，充满着大量不规范和江湖规则的实践。忽略这个事实，将失去许多重要的历史背景，而误导人们对资本市场成长的认知。其实，关注那些摆不上台面的不规范操作，才能发现规则与正能量的伟大。

例如我们有几千家上市公司在境内外的股票交易所上市，一般都被认为是国际化、规范化、透明化的样板，也是监管部门眼里的"好孩子"。问题是，对于几千万家中小企业而言，这些公司不过是露出水面的冰山一角，而这些公司真正的资源还在水面以下的深海处。本书将要展示的内容就在这个并购市场上。

这些公司多数还处在创业和野蛮生长阶段，除了有机会大量获得创业投资和股权投资等的优秀公司外，还有相当多的公司存在很多弊病，如财务不透明、管理混乱、偷税漏税、灰色交易等，很多学者甚至在道德层面评价这些公司是投机倒把、巧取豪夺、假冒伪劣、欺行霸市……事实都是这样吗？所有伟大的公司不都是从这些原始冲动、粗糙经营、野蛮生长而走出来的吗？没有江湖体验和历史共情，空谈规范与原则能够真正理解并购市场吗？

历史的经验告诉我们，所有创新者都是当时主流观念和秩序的搅局者

前 言

与"坏小子",国外的摩根、米尔肯、索罗斯、乔布斯和马斯克如此,中国的许多著名企业家也是如此。所有伟大的秩序都是从原始野蛮混沌的土壤中演化而来的。没有这个土壤,秩序也无从谈起。于是,我调整了本书的写作立场,以自己的业界经验和非主流的观念讲述并购的逻辑与故事,作为绿叶来衬托市场上大量"正能量"的并购教科书。这里,做些自我介绍,以体现笔者有资格来写这样一本书。

1992年,我从美国留学回国,参与了国内最早的证券公司、基金公司、信托公司及至城市信用社的创建,推动了一系列国有企业的改制、融资、上市与并购交易。1997年,创建民间的并购顾问公司,更多地参与了民营中小企业的并购、融资与上市的案例,积累了丰富的行业经验。

大约在1999年,应张新民院长邀请,我在对外经济贸易大学国际商学院主讲了国内第一门关于并购的MBA课程。之后,我陆续在中欧商学院和长江商学院正式担任客座教授约10年,在清华、北大等十几所大学举办相关讲座,也多次在美国、日本和欧洲的大学和论坛讲中国的并购。那时,国内还没有人讲并购,我算是别开生面了,很受企业家的欢迎,多次被评为"优秀教师"。

2002年,我又与同人们一起创建国内的民间行业协会——中国并购公会(现在是"全联并购公会")。我花了大量精力与并购业同行、企业界和监管界交流,主编了十几年《中国并购报告》,也写了大量的专业评论,解析行业格局和趋势。2007年起,我与日本和韩国同行一起创建"亚洲并购协会"(Asia M&A Assciation, AMAA),后来又与美国同行一起将其扩大成"亚太并购协会"(Asia Pacific M&A Council, APMAC)。与全球并购业人士的广泛交流,让我开阔了并购视野。

有多年经验和教训垫底,我自信可以写出独具特色的业界参考书。不过,我非常清楚,今天的中国并购市场已经是贯穿所有产业领域和跨越商业、法治、社会、文化及至政治等不同维度的复杂体系,生机勃勃,极为开放与广阔。一个人的阅历和经历实在是渺小,只能窥测一二,而且必定片面和肤浅。但是，所谓严肃的历史正是通过大量片面和肤浅的观察才能显现，才能延续至今。作为亲身经历30多年并购市场的并购人，我感谢这个时代给予的机遇，同时也有一份记录的责任。我期待这本书会有这样几个特点：

有学术底蕴的参考书。轻松阅读，不烧脑。写作态度认真，不能对不起曾经得到的一大堆学位证书和各种社会头衔。

有个人亲历的纪实书。中国的本土并购是一部市场驱动前进的历史，许多重要人物和事件已成为里程碑，我有幸相遇，真人真事，应该有所记录。

能启发思考的讨论书。并购是艺术，每个人都有不同的操作方式，而且在不同时空场景下有全然不同的战略定位。我的局限和经验应该引发更多的问题，而不是结论。

是参与未来的申请书。"俱往矣，数并购英雄人物，还看未来。"大数据、第三代网络社会、DAO、人工智能和元宇宙等，这是新一代网络与算法人类的并购前沿，远远看去，令我大为心动，不免摩拳擦掌一番，希望年轻人能提携我。

最后，并购当然是快速成长和创造财富的重要手段，但是在商业成功的焦虑背后，真正引领并购方向和驱动并购的动力还是创新的快乐。每一次并购都是创造一个新的企业生命，改变一个环境和生态，实现一次商业、社会和人生的价值。对于创业者和企业家而言，并购是快乐的源泉。希望这本书也少一些沉重，多一份欢愉。

特别感谢书中提到的所有业界朋友，你们就是参与和创造当代中国并购历史的主角。我的所有点评与议论均是由衷之言，罪我知我誉我者，均鸣谢于内。

王巍

2022年8月9日

目录

第一章 并购价值观
- 从马斯克收购推特谈起 / 003
- 为什么要学习并购 / 010
- 并购创造价值 / 015
- 并购究竟是什么 / 020
- 大部分并购都是失败的吗 / 026

第二章 并购简史
- 美国百年 5 次并购浪潮 / 035
- 日本并购演化与中日并购的观察 / 042
- 中国的近代并购简史 / 050
- 新中国成立初期的社会主义改造 / 055
- 改革开放后的中国并购 / 059
- 中国并购的基础、手法与眼光 / 071

第三章 中国并购发展的重要里程
- 并购观念的冲突 / 079
- 影响中国当代并购的重要人物 / 084
- 铭刻中国并购里程的重要事件 / 093
- 并购观察：中海油、德隆与中航油 / 098

第四章 并购是操作的艺术

并购的四个核心要素 / 109

如何评价一个并购交易 / 114

并购的观念资源：学术角度 / 118

对并购的把握：江湖功夫 / 122

第五章 并购的战略

从资本运营到 SPAC / 131

并购的战略设计 / 138

需要有并购计划书吗 / 143

应对并购的失败 / 147

第六章 并购的定价

并购定价有标准吗 / 157

教科书里看不到的并购定价过程 / 163

公司估值的模式与参数 / 169

案例：飞利浦收购孔雀集团 / 173

第七章 谁给并购提供融资

从米尔肯的垃圾债券谈起 / 183

野蛮人的杠杆收购 / 189

资本观念的革命 / 195

并购贷款：呼唤市场的动力 / 198

我的并购基金经历 / 202

第八章
制造并购

设计与创造交易 / 213

我们需要"尽职调查"吗 / 219

投资银行在做什么 / 229

如何选择财务顾问 / 232

第九章
并购的整合

并购整合是个伪问题 / 239

国美股权之争超越文化整合 / 244

从达娃之争看契约精神 / 248

第十章
MBO，
管理者收购

MBO，管理者收购 / 257

MBO 从"阴谋"走向"阳谋" / 262

新天钢并购与混合经济 / 269

《读书》杂志的 MBO 讨论 / 273

第十一章
重组与产业
整合

不良资产与困境资产 / 283

我参与的三个重组案例 / 287

产业整合与商业周期 / 293

第十二章
并购市场与
并购公会

并购市场的创建与发展 / 301

并购公会是如何成长起来的 / 306

丰富并购的生态 / 313

案例：从 ACG 到天津融洽会 / 321

并购公会：一个行业协会转型的样本价值 / 326

第十三章 全球并购：风险 与经济安全	从国家风险到海外投资 / 335 国家经济安全的考量 / 340 从 CFIUS 到 FIRRMA / 349 并购之旅：上海、纽约到达沃斯 / 355
第十四章 Web 3.0 时代的 并购观念	Merge NFT 与 Web 3.0 的开启 / 367 数字并购的尝试与思考 / 373 从并购到金融元宇宙 / 380
第十五章 并购的江湖	视野、激情与妥协 / 389 中国里程，全球节奏 / 394 疫情后的并购机遇 / 397 并购的最高境界 / 402

第一章

并购价值观

并购的江湖

企业并购是市场交易行为，有收益或亏损，也有成功或失败，从财务分析上很容易判断得失。但是，企业还有一个超越资产、商品和服务的社会生态属性，对企业所在的社区环境、产业链以及股东、雇员和管理层都将产生难以计量的多方面影响，也就是经济学所说的"外部效应"。重要的企业甚至涉及国家经济安全。所以，企业并购不仅是商业上的考量，还要考虑更为广泛的效应，这就涉及并购的价值观。

选择哪些企业进行并购交易？谁来主导并购过程？并购完成后按哪种状态和目标进行管理？如何判断一个并购交易的成败与得失？并购交易过程中或完成后如何协调与股东、管理者、雇员、客户以及社区环境等的关系？……这些考量就体现了参与并购各方在单纯商业动机之外的立场和信念，这些立场和信念会支配并购交易的发动、操作和完成。每一个并购交易者都要确定价值观。另外，在不同时代和背景下，价值观也会有所调整。

本章就美国著名创业者马斯克（Elon Reeve Musk）在2022年4月启动对推特的并购展开讨论，导入对并购创造价值的理解，特别是对并购价值观的提示。这是从事并购交易事业的一个非常重要的信念培育。

从马斯克收购推特谈起

2022年4月，中国民众都在关注上海"封城"，或者是俄乌冲突引起的全球"站队"。现实世界时光仿佛倒流，但数字经济领域正在发生天翻地覆的变化，NFT、Web 3.0和元宇宙等新概念喷涌而出。在我所关注的并购交易领域里，也是新闻不断。2022年的前5个月，全球并购市场上连续发生了3起500亿美元规模的大型并购：微软收购动视暴雪（4月19日，687亿美元）、马斯克收购推特（4月14日，440亿美元）、博通收购VMware（5月27日，610亿美元）。这3个大型并购交易都发生在云计算、大数据和元宇宙等数字经济领域。

美国明星企业家马斯克在4月14日突然在自己的推特上声称要收购全球最大的社交传媒平台推特（Twitter），引起全球传媒和投资界的关注。在各种博弈和股价跌宕起伏中，两周后的4月27日，推特董事会同意了这个收购。[①] 鉴于马斯克本人的知名度和推特作为全球最大的社交平台之一，这个事件本身就非常有新闻性和戏剧性，激发了全球性的关注与热议。并购博物馆也连续推出几期并购火线讨论此事。我参加了视频讨论，也写了一篇点评。我没有讨论并购案的技术细节，而是从破坏规则、制度创新和展示价值观的立场上做了正面评价，这篇文字引发了几十万阅读量。文字不长，我照录于下，作为书的开场。

2022年引发全球各界关注的一件大事就是马斯克要收购推特。4月14日他宣布要以每股54.20美元现金收购推特100%股权，大约折合430亿美元。在比市场价格高出54%的报价后，他以一贯的霸气姿态表示，如果不被接受，则以推特最大股东的地位做出其他选择。马斯克是创造了一系列包括特斯拉和太空探索技术公司（Space X）在内的成功企业的全球级企业领袖，推特是全球最具影响力的社会舆论与社交平台，这两个"网红地标"的交易自然成为焦点，引发无数可能性。记忆中如此具有影响力的事件还是2000年的美国在线收购时代华纳。这次并购动用了1 600亿美元，被称为"世纪并购"。

有意思的是，随后几天越来越多的专业机构参与，更多并购相关的词

[①] 泽南，蛋酱. 440亿美元，马斯克成功收购推特［EB/OL］.（2022-04-27）［2022-8-20］. https://m.thepaper.cn/newsDetail_forward_17816029.

汇涌现，令人眼花缭乱，诸如恶意收购、私有化、毒丸战术、要约收购、收购讹诈……一时间各种媒体都聚焦这次收购，做出各种预测和分析，风头一时超过了全球疫情泛滥和俄乌的缠绵战事。与以往的大型并购交易不同，马斯克本人的率性风格和自媒体主导了几乎所有的并购舆论，而且全然脱离了华尔街主流的并购模式。跳出投资银行圈关于估值和并购技术的讨论，我们先从社会视野观察马斯克这次操作的几个特点。

价值观驱动。并购是商业行为，几百亿美元的资本当然有利益的考量。但马斯克几次谈及此事都强调出于价值观的考虑，要保证社会舆论平台的公正与透明，要担负起对社会的责任。① 这与他当年谈到特斯拉电动汽车、航天飞行、火星探险等的想法一致，价值观驱动的故事很打动公众，开拓粉丝眼界并加入共情，但却让各路资本大佬非常不爽，仿佛被贴上了唯利是图的标签而沦落到社会鄙视圈底层。这同样也刺激了监管当局，这原本是政府的权力和话术。价值观超越利润考量，道德包装居然真的成为本体了吗？

自媒体驱动。并购要考虑监管规则、资本实力和社会民意，有设计、有组织、有实施团队，基本都是小圈子低调运作，有华尔街约定俗成的套路。马斯克大张旗鼓地在自媒体上提出似乎是非常随意的想法，执意推进。这既没有与监管机构事先沟通，也没有专业团队出场热身，更没有与推特管理层或董事会摸底，甚至连自己的合伙收购机构也一头雾水，这种堂吉诃德式的挑战显然引发无限想象空间，几乎所有相关者都披挂上阵，专业圈大多嘲笑马斯克的妄想和赌命式行动，而"吃瓜群众"则亢奋如潮。自媒体可以成精，还要华尔街做什么？

顶流驱动。马斯克的一连串似乎随意的声明都产生了巨大的社会反响，

---

① 马斯克表示："言论自由是正常运行民主社会的基石，推特是一个数字化的市政广场，所以对人类未来至关重要的话题都可以讨论。"参见：https://baijiahao.baidu.com/s?id=1731137893380353020&wfr=spider&for=pc。

如成为大股东后放弃董事席位的邀约,如动用个人资本150亿美元主导全资收购,如将废除推特董事的巨额津贴,如提出不妥协的一口价,等等,将本是谈判桌上的事悉数推向社会公众,火上浇油。显然,马斯克是跨越资本圈直接向他的8 000万粉丝和公众表达诉求,不惜冒着再次触犯证券监管规则的危险。马斯克的每次发声都直接影响了推特和特斯拉的股价变化,公众影响力直接带来资本的变化。顶流就是竞争力,就是资本。

除了传统的华尔街并购规则与技术的套路外,马斯克通过这次并购计划再次展示了他个人独特的"激进创新"风格。除20年前他创建网上支付公司贝宝外,他的几次创业都是非常前沿、激进的,而且有一大批顶级金融工程师的支持。他显然是非常智慧也善于把握舆论的高手。这次,如此简单粗暴地通过自媒体和顶流地位来启动这样声势浩大的并购交易,无论成败,他都是赢家。透过技术分析,我更关注马斯克风格背后的时代背景,对未来并购、资本市场和社会将带来的改变。

一是互联网一代创业者会遵守华尔街乃至硅谷的各种资本与技术的规则吗?两百年来的资本募集与投资的主导者已经被机构化了,用一套财务数字、利润比例和披露规则形成了行业壁垒,也造就了中介机构、各类基金、交易市场和监管机构之间盘根错节的制约关系,或者直截了当地成为利益集团。互联网已经颠覆了一切,再造资本市场机制已经呼之欲出。继中本聪后,马斯克也是一个里程碑。

二是社会公众可以直接成为投票者或投资者吗?互联网一代特别是"千禧一代"的思维与行为模式与以往全然不同,独立自主、平等合作、时尚创新、反叛权威等已经是共识。他们已经成为全球人类的中坚力量,而且很快就会主导方向。重要的是,他们也是人类最富有的一代人,有能力自我承担风险并做出对自己最优的选择。他们的偶像和网红远比政府更有权威,马斯克登高一呼,众筹几百亿也是有可能的。这种资源凝聚的方式让华尔街大佬们如何自处,让监管机构如何应对?

三是金融和资本的治理模式。金融是国家的核心竞争力,如何驾驭它,这是一个迫在眉睫的大课题。一个面向社会的巨额交易只是一个开头，公众和舆论会在很大程度上左右监管态度，改变规则，促成并购。如同当年特朗普竞选总统一样，当下没有人再低估马斯克的能力和智慧了。马斯克也是数字货币的积极推动者，而民间数字货币已经对各国央行的法定数字货币产生了巨大的现实威胁。在区块链、人工智能和大数据的未来场景中，数字金融与数字资本的力量将更为巨大，潘多拉魔盒会如何打开？

马斯克对推特的收购不只是商业行动，还是再次破坏既定规则的公开宣言。华尔街和监管当局的规则再次受到挑战，而且一群谴责马斯克的投资银行大佬又立即争先恐后地排队期待为马斯克收购背书。今天早上的消息，十几家金融机构已经承诺提供收购资本。如同他的特斯拉、SPACE X、Boring（隧道建设公司）、星链等创新公司一样，马斯克一路都在打破垄断，破坏规则，开拓新的世界和眼界，仅仅关注并购的成败显然不够。作为隔岸观火的"吃瓜群众"，我们更关注这次并购对于金融规则、商业秩序、社会治理和文化演变的冲击。

（2022年4月22日）

几天后，马斯克正式宣布，在一批投资人的支持下完成了收购。当然，更多的问题接踵而来。马斯克能否真正控制并改造推特？能否商业获益并实现他的价值观？是否会将推特的数据库及算法与特斯拉的数据库与算法整合在一起而形成垄断？推特的社会人文生态如何与马斯克的几个商业生态融合？如何监管并购的外部效应？……尽管马斯克的并购全然不同于以往的并购，但传统金融业、监管者与主流传媒依然用典型的并购规则来观察和评价，这是可以理解的。正所谓"日已落而月未升"，所有光影都值得期待。当下的并购也是一样，正在面临一个巨大的转折点，我们恰到好处地站在转变的前沿。

2022年7月8日，马斯克收购推特又出现重大反转，马斯克认为推特的虚假信息太多而隐瞒了真实资产价值，决定放弃收购。推特则以法律起诉应对。① 并购出现变化是正常的商业行为，并购交易都是以落袋为安，这场大戏还没有完。从2022年4月以来，马斯克与推特管理层反复对攻，司法起诉，最终在10月27日完成收购，完成了以440亿美元收购推特公司的交易。马斯克正式入主这家陷入困境的社交网络，并担任推特CEO。

马斯克一上任就"血洗"管理层，解雇了多名推特原高管，包括CEO柏拉格·阿格拉瓦尔（Parag Agrawal），首席财务官内德·西格尔（Ned Segal），法律政策、信托和安全负责人维贾亚·加德（Vijaya Gadde）及总法律顾问肖恩·埃吉特（Sean Edgett）。马斯克入主推特的当天再度表达自己的目标："拥有一个共同的数字城镇对文明的未来很重要。这就是为什么我买了推特。我这么做不是为了赚更多的钱，我这样做是为了帮助我所爱的人类。"

在当代互联网与全球经济环境下，重大的并购交易早已超越了商业和金融技术的价值，更多的是表达了并购交易者对于产业格局和未来趋势的战略判断和社会责任价值观。并购交易中的观念与法律争执也更加清晰地体现了并购交易行为对现实产业与社区结构的改变。观察、学习和参与并购交易成为创业者、企业家和金融家必须历练的过程，也是参与改变周边环境和世界的平台。

在本书展开之前，我先讲述一幅画的故事。

2008年2月，我与几位山友去攀登南美阿根廷境内的安第斯山脉之顶峰阿空加瓜（Aconcagua），该山峰海拔6 962米。在突击营地遇到大雪，不得不在帐篷中等待天晴。在饥肠辘辘的煎熬中，我无聊地反复翻看同伴带来的一本魏晋诗词选。看到东汉末年建安七子之首的王粲（177—217）的一首诗，其中两句"人欲天不违，何惧不合并"。我的职业思维突然意识

---

① 泽南，张倩. 马斯克官宣放弃收购，推特：法庭见［EB/OL］.（2022-7-10）［2022-8-20］. https://www.thepaper.cn/newsDetail_forward_18943913.

第一章 并购价值观

到,这可能是1 800多年前的中文里第一次出现"合并"两个字吧。

下山后,我立即邀请几位艺术家画出这句诗的意境,但希望把原诗的政治失意转换为代表情趣相投的现实意义。结果四川电视台主持人、业余画家叶倩,很快发来她的画稿,我以此为基础创作了两张中国并购公会(后更名全联并购公会)的宣传画之一——《天下有情人,终成眷属!》企业并购就是找到情趣投缘的伙伴,一起创造新的市场和新的成长动力。十几年来,这张画始终作为我们公会的重要标识,也得到了业界的广泛认可。另一张画,我会在最后一章介绍。

全联并购公会宣传画

并购的江湖

为什么要学习并购

市场经济是无数消费者和投资者进行各种商业交易所构成的社会生态，政府作为监管者要建立各种标准规范来保证交易的稳定与公正。当代日常生活的衣食住行和文化休闲都建立在市场稳定运行的基础上。我们习惯了这个生存环境后，往往对其视而不见，以为自己可以独立主导自己的生活行为和欲望——"我的地盘我做主"。2022 年，新冠肺炎（现更名为新冠病毒感染）疫情的再度发酵，导致上海等一些大都市陷入封城，全国各地的物流一时中断，居民抢购食品、蔬菜，甚至被隔离在临时方舱。这时，我们才突然意识到，所谓的现代经济和我们的自主能力是如此脆弱；我们才有机会重新审视我们的生存与发展空间。

商品交易是市场行为，无数不同商品的供给者和需求者，云集在约定俗成的市场上，如北京王府井、成都太古里；或网购平台上，如淘宝、京东等，进行展示、选择、比价、成交、付款和售后服务，长期交易者之间还会建立稳定的合作关系，成为利益共同体。这种市场交易已经有几千年历史，交易方式并没有大的变化，我们今天依然可以读懂两河流域的苏美尔文明留下的用楔形文字书写的商业契约，也可以理解埋没在敦煌古窟中的粟特人记录的借贷协议。商品和劳务买卖就是市场交易的核心，以满足消费者和生产者双方的最大利益。重要的是，商品的真正价值只能在交易中才能实现。

企业并购也是一种特殊的商品买卖行为，双方交易的是生产商品的企业资产或股权，他们在并购交易中的身份主要是投资者和受益者。而且，还有很多参与推动交易的中介机构，如风险投资人、股权投资基金、信托公司、保险公司和商业银行。公司资产和股权也是商品，因此同样需要展示、选择、比价、成交、付款和售后服务，长期交易者也会建立稳定的合作关系和形成利益共同体。并购交易的目的在于最大限度地提升交易标的价值或者参与投资者自己的最大利益。同样，企业的真正价值只能在并购交易中才能实现。

我们作为消费者熟悉商品交易的形式和约定俗成的规则，遇到问题可以彼此求助或网上自主学习。但并购交易就非常复杂了，全球各地每天都有无数并购交易在进行，这种股权交易需要大量专业知识积累才能理解，也需要大量专家来操作，远不是普通人可以立刻领会的。例如上海、深圳和北京有3个证券交易所，每天都有几百家企业的股权在变动中，散户买卖只是外部涟漪，背后股东之间的交易，投资者与受益者之间的交易才决定公司的价值趋向。另外，中国还有由地方政府管理的几百家不同主题的产权交易所，有几万家企业在挂牌交易中。而且，相对于几千万家中国企业每天都在私下进行的股权交易，几千家上市公司不过是并购交易市场上的冰山一角而已。并购交易才是现代经济真正的大市场，了解深海的根基才能理解冰山的变化。

并购既然如此复杂，表面上与我们日常生活关联不大，我们为什么要学习并购？

第一，适者生存。过去40年，中国的改革开放创造了一个独特的市场经济大国。其中，并购交易厥功至伟。在无数个体户、小作坊和中小企业捕捉市场信息扩大生产规模的过程中，金融与资本的投入发挥了重要作用。资本跟着创业者和企业家寻

找最有利可图的领域，这是商业常识。在达到一定资本规模后，企业要形成产业和市场控制力，要与上下游或左邻右舍的企业机构建立更加稳定的合作关系，要与各种金融机构投资者达成长期发展共识、跨产业跨境发展等，这就是并购交易的领域。从小到大和从弱到强，固然可以通过企业自然的市场与运营规模的扩张实现，但这个过程缓慢而脆弱。在竞争激烈的市场上，快企业会封杀慢企业的跑道和空间，全球企业会封杀本土企业的跑道和空间。这就是为什么中国企业并购的加速期始于2001年中国加入世界贸易组织（WTO）之后。在所有的合作者和竞争者都熟悉并购交易的今天，不学习和不参与并购的企业就是在慢性自杀。

第二，创新的激情。并购交易首先要改变原来企业产权或股权的结构，加入新要素或减掉旧成分。如同乐高积木和魔方一样，并购交易有很多不同的组合，也将产生不同的效果。并购没有学术上规定的规则和公理，而是一个提升企业价值的艺术创造过程。有简单结构性组合的"物理并购"，有复杂跨域性进化的"化学并购"，更有神奇的自我生长功能的"生物并购"，现在还有基于区块链和大数据而形成的"算法并购"。美国经济学家熊彼特所讲的"创造性的破坏"（creative destruction）[1]正是描述的并购交易的功能，不断调整一个公司资产或公司股权的结构，会产生降低成本、提高效率、转换模式和产业赛道等多种效果。

第三，用别人的钱。几十年前，我在美国读书时看过一部电影《别人的钱》（Other People's Money）。[2] 电影讲述了一个并购专家到一个百年来生产轮胎的小镇，他描绘了轮胎产业的没落，说服当地人生产光缆。他并没有很多的钱，而且人品不端，举止猥琐。但他渲染的故事打动了多数股东，大家支持他并完成了交易。这个电影是当时美国华尔街人士经典的教

---

[1] 参见：https://baike.baidu.com/item/%E7%86%8A%E5%BD%BC%E7%89%B9%E5%88%9B%E6%96%B0%E7%90%86%E8%AE%BA/4945515?fr=aladdin。

[2] 参见：https://movie.douban.com/subject/1299638/。

学片，个人品行道德与商业营利关联不大，重要的是有视野、有故事、有交易能力。

国内企业家都是第一代创业者，创业正当性和与当时体制的关系始终受到道德质疑。传媒业更习惯用传统社会道德评价商业行为，将大量市场中的讨价还价和契约规则视为"投机倒把"和"强取豪夺"，不免严重曲解商业交易，徒增交易成本。用别人的资本，做自己的事业，这是金融体系之所以存在的基础，也是市场经济的常识。这无关社会道德，只是全球商业市场的技术操作。

第四，制造交易，不是追逐交易。在巨大规模的市场上，企业并购交易的机会非常庞大，所有做交易的人都认为自己在做投资银行的生意，包括金融机构、证券公司、财务顾问、律师会计师和中介人等。每天几十万人在全国各地寻找可以做并购交易的机会，比如：研究财务报表、与老板喝茶聊天、到税务局选择线索，等等。但是大多数人都是按一定的监管规则来做，如以上市公司条件在各行各业筛选，彼此竞争杀价，哄抬募资成本。证监会认定的保荐人与各种培训班主要是关注上市公司培育，不过是面向一两万家浮出水面的企业伸出橄榄枝。

大量的潜水企业如同瑰宝在深海处等待被发掘。这些企业的许多指标与预备上市公司的差距很远，许多企业按常规报表衡量都是亏损状态甚至濒临破产。问题是，如果有并购高手具有独特视野和操作手段，会将互不相关的多个企业按一个并购逻辑串联或并联在一起，制造出一个全新的企业，可能暂时只是账表上的"虚拟企业"，但加上资本与管理要素的注入就可以化腐朽为神奇，成为优秀企业。这就是并购交易师（the Dealmaker）与并购追逐者（the Dealchaser）的差别。制造一个新企业，而不是争夺一个老企业。

第五，加入全球竞争。全球的市场经济已经有几百年历史了，所有现存的全球公司都是几十年甚至百年并购的结果。美国通用电气从100年前的电灯电器公司通过几百起并购交易发展到今天的多元产业集团。创新企业谷歌和亚马逊都是在20年内连续收购几百家企业发展起来的。按两位掌门人的说法,并购是这两家企业的生命线。最近10年来,很多中国企业也进入世界500强名单。除了少数企业是在全球与同行合作外,更多企业还是利用在国内的行业龙头地位,通过并购交易的手段攻城略地夯实自己的本土地基,占领中国市场。归根到底,中国如今是全球经济的一分子,全球化的核心也是本土化。特别需要指出,跨国公司的理念已经过时,以全球网络、全球资本和供应链为基础布局的全球公司在20世纪90年代开始涌现。加入全球化,就必须参与全球并购。

第六,提升价值观。并购交易是商业行为,并购交易的规模化和普遍化将导致商业组织结构和社会结构的重大变化,因此并购的价值观成为一个日益突出的问题。在不同区域的并购,既要考虑并购后公司对某一地区经济发展的贡献,也要考虑在另一地区裁员、重组、停工和破产的负面效果,还要将妇女权益、劳工保护、环境变化和碳中和前景等纳入其中。境外并购还会受到当地宗教文化和社会习俗的影响。如果涉及重大技术和资本流动,往往需要通过当地政府的国家经济安全审查,这就是后面要讨论的国家风险(Country Risk)。近年来,全球并购的一个首要考量因素就是国家经济安全(the National Interests)。2020年,美国与中国贸易摩擦导致的非贸易关税壁垒给我们一个警示,而2022年的俄乌冲突导致美国和欧盟对俄罗斯经济的全面制裁更是给全球各国展示了一个巨大的逆全球化的商业风险。

并购是一个艺术创造的过程。当你超越商业技术和金融手段的立场观察,你会发现并购可以制造全新的交易、全新的公司和资产,可以改变市场结构和社会结构,可以改变环境,甚至可以体现并提升价值观。这样充满激情、开阔视野和不断创新的行业真是令人憧憬和向往。笔者从事这个行业30年,心存感激,所以有了这本书,希望可以陪伴你在这个激动人心的领域走上一段。

并购创造价值

学过现代经济学的同学大概都会知道著名的《铅笔的故事》。这是美国人里德在半个世纪前写的一篇短文，得到许多名家特别是弗里德曼的推荐而成为经典。[①] 一支普通的铅笔是由成千上万个彼此完全陌生的人共同制造出来的，仅仅依靠价格的引导和个人获利的驱使，不需要任何计划的指导。铅笔的产生不是孤立的，而是无数派生产品之一。这就是市场的力量和商品制造的魔力。同样，我们也可以理解并购行为和企业的创造过程。

任何市场企业的形成与发展都是由价格和利益驱动的。企业家是新观念的推动者和资源的组织者，或者按熊彼特讲的是"创造性的破坏者"。企业家的创意也是不断根据市场变化而变化的，否则就会被其他企业家所替代。如同组织生产线、采用新工艺或开发新市场，企业家要把企业作为一个工具或商品与其他企业家互相交换、合作或创建新的企业。这就是并购交易，其内在动力同样是价格与利益。

与铅笔制造一样，新的产业和行业生态的建立也没有一个蓝图或政府计划，也是无数彼此不熟悉的企业家共同制造出来的。例如互联网、智能手机、5G通信、移动支付、新能源汽车等都是由一大批企业共同推动才形成的新产业，然后才得到政府的认可、扶植或者监管。除了技术创新和资本支持外，一个重要但被忽视的动力就是并购交易。所有的领袖企业都建立了各自庞大的生态圈，有成千上万个企业通过生产价值链联结在一起。更为核心的是，几百家企业通过并购股权的资本价值链联结在一起，提升其在资本市场的价值。可以说，并购就是新兴产业的发动机。

并购创造价值，在资本市场上是常识。但是，在中国的观念土壤上和几十年计划经济制度下，还是经过了逐渐演变才形成共识的。2002年，笔

---

① 参见：http://www.360doc.com/content/17/1015/18/36641640_695173964.shtml。

我主编的《中国并购报告》系列

者在筹备中国并购公会期间,主编《中国并购报告》,发表了一篇被广泛流传的序言——《2002年,中国并购的元年》。①核心预言是:WTO造就中国真正的并购主体;交易成为主流方式;并购市场端倪已现;并购群雄秣马厉兵。最后一句有点儿煽情:"2002年,中国并购之元年是也。天不负我辈,我辈安负于天耶!"当时,没有找到合适的词,就直接用了一个古语——元年,"元年者何?君之始年也。"出自《公羊传》。结果,"元年"一词被各个行业广泛引用,也顺便带起了"并购"这个词进入大众视野,这是趣话。这里,我简要回顾一下我的学习历程。

从基本建设到投资

我是77级大学生,曾在辽宁省昌图的一个穷乡僻壤插队劳动,通过"文革"后的第一次高考进入大连财经学院(现东北财经大学)基本建设财务专业。新中国成立后,主要学习苏联的发展经验,通过军事手段接管了整体经济,取消市场,运用国家计划模式安排经济发展。一方面是维持低水平的城乡的生产与消费,保证社会的正常运行,另一方面就是面向未来的共产主义社会进行大规模工业建设。我在大学期间主要就是学习"基本建设投资"和"设备改造投资"等涉及长期资金投入的财务管理技术。那时,"资本"还是一个贬义的词汇,我们常用"资金"来代替。改革开放后,货币和资本恢复了名誉,投资学迅速取代"基本建设"这个词。我们开始

---

① 参见:https://www.docin.com/p-548486165.html。

进入投资时代。

20 世纪 80 年代初，银行和保险等金融机构刚刚恢复业务，利率和投资效益分析成为经济圈关注的焦点。1982 年，我刚大学毕业，战战兢兢地给锦州市的上百位财务人员讲解"复利"的作用和计算方法。多年后，其中一位听众担任了锦州市副市长，他在一次会谈上提起此事，让我解开了尘封的记忆。20 世纪 90 年代初，当我留学归来，中国企业界已经基本掌握了当代主流的金融技术体系。1992 年，我代表中国证券市场研究中心（联办）到沈阳为一批参与法人股上市的公司做培训，已经大谈"市盈率"和现金流了。

从关停并转到并购重组

20 世纪 80 年代正是改革开放初期，中国积极引进西方市场观念和管理模式。其中日本丰田管理模式[①]成为重要标准，工厂的产品与服务从制造领域延伸到销售和服务这个市场领域。当时国家计委（现国家发改委）要求经营不良的企业采取"关停并转"的措施，即"关闭、停办、合并、转产"。主要针对以下困难企业：产品长期无销路的；原材料、能源无来源的；工艺技术落后、产品质量差、经营不善而长期亏损的；严重污染环境，无法治理或拒不治理的，等等。这些企业的处理主要依靠行政手段，在政府部门内部消化，是计划经济的安排。成本和定价都是内部协商基础上的账务处理。

20 世纪 90 年代后期，伴随计划经济的瓦解，原来的部委和地方领导体制下的条块划分模式已经落伍。厂长开始向企业家职能转换，企业面向市场，突破产业和地方局限，与上下游或左邻右舍企业产生了更多的股权交易。企业资产与股权的并购交易在以市场价格为基准的双方谈判基础上进行，利润、品牌、市场占有率、市盈率等取代了原有的成本效益核算指

---

① 参见：https://baike.baidu.com/item/%E4%B8%B0%E7%94%B0%E7%AE%A1%E7%90%86%E6%A8%A1%E5%BC%8F。

标，企业将生存与发展的基础从计划指标的"沙漠"迁徙到市场经济的"海洋"。

从投资时代到并购时代

改革开放之初，相对于当时的国际经济环境，中国仍然是所谓"一穷二白"的基础，传统产业需要更新，许多新产业需要引进建设。按当时的语言，中国进入了一个基本建设和投资的时代。各行各业都在跑马圈地，大兴土木，吸引外资，多数企业都是从头建设的交钥匙工程，也是"绿地投资"（Greenfield Investment）。几十年后，特别是中国加入 WTO 以来，国内基本的经济格局已经形成，各个产业都已呈饱和状态，尽管水平较低。新企业创建已经没有空白场地了，只能依靠收购已经存在的企业的方式入场。如同开餐馆一样，这条街已经没有空地，只能收购经营不善的老餐馆。投资时代开始被并购时代取代。

投资和并购是虽有联系但思维观念甚至语言都差异极大的两个阶段。投资者关注的是投资环境、固定投资规模和流动资金需求、产品与服务的生命周期、消费者选择意向、当地政府的税收优惠、资金回收周期等相对成熟和静态的指标。并购者则更为关注产品和服务进入市场的时间维度，企业的市盈率水平、市场占有规模、市场竞争态势，投资基金的参与和企业在资本市场上的表现等。

从本土整合到全球并购

中国加入 WTO 是一个重要的里程碑，之前还是以体制改革为目标的企业改制与上市阶段，之后就是急切地走向与外资竞争市场份额的并购整合阶段。不过，在全球经济格局大改组特别是亚洲金融危机、全球次贷危机和"非典"等几个影响产业大势的事件影响下，中国企业得到一个比较长期的安全稳定的发展环境，高科技、通信、互联网、能源等众多创新行业得到了突飞猛进的发展，培育了一大批跻身世界 500 强的公司，这是大家始料未及的。而且，几乎所有的世界 500 强中的中国公司都是通过一系列重大并购而取得这个成就的，这也是全球并购市场的奇迹和重要推动力。

并购带来的变化机遇

并购本身是一个动力发动和能量传递的过程，可以在不同领域形成改造企业和产业结构的生态。我们也可以从并购在企业、产业和国家这三个层面上的作用来观察，并购给我们的经济带来了哪些重要的机遇。

企业重组：在企业层面，本土并购的第一步也是核心一步就是改制，把原来计划经济的单位责任制改成市场经济上的企业法人制、有限公司责任制。这是中国在 20 世纪 80 年代启动，花了 20 年时间才基本完成的企业制度改革，需要金融制度、人事制度和管理制度等多方面的联动，特别是中国证券市场与现代银行体系的建立与支撑。企业改制的核心有三个：资产、人事和运营。梳理原来历史留存的复杂的投资与隶属关系，对价成当下的有价股权关系；将上下级领导任命和人事分配工作的机制调整为董事会任命和市场聘用的机制；运营权从上级机构转到企业管理团队，面向市场需求和价格变化而运营。企业的市场生存能力和竞争能力是重组的目标。

产业整合：在产业层面，并购的重心在于产业结构的调整和产业整合度。市场经济有一套标准的运行理念和行为模式，进入市场的企业也自然会在运营中改造自己的机制来迎合市场需求。市场自然扩张，企业规模也需要提升。市场细化，企业也需要调整。反过来，企业的扩张和调整也影响产业的规模和结构。在过去几十年的本土产业整合中，国有企业整合仍然是计划经济主导，由当时的国家计委现在的国家发改委和国资委推动，例如：能源、通讯、金融、钢铁、交通等主动脉行业。但消费品市场、制造业市场和科技产业则更多由市场的力量主导整合。笔者当年参与最多的是医药行业、水泥行业和电器行业的产业整合。

国家竞争力：在国家层面，并购关注的核心就是经济安全与国家竞争力。当下的全球并购动辄几百亿上千亿美元，已经超过许多中小国家的国家生产总值了，自然对国家的经济结构和运行形成巨大的外部影响力。除了对行业垄断等的商业审查外，许多国家都有更高级别的经济安全审查。例如澳大利亚政府认为，海岸线就是国家的安全线，任何在海岸线动工的工业或民用住宅都需要安全审查。美国政府对中国和其他国家并购美国的石油资源企业也动用了安全审查权力来阻挡。中国政府也否决了一些看起来无伤大雅的并购，如可口可乐收购中国一家饮料公司。我们会在后面专门用一章来讨论国家经济安全问题。

并购创建价值，中国无数企业从无到有、从小到大、从弱到强，成为主导中国经济发展和参与全球竞争的市场力量。并购交易厥功至伟，这已经被过去 40 年中国的改革开放历程充分证实。2018 年以来，全球经济格局大变化，中美经济摩擦、全球疫情泛滥、俄乌冲突等重大外界变化和中国政治社会与经济结构的转型等内部调整，正在解构过去 40 年的市场格局，产业与企业的分分合合势在必行，并购交易再次成为强劲的调整手段。如何运用并购，能否继续创造价值，是对新一代创业者和企业家的挑战，同时也是机遇。

并购究竟是什么

从法律和财务的标准来看，并购有许多学术定义。以我的操作经验言之，企业并购就是不同运营主体（企业或资产）之间建立或改变组织结构的过程，达到提高企业市场价值的目标。不同的结构组合会产生不同的市场价值，企业家和并购者基于不同目标和市场条件的变化而不断地尝试设计和实现不同的组合。并购就是这样一个持续不断的企业结构创新过程，达成一个目标后，还会继续进化到新的目标。每个操作者的视野、目标、经历、性格甚至情绪波动都会产生全然不同的操作效果，这是企业创新与发展的艺术过程，也是并购的魅力所在。

我与并购的渊源

大约是 1985 年，我在中国银行的国际金融研究所工作，参与编辑《国际金融》等期刊。我注意到几篇系列文章，介绍跨国公司常用的企业兼并技术。这应该是最早将并购概念介绍到中国的文章，作者是当时中国银行伦敦分行的刘明康先生。多年后他担任中国银行董事长，主导了中国银行集团的系列并购，后来又担任中国银监会首任主席，直接推动了中国银行业的股改进程和境内外上市，奠定了中国金融业加速全球化的基础。并且，他推动了中国银行业为并购交易提供融资的重大规则创新。他也被评为"首届中国并购人物"（2000 年）。

我在美国读书期间，正值美国垃圾债券大王迈克尔·米尔肯（Michael Milken）因内幕交易罪而被判入狱，他被罚款几亿美金，在当时是破天荒的大事。米尔肯创造的垃圾债券（Junk Bonds）正是为美国大规模企业兼并浪潮提供融资的主要工具，他曾被称为与摩根齐名的金融创新家。多年后，他被美国政府平反恢复名誉，多次来中国讲课并投资，也与我多年合作推动金融博物馆的发展。

1993 年，我在中国人民银行参与主办的中国南方证券担任主管副总裁，负责筹备创新金融事业部，主管基金部和企业兼并部。考虑到中国历史上东汉末年流行的土地兼并已经成为一段臭名昭著的黑历史，为避免恶意联想，我便将英文的收购和合并两字翻译为"并购"。因与《深圳晨报》的一名记者在采访中有不愉快的经历，这位记者在自己的专栏中针对我的译文讽刺我"食洋不化"，这反而激励了我不断推销并强化这个词。我写了大量文字推动"并购"观念，也编辑出版了十几年的《中国并购报告》，还主导发起了中国并购公会（后来改为全国工商联直属的全联并购公会）。

也许真正推动用"并购"取代已经约定俗成的"兼并"一词的，还是 2000 年的一次重要论坛。当时国资委刚刚成立，李荣融主任主办了一次高规格的国有企业兼并重组大会，在北京的人民大会堂举办，有几百人参加，

原中国银监会首任主席刘明康先生（左）与我 2020 年在北京国际金融博物馆合影

我是唯一一位受邀担任发言嘉宾的民间人士。开会前的贵宾室里，所有发言嘉宾都正襟危坐等待领导指示。我略晚到，看不到自己的位置，便直接走向李荣融主任，自我介绍后，提出建议将"兼并"改为"并购"。坐在一旁的一位文质彬彬的领导插话进来，询问并购的英文和东汉土地兼并的历史，频频点头认可。大会开始致辞时，我才意识到这是时任国务院常务副总理。

什么是合并

"并购"这个词源自英文的 merger 和 acquisition，简单翻译，前者就是合并，后者就是收购。将几个不同的企业主体合并在一个新的主体之下，由新主体控制，就是完成了一次合并。当然，有法律上的合并，也有财务上的合并，还有由控制人直接管理上的合并。合并过程可能需要一段时间，也可能根据法律、财务和管理的需求立即实现。简而言之，将 A 企业和 B 企业合并成为 C 企业，之后，C 企业将成为全新的公司，而 A 企业和 B 企业就消失了，这就是合并。如同长江上游有许多支流，而在奔向大海的过程中又有几百条支流汇入，但我们只是称之为长江，不再提及之前各种加入的河流。我用三个公司举例作为简化说明，实际上，公司合并是一个非常复杂的分析过程，要综合考虑地方政治、社会文化、产业、市场、财务、法律、管理等几十种变量因素，才能将价值几个亿甚至百亿的公司的数百家分支公司体系大体梳理成便于并购专家分析价值的矩阵，才能做出各个公司之间如何合并的不同效益分析，做出特定时期下的选择。

什么是收购

同样是合并行为，但收购的含义不同。C 企业可能收购了 A 企业和 B 企业，但出于管理、法律、财务等种种需求，C 企业并不立即取消 A、B 企业的法律地位，而是继续让其独立运营，也可能不是将 A、B 企业作为子公司，而是作为兄弟公司甚至母公司。这样的收购有许多因素要考虑，如降低税负、调整产业、分散管理、保持法律地位等。也许这次收购不过是一次阶段性战役，几个月后 C 公司会再次将 A 或 B 公司出售，或以 A、B 公司地位将自己作为资产上市。我在讲课时，喜欢借用一张图。一条大鱼口里含着小鱼，并没有吞下而是等待机会再次吐出。这就是简单的收购的概念。A、B 和 C 公司尽管发生了并购交易，但大家在法律、财务或管理上始终是独立存在的。同样，当我们的交易变成几十家公司标的时，这种并购后的公司可能有几十种不同组合，公司组合矩阵也更加错综复杂。我们将在后面的并购战略中继续分析。

并购在中国的含义

20 世纪，西方主流的并购交易中，合并是典型模式，收购主体公司始终保持鲜明的品牌和业务传统，被收购的企业通常都会消失溶解在新公司里。但是这一模式在近几十年来开始被挑战，相当多的大型公司合并同时保持双方均衡的地位，甚至出现双 CEO 的模式，如奔驰克莱斯勒、时代华纳美国在线等。这主要是给市场认可的时间，同时也给双方股东和管理层一个竞争机制。反观中国过去几十年的并购市场，收购则是绝大部分交易的模式。除了制约于传统文化中的鸡头凤尾观念外，一个重要因素是中国税收及法律环境和监管环境。地方政府争夺税源，招商引资约束和地方GDP业绩等导致产生新公司容易，注销老公司非常困难，成本巨大。因此，大部分并购交易都会继续保持原公司的运营状态，需要较长的消化时间。我们一般讨论的并购交易是将合并和收购统一概括进来的，这是商业含义，只有具体涉及法律和财务，才有区分的必要。

并购的工具

并购是交易行为，你需要收购对方企业的资产或股权，同时要支付对价。现金为王，是指货币资本是最为便捷有效的对价工具。但实际上，真正的并购交易很少使用现金，因为数量较大，资金腾挪成本高，重要的是在税负上也是沉重负担。现金收购是土豪风格，也许在收购小企业或酒馆时更有震慑作用。更常用的并购工具是使用股票，特别是在证券市场发达和公司法律体系健全的社会，几乎大部分公司的并购交易都是用本公司的股票或拟发行的收购主体公司股票来支付对价。例如奔驰收购克莱斯勒就是换股交易，谷歌收购几百家公司都是主要以股票的方式支付，当然，也有附带支付少量现金给管理者团队的，作为激励部分。

基于中国证券市场还在初期发展阶段，监管严格，上市公司收购的换股交易才刚刚起步，更多的中国公司用股权进行收购。公司股权价值实现可能通过上市，也可能通过溢价交易，或者通过正常分红，这种对价的谈判都是被广泛接受的。另外，在更加宽泛的领域，收购对价也可以用特定资产，例如用几块地皮和厂房对价标的的股权或资产，民间称为"手套换兜子"。特别是，中国各地有地方政府主管的产权交易所，挂牌的产权可以得到确权和更加公允的定价，这也是并购交易的基础。

除了各种被认可的具有市场价值的契约与实物外，一个具有特别价值的资产是"好的故事"。这几年火爆的以色列网红作家赫拉利（Yuval Noah

Harari）称，人类文明进化的重要一步是人的认知能力，其中，能讲好的故事才能感召和激励人类组织起来，为一个愿景而奋斗，不惜做出牺牲。① 对于并购专家而言，的确不假。我从事并购行业多年，许多并购都是通过讲故事实现的。例如，当年的"中体产业"上市就是如此。

我很早关注体育行业，希望推动中国足球上市融资，但是条件不成熟。当时我被国家体委负责人邀请担任财务顾问，与几位体育专家一起讨论，讲了一个将全国游泳池收购上市的大故事，得到国家体委和中国证监会支持。最终，我们依靠这个故事连续收购了 7 家不同城市的体育相关公司，在 1998 年完成上市，募资几个亿。而我们前期全部差旅费用，不超过 20 万元人民币。当时是上市公司额度制，这种"空手套白狼"的故事还是经常发生的。现在监管严格了，但是实质依然如此。当下许多的金融科技、生物基因和人工智能领域的创新公司，同样是用一个个精彩的未来故事吸引大量资本进入。

并购究竟是什么？并购就是制造变化的观念和操作能力。如同乐高游戏一样，给你大量模块，你就可以搭建任何你期待和憧憬的梦想世界。把成千上万的不同企业在财务数字上抽象成为无数标准模块的能力，把这些模块组合成各种造型的能力，将这些造型的故事讲述出来并感染现实企业家的能力，最终将抽象的模型真正具象落实到现实市场上的能力，这就是并购，这就是并购的魅力。

从这个意义上看，并购如同金融一样，是艺术，不是抽象的规则。类似西方文艺复兴后，普通人取代宗教人物成为艺术家和大众关注的焦点。艺术家也不仅仅是逼真地描绘人物和自然界，而是把自己的感性和思考投射在现实的绘画、雕塑、影像或装置上，产生了印象派、野兽派、达达主义、抽象派、立体主义……造就了当代艺术的丰富，也影响了人类文明价值观。并购者也是艺术家，无论是否接受过系统培训或名家指导，你都有

---

① 尤瓦尔·赫拉利.人类简史：从动物到上帝［M］.林俊宏，译.北京：中信出版集团，2018.

机会以个人风格参与千千万万企业的并购交易，创造商业模式，获得社会认可和商业利益。

并购究竟是什么，你来定义它！

大部分并购都是失败的吗

并购的成败判断

传媒上一个经久不衰的说法是大部分并购都是失败的，以此提醒参与并购者要谨慎从事，而且一旦并购出现了问题，便以提前预知而得意。事实上，境外百年来，国内几十年来，大多数企业家都是一路并购成长起来的，都有非常丰富的江湖经验。如果大多数并购是失败的，哪里会有今天的世界500强！

什么是失败？一般而论就是行为的后果达不到预期的目标。人的预期总是希望有利于自己的最大利益，而市场不断变化，并不以人的预期为标准。而且，随着变化，人也会不断调整自己的预期。同样是希望自己利益最大化，以某个时段的预期为标准，所谓并购的失败自然是大概率的。同理，我们可以说大多数的创业是失败的，大多数的科技创新是失败的，大多数的婚姻是失败的，大多数的人生也是失败的，这是街谈巷议水平的"杠精"思维。

真正判断并购的成败还是得回到市场价值这个超越当事人主观期待的基准上，简单地说，如果并购后的新企业市场价值大于并购之前几个相关企业的市场价值，这个并购就是成功的，即便这个价值低于并购者的期待值。本来计划会新增5个亿的价值，结果，市场变化导致只有2个亿的新增价值。从感觉上，并购者可能也认为这是失败的并购，更不用说被并购者的感觉了，尽管可能获得了正常运营无法实现的巨大收益，但毕竟失去了自己的企业。因此，并购的失败并不能以传媒的渲染或当事企业家自己的说辞为依据。同样道理，并购的成功也如此。

另外，需要澄清的是，我们讨论并购的成败是有一个战略和时间约束的。战略上是指可能为了一个并购全局的成功，会容忍一两次战役的失败。时间上是指在一定时期的基准上，如奔驰克莱斯勒合并多年后又再次分拆，这并不能否定当初并购的成功。这个问题我们以后会在案例中讨论。

并购的形式

我们从新闻上看到的并购都是经过长期酝酿和筹备而完成的，会有许多曲折和反复，甚至并购方向、并购标的和并购价值与设计初期的差异极大。如同我们写论文一样，开题报告可能与最后的论文差之千里。市场变化莫测，大家都可以理解。所以，所有并购都是低调保密的，可以说是商业"阴谋"。外界无关人士得到的信息通常是并购双方刻意制造的信息，甚至并购完成后发布的内容也与真实情况差距很大。专业人士很少去参考商学院师生对并购案例的研究，当然是很有道理的。

在真实的并购操作中，大多数交易并不是直接用并购名义来发动的，这里有多种考虑，如担心对方敏感，担心失败或者引起竞争者关注等。发动者都是以寻求各种合作出面接触，讨论品牌合作、供应链合作、融资合作、一起投资，或者就是建立战略联盟等。在深入接触之后，双方大体有了各自的判断，是否有机会深入下去，或者就此分道扬镳。因此，并购前的预热活动非常多，也有故意虚张声势，达到各自的目的。

企业家的江湖经验丰富，不会拘泥于传媒或学者的期待做出所谓规范的并购模式，对他们来说，重要的是实际效果，能否提升公司的市场价值。因此，在观察各种并购交易时，需要透过许多"烟雾"来判断双方各自的真实意图。事实上，许多并购交易并没有法律、财务甚至管理上的实质性动作，但在市场上却是一致行动人，共同控制市场走向和行业结构。这是隐形的并购。

并购的动力

世事无常,导致并购的原因有很多,商学院教授和课本会很复杂地列出一大堆动因,从政治、经济、社会和文化等角度条分缕析,不过,企业家做并购交易最重要的因素就是获得盈利或者提高公司价值,因此,任何导致公司价值变动的因素都可以是启动并购的动力。我这里只是讨论几个最常见的变量。

市场竞争:同业竞争者有扩张动作,或者有新的竞争加入市场。如果同行在并购发展,不断扩大市场规模,你按兵不动就是吃亏了。并购有行业传染能力,领袖企业要保持领先地位的焦虑感,驱动其不断寻找新的并购标的。特别是新兴行业的成长更是依靠并购能力来建立自己的领地,如谷歌和百度,它们的生态体系主要依靠并购相关软件公司,不是内部研发和自然成长。

重大创新:企业的产品、市场、工艺或商业模式调整了,或者有创新产品和服务。新的技术使产业提升或创新。例如电动汽车是在电池创新和网络平台发展的基础上兴起的全新行业,传统汽车转型则需要很长的时间,动作相对缓慢。许多新型电动汽车就是依靠并购而创建和发展起来的,如美国的特斯拉,中国的理想汽车和小鹏汽车。特斯拉在10年的时间内建立了强大的品牌和生产能力,2022年初的市值已经全面超过奔驰、宝马、丰田等原全球前十大汽车制造商的市值。

重大事件:重大事件改变产业布局和竞争方式。最重要的案例就是中国加入WTO的2000年,这也是中国并购市场开始启动的信号。面对跨国公司大规模进入,可能形成攻城略地的局面,中国企业界立即形成产业整合的共识:要做大做强,建立本地的竞争优势。当时,各地国资委都在呼吁企业联合,创建中国的世界500强企业,这自然形成了国企并购的推动力。这一趋势也影响依附在国企产业链上的大量中小民营企业,同样形成跨地域和跨行业的民企联合体。笔者也是从2000年起开始评选"中国十大并购事件"和"十大并购人物"。

规则改变：监管规则的变化最为明显，特别是在并购领域。银行资金支持并购一直是非常有争议的事情。美国 20 世纪 80 年代的一系列金融自由化改革，废止了 30 年代萧条时期制定格拉斯 - 斯蒂格尔法（1933），该法案对商业银行吸收定期存款加以利息最高限（Q 条例），商业银行不得从事投资银行业务。银行资本可以通过基金和表外资产参与并购交易，这个措施极大地推动了美国的并购市场。2008 年的次贷危机后，中国开始实行宽松的财政与货币政策，中国银监会颁布了《商业银行并购贷款风险管理指引》（2008 年 12 月）。这一政策意义重大，我们立即在 2009 年组织并购公会专家分别在上海、北京、天津和中国银监会组织了四场几百人的宣讲推广活动，各地主管市长和银监会领导都参加。这一规则变化从根本上改变了传统金融观念，为大量主流资本进入并购市场提供了法律依据。这一政策也入选"中国 2008 年十大并购事件"。

心态变化：并购都是人的行为，并购双方主导者的心态变化也是最常见但很少被搬上台面的原因。我当年经手过一个简单案例。重庆一家从事光缆通信的民营企业一直经营良好，每年都有一两千万利润。老板希望我能找到几家可以合并发展的企业，踌躇满志到香港上市。我们找到了一家北京企业，也谈好了合并条件与日期。大概在签约的前两天，这位重庆企业的老板突然失联。再出现时他就变卦了，坚定地要求把企业全部卖掉，洗手不干了，要套现。北京这位企业家考虑再三，还是信任这位老板，也没有趁机压价，完成了交易。过了好久，重庆这位老板专门来北京约我吃饭，告诉我当时他家庭矛盾爆发，太太和三个儿女怀疑他有外遇，监控他的行踪，甚至控制他的人身自由。他深感绝望，决定立即清盘，分割财产，不再从商。

并购的是非评价

面对一个具有广泛影响的并购，人们更多讨论并购的是非价值观。我们仍然用马斯克收购推特这个事件观察，不同价值观和立场就有全然不同的判断。不喜欢这个并购的人大谈马斯克的赌博与冒险天性，指责他破坏所有现存规则，可能形成新的垄断和资本霸权，也有许多关于他操控个人隐私数据甚至与俄乌冲突有关的阴谋论解释。马斯克以个人的影响力肆意妄为，横跨多个产业，穿越多个时空，用一个时髦的词来说，是"无序资本"。但支持马斯克的人便乐见其成，相信马斯克关于自由和公共治理的信念，希望资本的力量可以为年轻一代创业者清扫门庭。这种是非观的差异正是未来市场的核心，价值观和利益观同样形成了博弈关系，构建了市场上不同的利益集团。这并不需要也没有可能达成统一共识。

不过，市场上的并购并不都是涉及价值观的大是大非，更多的是利害的取舍。两利相权取其重，两害相权取其轻。因参与者或观察者的知识背景和共情基础不同，同样会有千奇百怪的观点，这些观点的表达更多用是非观的立场体现。因为，利害判断不容易达成共识，但是非判断最容易达成共情。反对并购者很轻松地用强取豪夺、造成失业和经济衰退、环境污染、社会不稳等获得大众和传媒的关注，而证实论据真伪是需要时间和过程检验的。作为主动改变原有格局的并购方而言，这种财经公关的被动和

商业并购的利害取舍

劣势显而易见，因此，事先功课必须做足做好。

最常见的一个抵御并购交易的词汇就是"恶意并购"（Hostile Takeover）。这是 20 世纪 80 年代流行于美国并购市场上的热词。主要是指，面对并购标的公司管理层的抵抗，并购者在资本的支持下，直接面向标的公司股东或监管机构发出并购邀请，动员支持并购。这往往进一步引发对抗，形成并购争夺战。不过，现在这个词已经被更多地应用在公共媒体上和并购监管上，加入了违反相关伦理的意味，超越了原本的技术含义。一旦并购双方未能达成协议，并购发动者就会被贴上"恶意并购"的标签，反之就是善意并购。而且，所谓"恶意"或"善意"这两个标签常常成为双方彼此讨价还价的筹码，吃瓜群众只是增加筹码的分量。

并购是商业行为，自然要有失败的准备，因此，失败的可能与后果都是在制定并购战略时会加以充分考虑的。了解了失败的可能性和后果，最终交易没有成功，这谈不上是失败，甚至可以是成功。任何一个交易都会有很多人在背后指手画脚，街谈巷议，无论成败，都会有负面评价。如同做事的人一样，你的大部分精力都在做事，而许多人大部分精力都在琢磨你，因此，做并购交易必须有坚定的信念和顽强的意志，咬定青山不放松，才能实现目标。

第二章

并购简史

并购的江湖

并购交易是人类金融、商业与经济历史进程的表现与推动力，要了解并购就要有历史的景深，要有全球并购演化的视野。当代并购的主流市场主要在美国和中国，日本的并购也是我们重要的参考坐标。所以，本章重点介绍这三个大国的并购发展历史。

鉴于经济体制和文化观念的不同，三个国家的并购交易格局与演变也大不一样，在同样的全球经济环境中，也会表现出不同的特点。笔者更多是以个人商业实践而非历史学者的立场观察，见仁见智见拙均有理由。

重要的是，了解文化与体制的异同，不简单套用规则与模式，这才是正道，也是笔者写后面几章个人商业体验与一般教科书或传媒表态迥然不同的前提。"以全球视野，用中国功夫"，这是笔者当年做并购时自许的信念。当然，以中国立场入世，求全球共同价值，更应是我们未来的机遇。

美国百年 5 次并购浪潮

西方学者对于企业并购交易的研究基本上以美国为例，这不仅是因为企业并购在美国表现得最为活跃，并且体现了易为经济学者总体把握的特征，更重要的是美国的经济实力和企业实力使它的并购行为、方式及影响会在很短的时间内传播到世界各个角落，从而影响全球并购市场的格局和趋势。美国并购业的大佬布鲁斯·瓦瑟斯坦（Bruce Wasserstein）专门写过一本《大交易》(The Big Deals)，① 大体将美国百年来的并购史划分为四个阶段。我在 1999 年中国社会科学院《国际经济评论》第五期上发表的论文《走向战略并购的百年浪潮》中，在布鲁斯·瓦瑟斯坦划分的四个阶段基础上，加入"战略并购"来表达 20 世纪末的全球并购交易。这篇论文被广泛引用，"五个浪潮说"也因此成了过去中国业界观察西方并购史的框架。②

"横向并购"浪潮（20 世纪初）

工业革命的迅猛发展，使有组织的管理体系拥有更强的能力来支配生产要素资源。随着劳动者涌入城市以及先进的科学技术在产业的应用，规模经济成为社会生产力发展的一个重要"瓶颈"。集中资源、做大企业是这个时代的鲜明特征。作坊并入企业，企业聚成集团，约有 40% 的美国公司加入并购活动。3 000 个公司消失了，而随之产生的则是几十个控制各个行业的企业巨头。横向并购导致以商品为中心的行业垄断成为首次浪潮的典型表征。简单地讲，横向并购就是合并同类项。例如，20 世纪初，由五家烟厂合并而成的美国烟草公司，控制了美国烟草产量的 80%；国际收割机公司和普曼客车公司分别控制美国机车行业和客车行业 85% 的市场；美国炼糖公司更是拥有美国全部的市场份额。值得注意的是一批并购领袖人物的产生，如铁路业的约翰·皮尔庞特·摩根、钢铁业的 A. 卡内基、石油业的 J. D. 洛克菲勒，等等。这批并购领袖们尽管出身不同，性格各异，手段迥然，但均是顺应时势，在企业并购浪潮中杀出血路而成为一时之选，客观上成为行业整合的旗帜。一般来说，横向并购的主要推动者就是约翰·皮尔庞特·摩根代表的金融集团和 A. 卡内基代表的钢铁产业集团。

---

① 布鲁斯·瓦瑟斯坦.大交易[M].吴全昊，译.海南：海南出版社，2000.
② 王巍.走向战略并购的百年浪潮[J].国际经济评论，1999（5）.

第二章 并购简史

约翰·皮尔庞特·摩根（John Pierpont Morgan Sr., 1837—1913年），美国银行家。摩根于1861年创立摩根商行；1892年撮合爱迪生通用电力公司与汤姆逊-休士顿电力公司合并成为通用电气公司；1901年组建美国钢铁公司

"纵向并购"浪潮（20世纪30年代）

市场的发达与经济的丰富，不仅使企业间的经济联系变得日趋复杂，而且使国民经济各个行业间相互依存与制约的现象日益突出。姑且不论企业领袖人物的成就感与占有欲，即便是出于保持市场份额和"可持续"生存的目的，行业巨头们也要寻求跨行业的联合与并购。据统计，在1926—1930年，大约4 600家公司展开了新一轮的并购活动，纷纷在其产品的上下游工序、其市场的左邻右居上做并购文章。全美国大约200家公司控制了整个国民经济的50%，也就是我们常说的"寡头垄断"经济。这个时期的"寡头们"所垄断的行业也不再是几十年前的煤、电、油、化工之类的以简单工业产品为中心的行业，而是更为综合的诸如石油、运输、通信、商业及金融等包括系列商品与服务的综合性行业。而且，金融界特别是投资银行业对于这次浪潮贡献尤殊。60%的企业并购是通过纽约证券交易所

进行的。或者是上市收购，或者是收购上市，或者是股票交易收购，跨行业的纵向并购促成寡头垄断成为第二次浪潮的表征。简单来说，纵向并购就是合并上下游。这次浪潮中，企业的资本结构形成了新的模式，即从简单的股份公司制，变为金字塔的复合股份公司制。它可以充分利用杠杆的原理，通过逐级控股，衍生出一系列子孙，从而保证发起股东以很少的资本控制巨大的资源，对公司治理和社会经济结构都产生了深远的影响。洛克菲勒家族的并购成长是纵向并购浪潮的代表。

"多元并购"浪潮（20世纪60年代）

罗伯特·斯特兰奇·麦克纳马拉（Robert Strange McNamara，1916—2009年），美国商人、政治家，美国共和党人，曾任美国国防部长和世界银行行长

罗斯福总统新政（New Deals）的成功以及冷战时期美国强力推行的管制政策，使企业界自发的扩张需求受到一定抑制。从反托拉斯法为代表的一系列管制措施，对于企业集团在一个行业的垄断地位予以封顶。但是，产业复杂化和管理科学的进展则鼓励职业管理者运用财务与流程管理手段控制企业规模并开拓企业边界。在这个时期，管理技艺被视为不局限于任何行业可以放之四海而皆准的真理，而管理专家亦是无所不能的"天才少年"（The Whiz Kids）。[①]

以福特汽车集团的发展历史为案例，出身于军队的以麦克纳马拉

---

① 约翰·伯恩. 美国现代企业管理之父 [M]. 陈山，真如，译. 海南：海南出版社，2008.

（Robert Mcnamara）为首的管理专家们不仅可以打赢军事战争，可以统治汽车工业集团，可以驾驭金融界，也可以管理政府。这种信念影响了一大批职业管理者发动一系列的企业并购战争。他们更为关注跨行业的收购，甚至全然不考虑行业之间的商业相关程度。在 1968 年经济衰退之前，200 个大公司事实上控制了美国国民经济的 60%，比上一次收购浪潮时高出 10 个百分点。旨在发挥资本规模经济的多元并购成为第三次浪潮的特点。值得提及的是，"市盈率"（P/E Ratio）成为这次并购浪潮的热门话题。单纯从资本增值看，拥有较高市盈率的上市公司仅仅是收购低市盈率公司这一行为本身，便可以带来账面利益的大幅增长。无论收购对象为何种行业、何种产品，只要是低市盈率，就可照单全收。这种数字游戏客观上大大刺激了多元化收购浪潮的强度与广泛性。只要收购行为不断进行下去，收购主体获得的利润便会持续增加。但从经济总体上看，这一游戏会如击鼓传花一样，不可能无限地进行下去。泡沫式并购经济，在很大程度上导致了 1968 年的经济衰退。

"融资并购"浪潮（20 世纪 80 年代）

整个 20 世纪 70 年代的美国经济"滞胀"（Stagflation），使企业家们承受了集团化狂热的恶果。这种集团的金融运作与企业实业经营严重脱节，形成大企业综合征。企业效益低下，经营成本上升，内部官僚林立，缺乏创新动力，甚至集团内部经济利益多元化，互相掣肘。在技术进步、产业结构调整的环境下，美国大企业多数进入了一个无所作为的冬眠状态。一批活跃在华尔街的金融专家，洞察时势，针对企业集团的弱点，展开了新一轮攻击。这批号称"金融买家"（Financial Buyer）的人物，每每在分析目标公司的现金流量之后，确定公司的市场价值与内在价值之差额，迅速组织银团负债融资，收购公司并取得控股权。然后雇用该行业管理专家，以最佳的市场取向和利润平衡点肢解公司，重组公司结构，给予管理者股权，而后监督经营，在获得利润后，将公司售出。

著名的代表企业有 KKR 集团（Kohlberg Kravis Roberts & Co. L.P，简称 KKR）、黑石集团（Blackstone），代表人物有罗纳德·佩雷尔曼（Ronal O. Perelman）、卡尔·伊坎（Carl Icahn）等。需要提及的是，这里的融资并购，指的不是金融集团在股权或管理权上的控制（尽管常常有这样的阶段），而是指收购者的最终目的不是管理企业而是在企业买卖中获利。1981—1989 年，共完成 2.2 万多起企业并购，几乎所有的美国大公司都经历了融资并购的洗礼或冲击。传统的公司价值观念与金融买家的"资本经营"观念形成了巨大的商业文化冲突，一批老字号轰然倒闭，一大批新企业脱颖而出。昨日的金融奇才、企业英雄转眼间锒铛入狱；而在法律上受到严谴的人物，却每每受到新生企业家群体的热烈拥戴。这是美国企业界、金融界最为可圈可点的时代，几乎下一浪潮中所有的交易都可上溯到这个时期追宗认祖。以杠杆融资为主要手段的融资并购成为第四次浪潮的表征。耐人寻味的是，这次浪潮中大多数被肢解的公司往往正是 20 年前多元并购浪潮中被拼凑出来的企业集团。

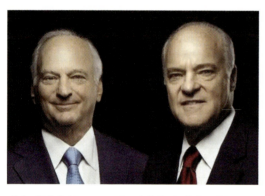

乔治·罗伯茨（George Roberts）和亨利·克拉维斯（Henry R.Kravis）是世界最大的私募股权基金之一 KKR 公司创始人兼合伙人

"全球并购"浪潮（20 世纪 90 年代至今）

世纪之交时，产生了长达 10 年的大型并购交易高潮，如石油领域的埃克森和美孚合并、汽车业的奔驰与克莱斯勒合并，世界通讯与 MCI 的合并，花旗银行和旅行者的合并，美国在线与时代华纳的合并等，都在 500 亿～1 500 亿美元的规模，跨行业、跨国家，而且并购速度非常快，几乎所有的行业都产生了空前规模的行业巨头。当我们离并购交易很近，难以观察模式和后果时,我们都会以"战略"这种含糊其词却冠冕堂皇的方式对其加以命名,称之为"战略并购",不过,经过多年沉淀,我们看到了这些巨型密集并购的真正结果——一大批"全球公司"和全球产业生态形成了。我们可以踏踏实实地称之为"全球并购"。

当一次并购可以达到一个中小国家国民生产总值的时候,这种并购的操作方式及后果远不是一般的企业收购模式所能表达的,它将引发一个行业、一个区域甚至全球经济模式的重大转变。企业的竞争能力已经达到了国家的经济竞争水准,企业的行为也不可避免地制约国家的经济政策,大企业的权势可以向区域经济或全球经济格局挑战。毫无疑问,美国公司成为全球公司的主导力量,美国的市场、管理模式、支付体系和运营观念跟随美国公司的全球扩张渗透到全球各个角落。可以说,旨在巩固全球经济格局中的竞争地位的全球并购将成为这一轮浪潮的核心。为了成就全球竞争地位,并购者可以牺牲一定时期的利润、局部市场、辅助行业,甚至可以牺牲自己作为收购方的地位而加盟强者。

值得关注的是,最近10年来,并购的主战场从传统行业转移到高科技、互联网、通信、社交、传媒和大数据为基础的新兴产业上。亚马逊、谷歌、脸书、特斯拉、苹果、微软、阿里巴巴、腾讯和字节跳动等新一代全球公司迅速成为收购之王,它们的成长模式几乎全部依靠系列并购,而且历史上所有并购浪潮的特点可以同时体现在这一代并购发动者身上,全球化平台是他们基本的目标和条件。从今天的视野反观百年美国并购历史,我们可以看到并购从早期的扩大生产规模、巩固领袖地位、提升企业估值的技术手段,已经发展成为当下创建全球生态系统、提升核心竞争力、确定企业全球发展价值观的发动机了。

五次并购浪潮将全球经济整合成为一个美欧等强国主导的运营模式和当下主流的国际经济秩序。2008年全球次贷危机、美国"9·11"恐怖袭击、中国经济崛起、中美商业与政治冲突、全球新冠肺炎疫情蔓延和2022年的俄乌冲突等重大事件接踵而来,原来趋于稳定的全球经济结构与产业价值链分崩离析，似乎达成共识的全球合作框架也已经不复存在。并购的动力还在，方向与标准在哪里？这是一个全新的挑战。特别是，在传统产业已经高度发达后，科技文明与数据经济的突破会给并购带来哪些重要改变，我会在最后一章讨论。

日本并购演化与中日并购的观察

中国近代经济和现代经济都与日本的经济息息相关。甲午战争之后，日本在开通贸易的同时，特别要求开放资本进入中国，大量日本和其他国家的企业纷纷进入中国内地投资，攻城略地。在获得巨大商业利益的同时，也给中国带来现代经济的观念、技术和管理。在20世纪中日邦交正常化后，日本产品和企业再次大规模进入中国，日本"丰田生产"方式也影响了中国企业的管理模式，松下、三洋、索尼和东芝等日本商品成为中国城市居民的首选。

同样，日本的金融与并购行业也引起中国同行的高度重视。1985年我曾在野村证券实习四个月，感受到日本资本市场的兴盛。当时，我重点学习日本武士债券的发行和交易，同时，我也注意到了国家风险的课题。日本当时正处于向海外大举收购资产和公司的热潮中，如何应对当地的政治风险成为传媒的热点话题。中国则正处于吸收外资的时期，如何理解投资者心态，降低中国的国家风险，成为我的关注点。因此，研究国家风险成为我的另一个学习目标。回国后，我利用在日本获得的资料加上中国的政策分析，出版了一本书《国家风险——开放时代的不测风云》。[①] 这是我第一次参与跨国并购相关的研究。

1995年，我有机会带领中国南方证券代表团出访日本，与日兴证券和山一证券分别建立了战略合作关系，推动投资基金的建立和讨论中国企业

---

① 王巍.国家风险——开放时代的不测风云[M].沈阳：辽宁人民出版社，1988.

在日本的上市可能性。在富士山下的箱根度假期间，我与山一证券国际部的山口部长反复深入讨论了通过收购日本壳公司注入中国资产的方式上市。他长期担任日本山一证券在美国和法国分公司的总经理，对日本市场的封闭性很忧虑，希望与中国企业一起推动东京交易所对中国公司的开放。可惜，我回国不久，山一证券由于金融期货的事故破产了。这是我再一次对日中并购有所思考。

2002 年，我创建中国并购公会之初就得到时任全国工商联党组书记胡德平先生的指导，重点推动中日韩三国的并购交易。我们与日本经团联、日中经济协会等长期合作，多次带领中国并购业代表团到日本参观、研讨和合作跨境并购。我们也多次到日本同友会、东京证券交易所以及其他证券公司和各大学讲演。我曾三次组织中国并购公会代表团到日本东京、大阪等地研讨，在中国也接待了许多从事日中并购的日本专家。在建立了中国企业并购数据库的同时，我还主编了《中国产业地图》系列丛书，[①] 这是参考日本同类书籍而编制的中国版本，希望提升中国产业界对产业价值链整合的认知水平。我在国内各种论坛上不断推动中国企业家对日本市场的关注，其中，《中国企业家》曾根据我的倡议专门做了一期针对日本企业家的专刊，影响很大。

在 2000 年左右，我曾与山一证券培育的一个著名的日本并购研究机构有深入接触，他们长期在上海设有分支机构，对中国并购行业发展高度重视，多次邀请我们访问并希望建立学术和业务的合作。1999 年他们编制了一本精美的礼物书：《面向 21 世纪的礼物——日本并购的文化与历史》，希望与我们一起研究亚洲的并购历史。2010 年我故地重游时，几位专家已经退休，公司也似乎淡出这个行业了。在这里，我重温这本书的核心内容，简要梳理日本百年并购发展史。它大体上分为四个时代。

---

① 王巍，李小军，周放生，编.中国产业地图［M］.北京：中国人民邮电出版社，2003.

创业家时代（1853—1890年）

日本的现代史是从1853年的美国黑船来袭事件开始的，德川幕府两百多年的闭关统治终于解体，明治维新启动。通商打开国门，新政府自然从建立经济与商业秩序开始，学习欧美的先进制度和举措。几个最重要的政策奠定了商业社会的基础。

其一，1873年建立国立银行，确立银本位并发行不兑换的纸币。到1876年时，日本已经有152间银行运营。

其二，1878年创建了股票交易所，推动有限责任的股份公司发起并上市，同时，为政府和企业发行债券。

其三，政府鼓励民营企业的发起，并将许多政府运营的机构民营化，如矿山、造船、煤气和铁路等。有民营化政策、金融支持和现代公司制度的保证，这个时期产生了一大批新兴企业。为扶植大规模企业参与国际竞争，政府还特别安排和协调同类企业跨地区和上下游之间进行合并。如日本三菱会社就是在政府协调下通过多年的一系列地方运输轮船的合并成为日本垄断公司之一的。同样，日本海运巨头日本邮船公司也是这样合并形成。

财阀时代（1890—1930年）

1890年，日本正式颁布商法，全面推行股份公司制度，大量公司上市交易，加上甲午战争后，中国赔款大量进入日本资本市场，日本的企业迅速成长，现代产业结构形成，进入了日本的产业革命阶段。日俄战争胜利、中国的庚子赔款和第一次世界大战中日本提供军需品等几个重要的外部资本流入，极大地提升了日本的经济实力。日本的银行、铁路、电力、石油和航海等产业在日本政府的强力干预下迅速合并发展，形成可以支配各个行业的财阀企业。例如，银行从1 500家合并成300家左右，以便更有效地支持三井、三菱、东洋纺织等大型财阀企业。其中，东洋纺织的并购意义重大，是由"日本企业之父"涩泽荣一亲自操刀的。当时大阪纺织和三重纺织都是日本行业巨头，竞争激烈，在市场衰退期间都遇到困难。涩泽荣一约两位企业家讨论市场趋势和合并运营的机会，短短 30 天时间，东洋纺织就成立了，并成为垄断市场的日本企业。

1923 年日本发生关东大地震，14 万人死亡，城市基础设施被毁，市场崩溃，经济遭受严重打击，许多企业包括银行破产，引发了金融恐慌。日本政府立刻采取金融管制政策，其中迅速重组了三井、三菱、住友、第一、安田和三和六大银行。银行的重组也带动了几乎所有产业的重组，基本上都是合并为规模更大、资本更雄厚的企业财阀。

管制时代（1930—1955 年）

20 世纪 30 年代世界经济危机和 1931 年日本侵略中国将日本整体经济带入战争轨道。日本政府全面管制经济，金融和企业财阀与日本军部捆绑在一起，成为战争机器。银行、保险、钢铁、铁路、海运等核心产业进一步合并整合，配合战争需求。战争结束后，美国占领者提出道奇计划，其中最重要的是消灭财阀企业。当时，日本有三井、三菱、住友、安田、野村等"十大财阀"以及其他与支持战争相关的 83 家垄断性公司。改革后，这些公司被勒令交出大部分股权（政府没收性质），然后，或予以解散，或予以分割为多家公司。其交出的股权股票，则由日本政府转卖给该公司内部员工，或进行市场拍卖。《经济力量过度集中排除法》，更是在法律上不仅使财阀集团不复存在，而且，也不允许垄断企业再生。

大众时代（1955 年至今）

日本战败后，在美国的安排下进行了一系列改革，包括宪政、土地、教育和经济等，日本社会恢复到常态发展。朝鲜战争的供应、自由贸易、科技创新和民间投资的复兴等让日本迅速进入欧美国家主导的全球贸易体系。相对于过去几十年的战争管制经济而言，国际贸易和国际资本流动的

并购的江湖

环境对日本是"第二次黑船来袭",日本通产省和大藏省再次利用政府的权威重新推动日本企业的合并整合,鼓励日本企业控制国内市场和国际贸易而成为跨国公司。原来被解散的财阀在法令过期后又通过股权和产业链关系重新合并,恢复品牌。这次新的合并浪潮主要是在国际化的压力下而形成的。

日本专家的研究与美国同行不同,基本的时代划分都与日本政府管制政策相关,也很少有旗帜鲜明的观点,这与日本独立的并购机构较少有关。大部分日本的并购智库都是挂靠在日本金融或证券机构下,发表看法都非常谨慎。日本书店里关于并购的书籍大部分都是译作,原创不多。不过,他们对重大并购事件的解析和渲染做得十分醒目,而且细致。我曾在书店里发现一本《日本产业地图》,将日本的几十个产业和每个产业的领头企业

2010年10月全联并购公会代表团考察东京证券交易所

条分缕析，画面和表格也非常精致。我立即安排同事按同样的逻辑编制出版了《中国产业地图》，连续几年成为畅销书，而且也被日本同行翻译成日文出版。我也组织了并购公会的同人编写出版了一本《中国产业的整合》，也立即被日本出版社翻译出版，这也有趣。

尽管许多中国企业如神州数码、方正科技、无锡尚德、苏宁电器、阿里巴巴等都在日本有了一些收购动作，但是，从规模和影响力上与它们可能的潜力相差很大。我与这些企业高管很熟悉，他们在日本的收购仍是中国业务链的自然延伸，还没有真正进入日本主流市场，甚至是日本中小企业的主流市场。同样，日本投资银行界在日中并购领域的进展也很艰难，大部分从业人员都是散兵游勇，很难成为专业机构。我分析其中的原因，主要有以下两点。

一是日中企业之间彼此的陌生。中国企业对日本企业的认知还是停留在"丰田管理模式"的阶段。目前中国的主流企业家当年都曾学习过日本的管理模式，有深刻印象。后来，日本国内经济停滞，美国和欧洲成为中国企业的榜样。我们对日本企业的公司治理变化、全球化转型经验、成熟经济的发展、低碳生态经济的建设、与欧美金融资本的合作等领域所知甚少，缺乏应有的尊重。同样，日本企业简单地把中国企业的成长归结为模仿日韩和东南亚的模式、管制经济的模式、资源过度开发的模式、新型世界工厂模式，并不了解近10年进入全球经济圈后中国企业家视野的转变、创新激情和内需市场的崛起，特别是千千万万中小企业在全球网络经济平台上创造的全新增长动力和路径，早已不是政府经济指标可以描述和管制的新经济圈了。由于陌生，双方企业对彼此负面评价就可以理解了。

二是日中并购中介机构发展较弱。日中两国都是对投资银行中介机构缺乏高度认可的国度，对实业企业家远比对金融机构和中介机构更为尊重，这与依靠商业交易和市场交易发展起来的欧美文化不同。并购交易在日本和中国内部长期都是非主流商业力量。没有一大批中介机构和股权投资基金主导来推动日中企业的并购交易，日中并购就不可能真正打开局面。

但是，我认为日中并购可以形成一个全球独特的交易圈。20世纪80年代，日本海外并购形成高潮，有许多失败的案例，但更多是成功的经验。大量企业的海外并购帮助日本企业完成了全球化经营的转型，积累了人才、管理、市场特别是资本运作的国际经验。中国企业刚刚步入这个阶段，有迫切向日本企业学习的愿望。日中两国企业界和金融界应当有空间和动力联手合作，共同建立亚洲的收购力量，并逐步进入欧美的资本市场，收购欧美的企业。以中国的资源、市场和资本等优势，融合日本的管理、品牌和技术等优势，联合建立收购基金和收购平台，将亚洲经济更好地整合到全球经济当中。日中经济的一体化也提供了资本一体化的基础，我们需要培育日中企业家和金融家的全球视野和合作精神。

基于文化相近，中日并购业者在监管、技术和观念上似乎比美国同行更为接近，但事实上中日企业之间的并购市场始终不温不火。相对于中国从事并购业人士所具有的视野、激情和信念，日本同行相当平和沉稳，更注重历史和传统，不太接受变化较大的观念。我打交道比较多的几位日本朋友都是这样。

日本SBI控股的北尾吉孝先生在日本并购业算是鼎鼎大名的人物，曾在野村证券担任部长，后来与软银的孙正义长期合作，操作了许多大交易。他非常热情开放，乐于也善于沟通，经常来中国讲演，办公室里收藏了许多中国古董，喜欢谈哲学谈文化，也写了许多商业畅销书。我们多次讨论联合发起基金做中日并购，他热衷于金融科技领域，而中国这个领域政策限制较多。他后来成为全联并购公会的境外常务理事并负责筹备公会的东京办事处。

前索尼集团董事长出井伸之先生是中国人非常熟悉的管理者，风度儒雅，气质翩翩。他多次邀请我参加他的东京创业者大会，我也邀请他来中国讲演。一次在天津的一所大学讲演前，我即兴说了一句，我们要学习全球化，不能"坐井观天"，要"出井伸之"，全场大笑。他看了中文后，立即兴奋起来，多次在各种场合对我表扬。尽管他在中国非常有名，但在日本的声誉却不佳，主要是他担任董事长期间，清除了许多老臣，又聘请了外国人担任CEO，行事也非常国际化，特别是热衷于海外并购交易，让循规蹈矩的传统日本管理者很不适应。我们曾经一起策划了一本书，专门研究亚洲在欧美国家的并购经验，后因疫情而搁置。2022年6月初，传来他在东京因病去世的消息，我万分惆怅。

2007年，时任日本金融担当大臣的山本有二在北京与金融界领导见面之际，约我讨论能否安排并购公会在日本东京举办一次高端的研讨会。他本是并购律师出身，也是日本自民党长期主管财务的负责人。他加入安倍

2013年6月，我在东京将金融博物馆的宋代交子复制礼品赠送出井伸之（右）先生

内阁不久，很想推动日中之间的并购。我立即与北尾先生联系，大家立即开始筹备，我也约了两位部级领导专程到日本讲演。不久，安倍首相突然辞职，整个内阁换人了，此事作罢。多年后，山本作为国会议员专程从乡下居所赶到东京陪同我参观国会和博物馆，还在努力推动两国民间企业的并购。

中国的近代并购简史

鸦片战争打开了中国与全球市场的通道，也使得中国内生的近代经济发展大大提速，西方列强资本的逼迫和本土中央政府的经济管制始终是主导近百年中国经济现代化过程的两大势力，真正意义上的市场经济和企业始终未能形成稳定的营盘，资本权益和交易机制自然都是昙花一现的点缀，我们无法据此形成一个正常的商业和金融史，更谈不上并购历史了。不过，为了便于理解这段特殊时期，我们还是关注几个与并购相关的重要历史节点。

洋务运动引进近代产业与企业

1841 年的鸦片战争打开了清朝统治者的视野，以"天朝"为中心的世界观崩溃，特别是英法联军在 1853 年攻入北京，逼迫清朝政府签下城下之盟，落实与国际的通商和建立国家间正常的外交关系。大清王室的恭亲王与朝廷权臣李鸿章、曾国藩、左宗棠和张之洞等联手发起了洋务运动，以"自强"名义通过引进西方的机器设备和技术开始创办军事工业。曾国藩创建的安庆军械所，是洋务派开办的第一个兵工厂。李鸿章在上海创办江南制造总局，生产枪炮炸药和轮船。左宗棠在福州马尾创办福州船政局，生产轮船，分拨海军和各省巡防缉私之用。洋务派先后共办了二十几个军事工厂，其中规模最大的是张之洞于 1890 年在汉阳创办的湖北枪炮厂。洋务派兴办的军事工业所有权和生产管理权为政府控制，但采用了雇佣劳动制

第二章 并购简史

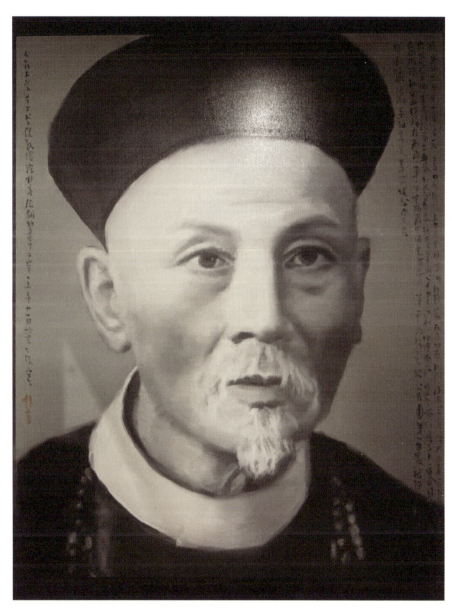

2016年，著名艺术家徐唯辛将盛宣怀画像捐赠给上海并购博物馆

度和一定的市场销售。

同时,洋务派在"求富"旗号下,创办了一些和民用有关的工业。洋务派办民用工业,主要是采取"官督商办"形式,即招商投资入股,官方派人经营管理。比较重要的有李鸿章筹办的轮船招商局、上海机器织布局、开平矿务局,以及张之洞兴办的汉阳铁厂。19世纪80年代,开平矿务局修建铁路运煤,开创了中国铁路运输事业。民用工业资金主要来自社会的投入,工厂采用雇佣劳动制,生产目的是追求利润,具有现代企业特征。一些在中国传统经济中从未出现过的行业也被引入中国,如邮电业、交通运输业、保险业、银行业。洋务运动推动了工商业的发展,洋务派兴办造船厂、机器制造局等军用工业,矿务局、轮船招商局、机器织布局、铁厂、电报局等近代民用工业,也带动一批民族资本企业的兴建。

洋务运动时期,现代股份公司制度进入中国,大体经历了吸附华股的外国公司、官督商办公司和民办公司三种模式,也是三个阶段。1862年,美国旗昌洋行在华商中募股,组建了上海轮船公司。在航运领域之后,金融、制造以及公用事业等行业也相继出现了外商洋行组建的股份公司,这些公司中都有大量的华商附股,股份公司制度逐渐为中国人所熟悉。同时,在洋务派官吏支持下,许多民间私人资本也大量投入到新兴产业中。为获得官方保护,吸收一定的官股,人事权控制在官方,营运权在民间,即"官督商办"公司,如轮船招商局、开平矿务局及上海织布局等。由于官办企业激励机制不足,官督商办企业经营得普遍不成功。1884年金融危机后,官督商办企业被迫改革,到辛亥革命前夕,官督商办企业基本被改造为民办公司。

这里要提及一个值得纪念的重要案例。1862年,中国第一家轮船公司——旗昌轮船公司成立并迅速垄断中国航运业。1872年盛宣怀参与创办的轮船招商局是国人自办的第一家股份制企业。1877年,在徐润、唐廷枢、盛宣怀等人的努力下,成立仅四年的招商局以白银220万两成功收购外资控股的旗昌轮船公司,形成与怡和、太古两大外资轮船公司三足鼎立之势。

招商局还直接从外商手中收回了部分中国江海航运权利,这也是中国近代史的商战案例中振奋人心的资本之战的首场大捷,更开创了中国企业收购外商企业之先河。这个案例入展了并购博物馆。

清末与北洋时期的经济发展

一般认为,1900—1927 年,政治黑暗、经济衰退、民不聊生。但历史资料表明,这恰恰是一个中国现代经济基础得以建立,外国投资和中国本土的政府与民间投资最为活跃的时期。有几个重要的因素:

首先,外资进入中国,也带动了铁路、矿山、纺织等重要的工业生态建立。1894 年甲午战争失败,《马关条约》签订,俄、法、德等列强以政治性贷款为由从清政府那儿攫取了筑路权、开矿权,强租土地长期占领,实行殖民统治。清政府面临数额巨大的贷款与赔款,为扩大税源,允许外国人在华投资设厂,放开民间设厂的限制,并采取鼓励的政策。清政府通过外国银行大量借债,也推动了中国银行业的创建和中国债券市场的发展。

其次,1904 年 1 月颁布的中国历史上第一部公司法——《公司律》,规范和指导公司经营,掀起中国民办公司发展的第一个高潮。据统计,自 1904 年至 1908 年底,在商部注册的公司共 265 家,资本总额 13 833.7 万元,其中股份有限公司 154 家,占公司总数的 58.1%;合资有限公司 52 家,占 19.6%;合资公司 20 家,占 7.5%。1895—1898 年,4 年间,新增的商办企业的资本在万元以上的约有 62 家,资本总额约为 1 247 万元。其中,缫丝业仍是发展最多的民族工业,出口贸易超过茶叶居第一位。民族工业发展壮大,其主要行业包括缫丝业、面粉业、火柴业、造纸印刷业等。

由于第一次世界大战(以下简称"一战")爆发,英、法、德等欧洲列强忙于应战,大量军事需求进入中国市场,也使我国民族工业获得了自主发展的良机。轻工业发展最快,尤其是纺织和面粉工业成为民族工业的两大支柱。同时,钢铁工业也有所发展。一战爆发,铁价猛涨,各国对铁矿石需求大增,刺激了采矿业的发展。1918 年我国锑矿和钨矿产值跃居世界首位，使民族厂矿大为获益。水泥工业始于 1907 年周学熙在唐山创办的启新水泥公司，一战期间新开设的公司还有上海水泥公司、太湖水泥公司、大冶水泥公司等，均在市场上获得了较大成功。一战后，西欧各国恢复生产急需煤炭，中国煤炭获得大量出口，到 1924 年出口量达到 320.2 万吨。

此外，各地军阀割据，推动了地方商业经济的发展。其中，广东的粤系财团以海外贸易和外汇为核心支持了孙中山的革命活动和早期政权；江浙一带的钱庄票号和纺织业、运输业商人形成江浙财阀，支持蒋介石领导的民国政府；东北地区则以张作霖的军事独裁为核心，在从俄国和日本引进的铁路、矿山和钢铁产业基础上建立了当时亚洲先进的现代工业基础。

其中，荣氏家族是近代中国实业家通过并购成长的杰出代表。1903 年，荣氏兄弟创办茂新面粉公司，至 1921 年，其家族面粉产量已经占到全国民族资本面粉厂的 31.4%，成为中国面粉大王；1915 年创办申新纺织公司，1917 年，以 40 万元的价格买下日资持有之纱厂并改名为申新二厂，后通过并购使工厂数量从 4 个增加到 9 个，成为中国棉纱大王。申新的前四个纱厂依靠贷款，上海五厂、常州六厂和之后上海的两个新厂都是并购加入。荣宗敬认为，收购比建厂便宜，而且减少同业竞争者。

民国时期的财经管制

民国政府成立后，统一财政与金融是最为重要的国策。江浙地区的民营企业是蒋介石政府的一个重要经济资源，日本学者称之为"江浙财阀"。清末时以宁波商人为首开设的上海钱业公所，以及自身的同乡会组织——四明公所、宁波旅沪同乡会，构成了一个紧密的互助协调系统。宁波籍商人又独立投资创建四明、浙江兴业、浙江实业、中华东陆、中华劝工、中国垦业、中国企业等一大批银行。借助原先在钱庄业积累的大量资本，上述银行资本雄厚，竞争力较强。在银行业务扩大的过程中，筹资的范围也逐渐由单一的宁波籍扩大至浙江、安徽、江苏籍。至"中华民国"初期，江浙籍人士控制的银行已成为上海金融界最重要的力量，江浙财阀至此正式形成。民国期间，全国所有银行中排名前 28 位的银行，如南三行、北四行、中行、交行、中国通商、四明、中华等银行的高层经营者都是江浙籍。

1933—1935 年，中国推动了"废两改元"和法币改革，将银本位调整为适应当时全球市场的金汇兑纸币本位，将中国的货币与金融系统牢牢控制在中央政府手中。同时推动了中央银行的建立并陆续强制控股了几大银行，将民营资本排斥在主体经济外。日本侵略中国后，国民政府实施战时经济管制，对金融、制造业、交通、矿山和民用消费业等统统施加军事管制，此期间的大量企业合并均没有市场行为，是一个经济全面国有化的过程。

民国时期的财经管制有效地控制了地方军阀和政权的割据，形成了清朝统治结束后一个自上而下的国民经济体系，也奠定了现代金融体系的基础，客观上对中国的抗日战争胜利也起到了积极作用。

新中国成立初期的社会主义改造

中华人民共和国成立初期，政府接管了前民国政府留下的经济体系，尽管分崩离析，但仍然有国家资本和民间资本同时运行的两个体系。基于抗美援朝战争、西方社会对中国的封锁、镇压国内反对势力等因素的影响，中国的社会主义改造目标和运动提前启动，用 30 年的时间彻底改造了社会经济与政治结构。

1953 年 9 月，中国共产党正式公布了过渡时期的总路线：在一个相当长的时期内逐步实现国家的社会主义工业化，并逐步实现国家对农业、手工业和资本主义工商业的社会主义改造。国家对私营经济的政策发生了重大变化，决定对私营经济进行改造，以达到早日消灭私营经济的目的。1953 年至 1956 年 6 月底，全国完成公私合营的私营工业已达 99% 以上。全行业公私合营中定息制度的实行，使生产关系发生了根本性的变化，完成了对私营工商业赎买的最后步骤，实现了对资本主义工商业的国有化。国家通过用和平赎买的方式，即国家资本主义的形式，几年间改变了全国所有的生产资料私有制企业的性质，是一场巨大的社会改革。同样的社会主义改造也彻底改变了银行业的体系，银行全部纳入财政部管理，不再具有市场运营的性质。这个时期，值得关注的有以下几点。

企业成为行政组织

国家直接对企业进行经营管理，拥有对企业财产的使用权、处置权和企业产出的支配权，同时，国家将国有企业纳入其组织框架中，党组织对厂长及各级行政领导实行监督。当然，企业也具有社会保障职能，员工一旦进入国有企业就获得了生、老、病、死的全面保障，还可从企业得到各种福利和救济。国有企业一般都是地方办学的主要单位，自己设立的子弟小学、中学、技校或大中专学校构成企业福利的一部分。大中型国有企业有自己的商店、理发店、澡堂、电影院等。城镇中保存了一部分集体所有制企业，维持低水平的日常消费和加工配件产业的市场运营。多年之后，正是这一部分的残留市场经济成为改革与开放的商业火种。

市场被割据为条块的计划管理

全面接受苏联模式，实行国民经济计划管理。将金融、石油、重工业、铁路、交通、对外贸易等的管理权逐渐集中到中央部委（条条），其他国有企业和集体企业运营归地方政府（块块）管理，相关的投资和收益也归地方政府，实行条块结合、分级管理的办法。中央管理企业的主要计划和财务指标由国务院统一下达，给地方留一定的调整幅度和机动权，要求地方政府对其管辖区内的中央直接管理的企业，负有监督、指导和协助的责任。地方企业的管理由当地政府负责，但必须与中央计划一致。这种条块管理模式将整体市场彻底分割，事实上也取消了价格与利润这些市场经济的基本手段。条块之间相互分离、互不协调的分割状况，割裂了经济的内在联系，导致国有企业机构臃肿，运营效率低下，经济发展缓慢。

156 项工程与三线建设：国家并购与整合

新中国成立初期，中国与苏联签署《中苏友好互助同盟条约》。苏联给予中国经济建设的巨大支持，在煤炭、电力等能源工业，钢铁、有色金属、化工等原材料工业和国防工业领域支援建设 156 项工程。我国的"一五"计划是围绕苏联援建的 156 项工程而展开的。这是新中国首次通过利用国外资金、技术和设备开展大规模的工业建设，实现了中国重要工业部门从无到有，在中国初步建立了相对独立的、自主的、完整的国民经济体系，为我国工业化奠定了基础。同时，随着工业建设的迅速发展，出现了许多新兴的工业城市，改善了人民生活。特别是 156 项工程培养了大批专业技术人才，这些关键人才成为之后几十年中国经济建设的中坚力量。

在 20 世纪六七十年代，基于严峻的国际形势和战略性布局的考虑，毛泽东提出了集中力量搞内地大三线建设的战略设想，对全国工业布局进行大规模的调整，在大后方建设和发展以军工为核心的重工业基地，以应对潜在的战争威胁。[①] 三线建设定义为综合性开发，即在纵深地区建立起一个工农业结合的、为国防和农业服务的、比较完整的战略后方工业基地。同时把小三线建设也纳入长远的战略规划。

三线建设其投资之集中、地域之广大、持续时间之长，都为中华人民共和国建设史上所仅有。其一，改变了我国工业在内地和沿海的严重不平衡状况，促进了内地经济的繁荣和社会进步，使我国的战略后方在交通、能源、国防科技、机械、轻纺和电子方面都取得了很大的发展，特别是为西部的发展奠定了坚实的经济基础，使西部丰富的资源得到开发。其二，把内陆腹地建成拥有相当规模，具有包括常规武器和导弹核武器制造能力，以军工为主体门类比较齐全的现代工业体系和相应交通网络的战略

---

① 金冲及，中共中央文献研究室. 周恩来传（第四册）[M]. 北京：中央文献出版社，1998.

性后方基地，与"两弹一星"的成功研制共同构筑起应对国际复杂局势与突发事变的有力保障体系。其三，带动了内地一批重工业城市的崛起，并形成了若干工业基地和工业集群，成为这一时期中国城市工业发展的新生力量。

156项工程和三线建设都是中央政府直接推动的国家经济战略，全面改造并提升了中国工业布局，企业合并和产业整合是主要的操作手段，只是与市场激励无关。但长时期的"关停并转"和企业搬迁为改革开放后的企业并购交易提供了必要的社会心理建设和初步模式。

"文革"时期的企业合并

1966年8月，在《中共中央关于无产阶级文化大革命的决定》（即"十六条"）中，第一次提出了"抓革命，促生产"的口号，这成为贯穿"文革"时期的经济发展指导思想。政治与意识形态革命优先，经济生产是配合地位，导致中国经济长达10年的停滞。"文革"时期，涉及企业转制或合并情况均是行政推动的合并，大概有三类。

其一，国家对企业家私股的赎买改行"定息制度"，生产资料由国家统一调配使用，企业家除定息外，不再以所有者身份行使职权，并在劳动中逐步转变为自食其力的劳动者。1966年9月，定息年限期满，全国各地的公私合营企业最后全都转变为社会主义全民所有制企业。

其二，因为行政机构的调整导致的企业合并。各地先后建立起各级革命委员会，拥有本级党、政等机关的全部权力。为满足"抓革命，促生产"的需要，很多地方将下属的政府机构进行了裁撤或合并，这些局下属的工厂等单位也因此进行了一些合并。正是这个阶段的行政合并导致大量集体企业所有权归属不明，成为改革开放后企业改制和上市的特殊障碍。

其三，"文革"期间的"四五"计划中，中央政府要求各省区发展小煤矿、小钢铁厂、小化肥厂、小水泥厂和小机械厂"五小工业"。同时将"五小工业"并入相应局委管理。"五小工业"及社队企业的大规模建设，为我国搭建了相对完备的工业体系，这些企业成为改革时期最具活力的主体，并成为改革时期重要的并购力量。

改革开放后的中国并购

1978年启动的中国改革与开放，也是延续了几千年前中国历史进程中的"变法与开关"，是历史的重大转折，可以从政治、社会、文化、经济等各个角度梳理其发展里程和现实意义。即使从并购这样一个比较技术和狭隘的角度，也有不同的观察体系和立场。我只是从个人经验来观察，提供一个面对复杂体系的独特起点。

并购主体的形成

过去30年里，中国的市场经济形成国有企业、民营企业和外资企业三足鼎立的局面，并购主体也是如此。

从20世纪80年代开始，国有企业改革起步。占国民经济主导地位的国有企业开始从扩大厂长自主权起步，恢复利润与价格指标，明确厂长的用人权、技术改造权、市场销售权和分配权等，厂长责任制也是党政分开的一个重要指标。接下来，一些亏损企业和濒临破产的企业就开始实行承包制，实际上就是将企业的全部运营权交给有能力的私人或管理团队。责任制和承包制的成功，为20世纪80年代后期的股份制改革奠定了扎实的基础。国家体制改革委员会在中央各个部委和各地区持续推广股份制试点，特别是各地纷纷创建地方股权与债券交易市场，有力地推动了中国证券交易市场的创建。

随着改革的深化，在公司法出台之前，地方政府已经颁布了大量法规，允许将中小公有制企业（包括国有和集体所有制）转让给个人，从而形成了一批私人控股的股份制企业。特别是在广东和江浙地区，大量民营企业如雨后春笋般涌现。在贸易、电子产品、日用消费品领域创业，陆续进入制造业、矿藏、电子科技甚至汽车行业，民营资本的崛起成为中国改革与开放最重要的成就之一。1992年，邓小平南行讲话发表后，更是有一大批体制内官员和年轻骨干纷纷下海创业，利用原来的体制资源在各个行业甚至金融服务业创立新的市场化股份制企业，这被称为"92派"企业家。这个概念是在亚布力论坛由陈东升、田源和毛振华等武汉大学校友企业家提出的，得到业界的积极响应。"92派"企业家的出现成为私人企业终于光明正大地作为市场主体的一个时代里程碑。

第三支力量是跨国公司开始进入中国市场，除了一批直接投资的"绿地投资"外，更多的企业是以合资公司的方式进入的。1997年，与法国合资的广州标致汽车年销量不足千台，濒临破产。此时与东风汽车成立合资公司的日本本田汽车迅速出手了，以1美元的象征价格收购了法国标致在合资公司的全部股份，至此，广州标致正式谢幕，退出了中国，而本田也顺利成为中国第一个有两家合资品牌的外资车企。2001年，阿尔卡特增持上海贝尔公司股票50%加1股，而且间接控股了国内一家上市公司，这是中国电信市场开放的一个重大举措，也入选了"2001年中国十大并购事件"。这两家外资企业通过并购方式进入中国市场的模式被广泛采用，掀起外资并购的热潮。

并购市场的形成

因为大部分中小企业的并购交易都是私下进行的，我称之为"水下的冰山"，这个真正的并购市场非常庞大而且难于统计，是并购的主战场。但是，较大规模的并购仍然需要一个更为规范和透明的交易市场，这就是证券交易所，上万家上市公司都是在这个市场上公开并购交易的。上海和深圳两个证券交易所的诞生都是众所周知的故事。我这里以个人经历补充一点资本江湖的佳话。

1984年，在安徽合肥举办的中国金融年会上，在时任中国人民银行副行长刘鸿儒的支持和鼓励下，中国人民银行总行研究生部（现为清华大学五道口金融学院)的一批研究生做了大会发言并提交了一份蓝色封面的建议书,牵头人有后来担任央行副行长的吴晓灵,还有齐永贵、万建华、波涛、蔡重直等十几位。建议书的主旨是创建中国的金融市场,以市场交易带动机构改革。这个建议被称为"中国金融市场蓝皮书",得到中国政府的高度认可,也得到国际同行的关注。我没有参加会议,但在宿舍里听到美国之音广播电台的英文广播中报道了这个当时是石破天惊的消息,同学们互相祝贺,奔走相告。

1988年,一批在美国留学和在华尔街工作的年轻人体验到美国纽约交易所发生股灾资本市场对经济的重大影响力后,不断聚会讨论如何将资本

刘鸿儒副行长与部分参加蓝皮书讨论的五道口学生
(摄于1984年合肥)

"中国金融市场蓝皮书"封面

引进中国,推动改革进程。王波明和高西庆决定回国创业,委托我代表大家起草了一份5 000字的《关于规范中国证券市场发展的建议》。这篇文章原本是想作为开篇第一节,另外还有法规、交易所、会计等几个章节由发起成员分头写作。我熬了一夜写出来,盛溢博士用当时刚刚开发出来的中文软件"下里巴人"输入并打印出来。王波明回国太急切,就没有等后面的部分了。这个建议后来被称为"纽约白皮书",得到中国政府高层的支持。

"纽约白皮书"封面(1988年纽约)

王波明和高西庆一起创建了中国证券市场研究与设计中心(联办),参与中国证券市场早期包括创建上海证券交易所和深圳证券交易所的所有重要举措的规划和筹备。高西庆后来担任过中国证监会首席律师和副主席,王波明则创办了中国最有影响力的《财经》杂志。两人均入选"中国30年资本市场杰出贡献者"。

2003年1月25日,我与高西庆(中)和王波明(右)在北京

一个被忽视但非常重要的举措是创建了法人股的概念和运营的法人股市场，这个电子化交易市场（STAQ 系统）就是在王波明主导下运营的。当时在国有股和私人股之间有一个模糊的集体所有概念，由于几十年的行政管理和不断划转，难以确定所有权属性。以法人股形式进行交易，使得经营权被解放出来，让股份制公司整体在市场上盘活。10 年后，中国证监会通过上市公司全流通的方案，在谈判的基础上最终解决了这个遗留问题。我当时也直接参与了海南航空、成都蜀都大厦、沈阳长白集团等六、七家法人股的设计与承销。

1992 年，上海和深圳两家证券交易所正式开业，上市公司成为并购交易的最重要标的。1993 年在深圳证券交易所上市的深圳宝安集团突然收购股票发动对在上海证券交易所上市的延中股份的全面收购，引发市场广泛关注，双方都积聚力量进行收购争夺战，最终宝安收购成功。这是中国证券市场上首例公开收购上市公司的事件，推动了一系列监管规则的改变，也启发了机构投资者的并购战略。1994 年再次出现"君万之争"，君安证券董事长张国庆牵头组织了一次收购深圳万科股份的恶意并购，希望更换管理层。万科董事长王石立即组织反击，与监管机构合作，顺利拆解了君安同盟。多年以后，我分别与两位董事长谈起这次恶意并购战，双方仍然难以释怀。一方指责资本野蛮，背后插刀。一方则认定对方背景深厚，大意轻敌了。

需要提及的是，各地政府也建立了各自的区域性产权交易市场，鼓励当地企业挂牌交易。其中，北京、武汉、天津乃至海口等许多城市长期致力于获得中央批准成为正式的证券交易市场，只有北京在 2021 年将其运营多年的中小股权交易市场变成了北京证券交易所。

另外一个重要的并购市场是以中国香港和纽约为重心。在香港股票交易所挂牌的上市公司大部分核心业务在内地。在美国纽约挂牌的中概股公司主要投资者也与中国相关。

并购价值观的演进

我们已经专门讨论了并购价值观,这里从历史的大背景下简要表述一下价值观演进的主要节点。

20世纪80年代,填补中国经济空白,对接国际市场,实现经济现代化,这是万众一心的价值观。大量现代企业被创建起来,市场形成。一批创业者离开体制下海,收购破产企业,戴上"红帽子"(挂靠公有制),第一批并购人出现。

世纪之交,中国接受国际标准,加入WTO,引进全球技术与管理。这是全面开放的时代,大量合资企业涌现,国有企业纷纷"关停并转"实行股份制,民营企业拉帮结伙集团化,建立专项竞争优势,外资企业通过收购进入中国市场。并购成为企业成长的重要手段。

2010年,中国证券市场繁荣,金融机构完成上市,中国企业高速成长,中产阶级整体形成。"做大做强,进入全球500强",成为时尚价值观。超过1 000家中国公司在全球各地包括中国香港上市,中国公司和品牌陆续走向全球各个角落,大国崛起的姿态展现无遗。

2020年,全球化逆转,新冠肺炎疫情和中国经济"双循环"等因素影响下,中国企业的目标和价值观也开始调整。提升科技创新能力、可持续性发展、碳中和、社会责任感等进入企业宗旨,企业家和创业者终于跳出商业利益的局限,关注全球人类共识和中国社会发展的独特路径。

尽管在全球经济中,中国经济总量与美国和欧洲等量齐观,但是在科技创新与智能应用等前沿突破上差距巨大。面对美国的技术封杀和市场压制,中国企业利用并购手段辅助或引领科技创新已是大势所趋。笔者2021年底在中国并购基金年会上的发言在业界引起了广泛的反响,特将发言稿附录于后。

附录　科技时代的并购和价值观[1]

首先感谢大家在疫情时期能莅临大会，参加苏州基金博物馆的十周年庆典。一件事情坚持10年也形成了一个历史，特别感谢今天到场的各位领导、老朋友，10年来关注支持我们的所有朋友们。把我安排在上午最后一个发言本来是一个替补，如果大家前面拖长了，我就讲五分钟。结果各位嘉宾时间控制得这么好，我就不得不做一个正式的发言了。

我想谈的主题是"科技时代的并购和价值观"。我们小的时候，流行"学好数理化，走遍全天下"。改革开放的第一个号角是科技的春天，当时中央领导号召用科技来推动改革。两千多年以来，中国进步就是两件事：变法和开关。改革开放就是"变法和开关"。尽管中国的改革是希望从科技起步，但是过去40年来真正起到主导作用的，大部分还是资本的力量。毫无疑问，没有资本市场的发展和金融的广泛应用，中国不可能40年时间变成全球大国，我们是应该给予金融和资本高度评价的。

但是最近两年风向大变，大家重新来讨论金融和科技的关系，今天上午几位嘉宾都强调金融是服务，是配合。大家也注意到，2020年开始，许多中国金融科技公司纷纷改名，去金融化，都要把自己迅速向科技靠拢，转向实体经济。所以，我也换个角度，从科技时代谈并购和价值观，我想从三件事谈起，都是最近十天发生的事情，具有重大意义。

第一，脸书公司更名"元宇宙"。不仅中国公司在改名，国外的公司也在改名，特别是全球最有影响的Facebook（脸书）公司，正式更名，改成了Meta，中国人给它翻译成"元宇宙"。"元宇宙"的概念2021年突然爆火，从翻译来讲，实在不准确，但是它抓住了中国人的特点，期待梦境实

---

[1] 本文系作者于2021年10月30日在第七届中国并购基金年会上的发言录音整理而成。

现。"元宇宙"是一个关于未来的梦，各行各业的东西都可以装在这个筐子里。2021年，我参加了很多"元宇宙"讨论会，科技人员谈"元宇宙"，金融谈"元宇宙"，农业谈"元宇宙"，所有人都可以把未来想象放在"元宇宙"，因此"元宇宙"迅速获得了共识。

Facebook改名"元宇宙"，非常明确地希望全世界不要把Facebook认为是一个传媒社交公司，而是"元宇宙"的科技公司，它谈得更多的是VR、AR、AI等，是用科技手段来实现人们的精神世界和想象空间。

我们中国人说的"元宇宙"，大多建立在一个我们熟悉的三体世界，像网络游戏和科幻电影一样的东西。现实达不到的东西，更希望在想象中实现，而且这个想象通过游戏，通过模拟场景，可以得到真实体验。中国有五亿人参与游戏，形成了庞大的群体，这个群体突然被拔高成了"元宇宙"的消费者和参与者。最近北京爆火的环球影城就是我们现实当中的"元宇宙"。我去看了一个哈利·波特的魔法学院，排队排了一个多小时，都是成年人去玩。大家去干什么？是体验在现实中感受不到的成就，用一个扫帚满天飞，畅快淋漓。这是一个"元宇宙"娱乐。迪士尼乐园也是"元宇宙"，几十年经久不衰。

"元宇宙"就是在现实世界中和我们连接而互动的三维立体的全息、全真的一个世界，是我们人类创造出来的虚幻空间。一个重要的背景是互联网的进步，使得我们从碳基人类向硅基人类过渡。几千上万年来，人类都是碳水化合生物，一百年来的硅片部分取代了我们的体力和智力等，可以用计算手段来帮助我们实现现实没有的东西。元宇宙里一个很重要的案例是Decentraland，这是一个网站。现在有几百万人在这个网站上购买虚拟土地，自己造自己的房子，你可以建造水上乐园、造赌城、商场，很多人买。这不是小孩的游戏，是成年人的游戏。

Z世代，即1995年以后出生的这批年轻人，他们完全在互联网空间长大，对于我们这代人习惯的理念往往不屑一顾，包括我们习惯的大数定律、正态分布，对他们来说都不重要。经济学市场的供求规律、时间稀缺、成本资源有限，在元宇宙也是不存在，这是全新的社会。对他们来说，每个人有自己的选择权，他在现实中实现不了，就在自己的虚拟平台实现。他们是未来，我们必须尊重、理解和学习。我们看不清未来的时候，可以回忆一下历史。

500 年前地理大发现的时候有很多故事，哥伦布、达伽马、麦哲伦这几个人在当时算是社会无业游民、个人冒险者。当年阿拉伯人控制了红海、地中海之后，欧洲人再也拿不到香料了，而且也看不到东方丝绸了，他们希望继续去发现财富。大陆被封了，只好往海里走。葡萄牙、西班牙最先开拓，那个时期许多探险船开过去。哥伦布成功了，他横渡大西洋，非常了不起。普通人不会横渡，一定要绕着海岸走，随时上岸，有安全感。郑和下西洋也是贴着岸边走的。哥伦布的伟大在于他没有贴着岸边，直接向完全不知道的未来甚至一片黑暗，冲了过去。最后他发现了新大陆。他以为发现了印度，其实错了。他只是发现了美洲。

达伽马也一样，达伽马向南走，没有人走到非洲南边。为什么不敢去非洲？欧洲人当时认为，黑人是被赤道的太阳给晒黑的。但达伽马勇敢地走下去了，绕过了好望角发现了印度。麦哲伦是看到了哥伦布横渡以后，认定从南边接着往下走还能绕过大陆，发现亚洲。于是往下走，一直走到南美，发现了麦哲伦海峡。绕过海峡之后到了太平洋，他最后死在菲律宾了。麦哲伦海峡后来基本没被用过，从功利主义看，他似乎是失败的。

伟大的发现在开始和过程中，甚至完成后，都会在相当长时间内被误解，被嘲笑。当看到一大批年轻人讨论元宇宙的时候，千万要保持一种敬畏心，因为未来的时代是他们的，不是我们的。人类文明一万年，我们主要解决的是物质生存，现在物质生存已经基本解决了，我们用于衣食住行的精力不超过 10%，绝大部分用于精神世界。精神世界就是元宇宙的根基，我们将在这个平台里生存。我们要关注，保持好奇心，关注元宇宙，关注未来的社会。

第二，特斯拉超过万亿美元市值。2021 年 10 月 27 日特斯拉市值超过

1万亿美金。特斯拉刚刚成立 11 年,特斯拉目前的市值是包括大众、福特、丰田和现代等前十家汽车巨头市值的总和。特斯拉一路全是靠并购实现的,并购决定了公司价值。它本身不是造车的,它也不是做电池的,特斯拉所有的技术,包括计算机、电池全部是靠并购组合出来的。这是并购的力量。我们要重新思考公司到底怎么发展。许多媒体谈中国要培养"马斯克",找到"比尔·盖茨",可能吗?包括我们现在到处谈论的"独角兽",让政府选择"独角兽"就像皇帝选太子似的,但最后很可能它不是"太子"。

特斯拉不是政府事先设计的,是市场选择出来的。我们要理解经济学家弗里德曼多次引用的故事,这个故事非常经典,叫《铅笔的故事》。几万人的参与,几十个国家的材料来源,最后才形成一根铅笔,没有一个国家可以单独靠自己生产出一根铅笔,也没有一个企业家设计和组织这根铅笔的制作。最重要的是,所有生产铅笔的人,都不知道自己在生产铅笔,造笔芯、造橡皮的都不知道。那它是怎么形成的?这就是市场的力量,价格的力量。

公司的并购交易跟市场上的商品交易一样,商品的价值要靠交易实现,不交换放在家中冰箱里的不叫商品,卖出去的才是商品。珠穆朗玛峰很伟大,但珠穆朗玛峰不值钱,因为没有人去买它,就摆在那儿,是一个品牌不是交易产品。所以一个东西要能够成为商品,必须要交易。并购交易的商品就是公司,公司也是商品,而公司的价值是靠不断的并购交易实现的。公司在那儿不交易是没有市场价值的。一个公司想要变得伟大,必须不断地并购,不断进入并购交易当中。只有在并购交易中,你才能够分割,重组包装,找到最能管理公司的企业家去经营。我们并购公会的一大批机构就做这件事情,用大堆零件组合出一个好的公司,把一个不好的公司重新组合再进行交易。

特斯拉的发展让我们重新认识到并购的重要性。一个公司从小发展到大,几十年、上百年成为百年老店,过去是这样,但今天不行了。不通过并购成长,这个公司只能被别人并购,没有别的选择。我们几十年来一直要推动建立中国的并购市场，鼓励大家并购交易，把公司的潜力挖掘出来。我们七八年前在这儿开的并购基金年会起了很大的作用，让并购基金成为主流。我们特别呼吁在长三角把并购基金形成一个生态圈。现在我们有很多基金小镇，有东沙湖基金小镇，高新区基金小镇和相城区基金小镇。但这些基金小镇，基金的层次和质量需要调整，并购基金应该是基金的一个最重要的形式。

第三，北京成立证券交易所。这是30年来资本市场上一直期盼的大好事。北京证券交易所的历史有一百年了，1920年北京就有证券交易所成立，新中国成立后关闭了。30年前资本市场培育的时候，也是首先推出北京证券交易所，但没做起来，在上海、深圳做起来了。2021年终于有了第三次机会。北交所成立是中国资本市场的重要事件，是给我们提振信心，重振资本市场的一个信号，这个毫无疑义，我们大家要一起来，众人拾柴火焰高。但另一方面也说明之前的科创板、创业板、第三板等，不尽人意。政府的监管机构不断强调北交所定位跟上交所不同，跟深交所不同，跟港交所不同，要努力建出特色。其实从历史角度来说，哪有什么特色，只要进入市场，就一定要竞争。谁规定北交所就搞小的、专的、特的。那上交所不搞吗？一厢情愿、自上而下地给一个交易所定位是困难的。

纳斯达克成立的时候大家没觉得这是个正规公司，做电子交易，当时没人瞧得起，都是垃圾股。纽交所瞧不起它，美国很多交易所都瞧不起它，结果今天它排第一。因为它抓住了创新，抓住了中小企业。北交所的定位是什么？定位中小企业，定位创新，才有机会。定位应该依市场定位，由消费者选择，投资者选择，参与者选择。

小的企业才是美好的，是未来。大企业的格局已经形成了，小企业还有机会。交易所一定要保证中小企业能进去，交易所不能保证中小企业成功，全世界都不能保证中小企业成功，成功是由市场决定的，但是你要激励中小企业进场玩，这是很重要的。北交所新开张，应该大开放，真正降低门槛，让人先进场，再判断和选择质量。我给北交所提一个小建议，企业的入场费能不能先取消，后收钱，互联网思维，成功再收钱也行。我也给苏州工业园区提一个小建议，能不能努力与北交所建立战略联盟，把长三角的中小企业培训和培育基地建在这里。

总之，三件事：

第一，Facebook更名，我们看到元宇宙，这是我们的未来，要学习。

第二，特斯拉的成就，让我们更加理解并购的重要性，要在苏州培育并购基金。

第三，北交所又给我们提供了中小企业平台，苏州要抓住机会。

最后，谈一谈并购的价值观。过去40年来，我们是野蛮生长，我们落后，因此要贪婪些，要追赶欧美，步伐鲁莽，肌肉强大。但是今天我们已经成为大国了，有些方面有太多的欠缺，我们的精神世界、信仰、文化、教养，还需要很大的提升。新一代人有更多选择，不再急切爬坡，要夯实基础，要精耕细作，要关注ESG和社会责任，关注环保，关注教养，关注文化，关注我们的未来，关注我们的精神世界，这是非常重要的。因此，我们所有的并购和金融活动，要重新定位自己，为科技服务，为中小企业服务，为创新者和未来服务。

金融博物馆和全联并购公会，多年来持之以恒地面向未来，不断调整自己的定位和服务。未来决定现在，不是现在决定未来。我们习惯了传统思维，了解历史，看未来是怎么走。现在不一样了，是未来决定今天，未来什么样，你现在开始调整自己，这是一个巨大的观念颠覆。我们希望了解世界的变化，我们一定会走向全球的标准制定者，但这个标准不是我们想象出来的，是靠市场竞争出来的。我们最强大的竞争能力，是有"95后"这批年轻人，他们的思想格局、视野和操作经验以及坚韧能力都超出我们这一代。我们这一代要与一个巨大的传统体制搏斗，我们大量的精力用于"变法"和"开关"，才有了今天的资本市场。我们是伤痕累累过来的，但是希望下一代人不必经历我们这样的痛苦，他们放下负担，轻装上阵，面向未来，对准科技实业，走出他们自己的路。

最后提及一点，我一直耿耿于怀的实业和金融的关系。我一直在谈，实际上好的金融，就是实业，金融不是虚的，坏的金融才是虚的。好的金融调配资源，金融本身就是做实业，很多人不理解。我经常用这样的例子，200年前农民认为工人都是一帮骗子，因为整天砸石头弄煤炭，不种粮食；100年前工人认为白领是骗子，手都不脏，在办公室晃，凭什么赚钱；50年前白领认为搞计算机的人都是骗子，敲键盘也没看出什么效益；20年前搞计算机的认为搞互联网是骗子；今天我们认为搞"元宇宙"的都是骗子，历史就是这么走下来的。

我们要放眼未来，我们要透彻理解历史，我们要宽容看待年轻人今天的创新和尝试，我们才能有更高的格局和视野。保持强烈的好奇心，贴近前沿，我们的生活才能更丰富，更有意义，对这个社会才有实质性的贡献。谢谢大家。

中国并购的基础、手法与眼光

多年前，我给一本美国引进的《百年并购》中文版写序，提出一个观点，中国的并购与西方相比，是西方20世纪30年代的基础，有西方20世纪60年代的手法，操西方20世纪90年代的眼光。到今天，我仍然是这个看法。

首先，美国经过20世纪前30年的两次横向和纵向的并购浪潮建立了现代产业经济的基础设施和宏观经济体系。罗斯福总统的战时新政和凯恩斯主义之所以盛行也是在这个基础上实现的。而新中国的经济则是用了战后大约15年的光景用军事管制和计划经济的手段造就了一个现代宏观经济体系。表面上都是一个大国经济平台，产业齐备，也有交易市场，但内在的基础元素截然不同。价格、利润和平等交易这样的概念在中国经济中仍然不是主导机制，政府政策干预和经济计划始终支配经济周期和方向。不了解这个基本格局的差异，直接照搬国际规则和模式就会产生严重的错位甚至灾难结局。我们后面会专门讨论德隆集团的失败案例。

其次，中国企业家和金融界的学习能力非常强，在不足30年的证券市场上，我们几乎学会了西方百年来所有的金融工具和操作模式，从私募基金、财富管理、衍生金融到智能合约等，西方企业并购的招式都在中国市场上演练了许多轮，毫无违和感。但大部分金融工具的运用都是花架子把式，概念炒作居多，内涵仍然是几十年前的土办法。核心在于金融工具的选择和彼此匹配要取决于资本市场的价格信号与运行机制，还需要一个法治的监管环境，而这些因素到目前仍然无法实现。

我们的企业家视野始终在全球的最前沿，有雄心壮志，在许多领域甚至超越全球同行，如互联网、大数据和消费领域的创新应用。我们之所以在学习西方经验时可以弯道超车，与这一代创业群体的独特历史环境和巨大市场相关。记得2004年6月，美国通用电气的首席执行官杰克·韦尔奇（Jack Welch）来中国巡回演讲。他的自传是全球畅销书，他在中国成为偶像。他在上海的一场与首创集团刘晓光董事长的对话活动由我主持，我开场时与他有这样一段对话：

王巍：韦尔奇先生，我看过很多你的著述，一直希望当面问你一个问题。你无疑是一个伟大的公司的伟大的首席执行官，但是，你不是通用电气的创始人，你是经理人。如果你是通用电气公司创始人的话，还能像后来那样成为杰克·韦尔奇吗？通用电气公司还能够成为今天的通用电气公司吗？

杰克·韦尔奇：如果我是创始人的话，我希望我有足够的经验把这家公司从初创的公司变成成功的公司。我在通用电气公司工作40年，现在这家公司已经达到了1 300亿美元的市值。对创始人来说，有一些巨大的挑战和一些转型期要去经历，也就是说每个创始人都要把自己从一个创业的企业家，变成一个能够实现企业长期成功的管理者。这是一个巨大的挑战。

第二章 并购简史

但我个人因为不是创始人,所以我没有碰到过这样的挑战,我希望我有机会面临这样的挑战,但我没有。

王巍:我之所以要问你这样的问题,是因为在过去20年当中,中国产生了非常多的企业家。今天现场这4 000多位企业家都必须是创业者,要打破所有规则,才能创业。正是他们把中国的计划经济变成市场经济。同时,今天这些创业者还必须要成为优秀的管理人。很多人都要看你的书,希望从你的书里学到经验。中国成功的企业家必须同时像创业者一样打破规则,也要像管理者一样遵守法律。仅仅把六西格玛的管理经验用于中国不一定有作用。对此您有什么评价?

杰克·韦尔奇:我认为中国不应当受到西方管理理念的困扰,我写的书不是给中国企业家看的,你们可以烧了它(全场大笑)。我认为中国应该自行其是,而且中国在成长和繁荣的过程中,将创

2004年,我在上海主持杰克·韦尔奇(右)的活动

立一些体系，这种体系会长久地、成功地持续下去。中国处在一个初始的发展阶段，而在初始的发展阶段当中我们更需要活力，需要激情，需要取胜的决心，我们需要创新企业。

当晚韦尔奇夫妇与我们吃晚饭时，特别提到他在全球讲了上百场这本书，还是第一次遇到这个角度的问题，帮助他理解了为什么中国人可以用简陋的技术和工艺生产出优秀的产品，"break the rules and keep the laws（打破规则，遵守法律），这可能是中国的管理模式"。

中国的并购显然与西方的并购差异巨大，可以互相比照，但不必也不可能亦步亦趋。了解到这个差距的核心，就要学习和创造中国的并购模式。根据中国计划体制主导的经济周期来制定产业和企业的成长战略，因势利导地制定并购路线。我们注意到，尽管近些年由于新冠肺炎疫情、国际环境的变化和内部经济结构的调整，市场空间受到限制，国内重大的并购交易也相对沉寂，但是，中国面向全球化、市场化和法治化的基本格局没有变化，一代互联网人已经成为中国经济舞台的主力军。他们的视野、创新能力、奋斗精神和开拓领域已经远远超过上一代人。这是中国并购市场充满希望和活力的一代人，也是将中国并购市场真正融入全球经济的一代人。

令人欣慰的是，中国经济30年的经济改革毕竟创造了一大片市场空间。中国企业家群体的崛起和政治智慧与市场经验保证了市场化进程的不可逆转性和坚韧性。不断加速蔓延的市场化空间也有效地限制了政府政策的效力范围和深度。以长江三角洲和珠江三角洲为主体的产业链在历次宏观调控中受到强大压力的同时也产生了强劲的反弹，市场的意志和能量对宏观调控的实际效果和延续时间形成了不可忽视的制约力量。

中国经济已经成为全球经济的一个主要部分，中国也成为全球产业价值链延伸和重组的主要市场。全球公司的战略动向和能量不得不成为中央政府制定国内政策的考量指标。俄乌冲突以及美国在东亚与东南亚区域的经济扩张，也进一步提升了中国本土经济恢复全球对接和深化融合的动力。

笔者写到此处，正巧要为全联并购公会主编的《中国并购报告（2022）》

写一篇序言，其中，我对2023年中国并购市场有几个重要的预期。

第一，并购价值观的重新定位。

改革开放以来，中国企业界和金融界的一个重要驱动力是"做大做强"，这与新中国成立初期的"超英赶美"目标异曲同工，源于经济落后但理想远大的奋斗精神。这种举国之力的创业激情和全球开放的大环境的确演绎了一个大国从贫穷到强大的奇迹，并购始终是重要的操作工具，厥功至伟。不过，最近几年，全球化趋势已经发生了深刻变化，中国的强劲增长模式和价值观与美欧主导的传统全球格局发生激烈冲突，中国的成长动力与空间更多集中向内部转移。面对计划优先于市场、公平优先于效益、政策优先于规则的特色国情，产生了许多基于价值观的挑战，如单纯地做大做强是否导致市场垄断，破坏公平竞争的环境？一味追求加入全球经济体系是否阻碍中国企业提升价值链空间，甚至威胁国家经济利益安全？仅仅以资本为驱动力的并购扩张是否会形成野蛮生长？并购交易中如何考虑碳中和、就业、妇女权益等社会责任维度？并购的价值观导向应该成为企业、产业和国家发展的内置要素，而不是外部约束。

第二，中国经济生态的再造。

为控制疫情而出台的一系列切断物流、限制交易、停止办公甚至长期封闭社区的政策，尽管是短期的，但从心态和行为模式上改变了公众对于未来社会管理模式和日常生活方式的预期，而这是过去40年来微观经济生态的基础。我们长期依赖的城镇基础设施突然变得脆弱和不安全，我们因已经习惯的奋斗与紧张突然松弛而极度不适应。可以确定的是，疫情后中国经济将面临一次空前的大洗牌：所有企业的部门设置与人工薪酬安排、战略定位和客户市场等都会根本性重组；各个产业的工艺流程、上下游企业供应链、投资者与消费客户的构成等都会重新调整；宏观经济政策、区域产业布局和国民经济结构等高端经济调整也会启动。这就是并购和产业整合的用武之地，责无旁贷。并购应该积极有效地参与疫情后的中国经济大重组过程。

第三，数字经济的奠基。

疫情的一个重要推动就是数字经济的真正奠基。所有企业都加速网络化和线上运营，始终在线服务的创新企业如拼多多、联想等都在最近拿出超过疫情前的亮眼业绩，而一大批固守线下服务的企业纷纷倒闭破产，也给一大批创新企业腾出空间。中国政府在2022年5月举办了推动建立数字经济的高端论坛，也实施了一系列政策，这是一个总体动员令。实体资产和实体企业的数字化已经成为社会共识，大势所趋。大数据、云计算、人工智能、区块链等日益成熟，在互联网时代成长的一代算法人类已经成为中国数字经济的主力，中国与全球先进国家同步发展。数字经济中的并购交易也日益活跃。相对于2020年全球已经发生的三起重大数字经济的并购交易，中国同行也应该迅速行动起来，加速传统经济的数字化转型，特别是关注元宇宙等领域的重大进展。全联并购公会已经开始与相关机构联合推动在区块链平台上创建中小企业融资与纾困平台，尝试创建金融元宇宙和并购元宇宙等。

第四，全球并购将再次启动。

在经历了逆全球化的各种政治事件后，特别是疫情后，新一轮全球化已经开始升温。欧盟的经济合作和北美与亚太地区的经济合作成为热点。遗憾的是，中国目前没有更多参与，而且一个重要的动向便是国际资本和产业链从长三角、珠三角和香港转移到东南亚和印度一带。这固然与全球经济与金融秩序依然由美国操控有关，但同时应该看到中国早期的产业构造与成长价值观正在与全球主流正面冲突，彼此需要更多的理解和调整。中国政府非常明确将开放作为长期国策，而且坚定地成为全球经济的部分。如果传统产业的融合已经完成了历史阶段目标，那么中国的科技、医疗、环境、金融服务和数字经济则刚刚进入全球舞台，这应当成为中国企业家和创业者全力以赴的领域，并购业也当仁不让，应倾情助力。全联并购公会自始至终推动民间国际交流，在数字经济的基础上，这是一个具有巨大潜力的战略方向。

第三章

中国并购发展的重要里程

并购的江湖

并购交易不是纸上谈兵，是实实在在的商业交易，没有花拳绣腿，只有活生生的人物和事件，以及支配人物和事件的时代观念。

观念的演变体现了时代精神的变化，改革开放以来对并购的社会认知和政策导向自然制约着并购交易的广度与深度。笔者简要梳理了一些至今仍然影响人们思考的观念，表达并购交易的复杂考量模式。重要的是，观念仍然在不停地演变中，需要在不同的交易案例中被慎重处理。

我依据全联并购公会主编的《中国并购报告》和长达20年的中国十大并购人物与事件的评选，梳理了至今决定中国并购市场主旋律的若干重要片段，提出我个人的看法。当然，我是片面的，但是片面也是构成全面的重要部分，而历史永远也不可能全面。

并购观念的冲突

历史的进步首先是从观念的变化开始的。并购这个舶来品能够渐次进入中国视野，在几十年时间里被社会广泛接受，也是一个不断与传统观念博弈的过程。现在回首过去，似乎并购观念顺理成章地"登堂入室"了，不过，检视一些曾经流行的传统观念，也许发现它们至今仍然顽固地根植于社会大众的心态里。我在20年前曾结集出版了两本并购文集：《并购时代的旁观侧语》（华夏出版社，2002）和《并购时代的阳谋轨迹》（中信出版社，2004），主要根据当时的重要事件和人物讨论并购观念。同时，我在主编《中国并购报告》时，每年都写一篇文章，根据并购人物与并购事件总结并购观念的发展。20 年来，伴随并购市场的发展，更多的问题和挑战也不断刷新我们的认知，新旧观念的冲突也是并购市场博弈的正常现象，直接影响了我们的行为和对企业价值本身的认定。观念的讨论能厘清立场，当然不会也没有必要达成共识，留下这些观念痕迹，将有助于大家理解这个市场。

出身论

当年一有并购事件发生，人们首先关注并购主体与标的的所有制地位。几十年前，国有企业是天经地义的并购主体，外资企业更有优先选择权，民营企业则小心翼翼地要论证收购交易对国家、对社会的好处，避免有强取豪夺的嫌疑。审批机构要求民营收购主体提供详尽的入场资格证件、收购资金来源正当性和收购后保证就业及纳税来源的各种资料。名正则言顺，"妾身未分明"是很难通过审查的。这就出现了当时许多民营企业为了发展需要戴上"红帽子"，即申请挂靠国有企业或租用国企品牌运营，或者干脆将股权赠送给当地政府而成为集体所有制，也就是公有制，如辽宁的盼盼集团、北京的四通集团等。当时是为了获得合法运营身份的权宜之计，后来就成为需花费巨大代价的改制。今天回过头去看是体制歧视的不公平，在当年则是让民营企业感恩戴德的必要手续。

国有资产流失

在多种所有制之间并购或参与并购竞争时，这是一条公开的约束条件。尽管几十年来，政府出台了无数文件说明平等对待不同所有制企业，但事实上，只有国有资产不能流失这一条始终明码实价，我们从来没有看到民营企业或外资企业资产不能流失这样的宣示。在这样的市场约束下，显然与国有企业进行并购交易就要格外谨慎，瞻前顾后，避免触犯刑责。事实上，几乎所有与国有企业并购交易的契约都会实质性地加上补偿条款。一旦出现意外，双方必须保证国有企业的资产不受损失甚至要增值。

社会维稳

在中国特有的社会经济体制下，任何一个商业并购都必须考虑到对当地的政治与社会环境的影响，而且许多因素是难以商业化、无法用资本体现的。例如，当地政府一般都要求不能迁出可能纳税的企业，如果亏损企业被收购，通常要求收购方要补偿历史亏损，当然，更不能提出破产，而且也没有相应的破产法律规则。即使多年来有很多中央政府确认的破产条例，但在具体实施上，当地政府总是能找到无数理由让这些条例无效。另外，企业必须保证员工的就业，不能将负担转嫁到社会上。在东北这种将员工和企业捆绑一起交易的模式俗称"连包滚"。在追求当地经济 GDP 的目标下，被并购企业常常被要求以"战略联盟"之类的方式使并购交易深藏不露，保证当地的面子和影响力。

民族情结

涉及外资并购交易时，爱国主义和民族主义情绪往往影响对交易的判断和执行。交易顺利就是与全球接轨，中国企业步入全球经济时代。一旦出现争议，中国企业很容易诉诸公共媒体和政府加持，超越商业讨论而大谈道德。习惯翻出百年中国被列强的欺负历史，以自力更生的立场高扬爱国主义大旗。最典型的就是 2007 年的"娃哈哈与法国达能之争"，本来是商业利益的冲突，当时传媒的报道不断煽动民意，用"八国联军"这样的词汇来绑架社会舆论，甚至有些地方政府写信介入企业之间的纠纷。

国际接轨

有趣的是，所谓的"与国际接轨"也成为干预并购交易的一个重要手段。许多部委和地方政府为招商引资的业绩和其他不便摆在桌面的理由干预市场并购交易，要求符合所谓全球规范。例如中央监管部门曾强制要求所有上市公司必须经过海外四大会计师事务所的财务审计才能提交证监会，一时间，怨声载道。不仅因为四大会计师事务所趁机提高价格，而且它们的确不了解中国企业在复杂的行政管制下曲折的财务处理方式，经常提出南辕北辙的意见。本土同行的成长空间被封杀，只能纷纷加入"四大所"。我也处理过几个并购案子，所有工作都完成了，结果被主管机构强制安排"更为符合国际规范"的投资银行接手，最终反而搞砸了。

实体资本

对于前信息社会的民众而言，资本只有一个形态，就是货币和重资产，看得见、摸得着。但观念、人才、技术和管理等知识资本，品牌、商标和工艺等制度资本都不是所谓的实体资本，是虚拟的。相对于大家理解的传统企业而言，创新企业的观念和运营模式难以纳入企业价值评估的体系。因此，过去几十年中国的本土并购交易大部分都是同一时代的企业彼此并购，重资产并购重资产。中国的互联网企业和金融科技企业的成长几乎都是依靠国际资本的支持发展起来的，与传统的实体企业始终是两条轨道。看得见摸得着的才是实体资本，而创造价值的互联网企业、数字企业特别是金融服务业始终不被看成实体，这是一个大的观念问题。

对财务投资的负面看法

并购提升企业的市场价值，有多种方式。主要是两类投资者，一类是战略投资者，沿着企业运营的主业向上下游和左邻右舍并购，提升企业的市场地位和竞争力。另一类是财务投资者，根据标的公司的市场价值并购相关企业，最大限度获得财务收益。前者一般都是以企业创始人和管理团队为主导，资本提供者是协助地位，容易为产业生态和当地政府理解。后者则是以资本意志主导，可能并购许多暂时无关但未来可能扩大企业运营领域的标的，不容易为人理解。对于缺乏资本市场经验的人而言，这种投资常常被加以负面的道德评价，被视为投机取巧、鸡鸣狗盗的行为。

重在历史表现

判断企业的成长主要是看历史，不习惯也没有能力看未来。历史的业绩和形成的资产可以成为抵押品，但企业家的创新观念、市场占有率和客户流量就成为非常不靠谱的指标，无法纳入传统投资人和监管机构的法眼。这不仅是观念落后的问题，更多是体制约束问题。例如银行业实施的终身追责制度，让所有人不能承担任何创新的风险。近年来，这种追责制度也进入了招商引资的政府体系，可以想象未来对创新会更加严苛。

运动式并购

在习惯于计划经济思维和国有企业为主体的体系中，运动式并购交易经常发生，以笔者经历的几次可以观之。20世纪90年代初，中国证券市场刚刚形成，在法人股市场创新和上海深圳两个证券交易所顺利完成后，早期上市公司获得巨大收益。证监会通过分配额度的方式发起上市公司，于是各地政府和各个部委立即动员主管企业实施合并，达到证监会规定的底线指标，这种运动式的并购交易形成了一大批假冒伪劣公司，后来迅速成为垃圾公司。中国刚刚加入WTO后，为了达到做大做强的国资委号召，各地政府发布了一系列红头文件，乱点鸳鸯谱，将一大堆毫无关联的公司捆绑成所谓的500强企业，效果可想而知。近年来，又在"互联网+"或"区块链+"的概念下，强行推动传统企业与新概念公司合并。

鸡头凤尾

"宁做鸡头，不做凤尾"，这是一句老话，不只在商业领域，在社会各个领域都有这样的观念。这个观念也不是中国特有，在各国都是一样。创业者和企业家希望将自己的理想坚持下去，也是人之常情。在并购交易中，这个观念更多是讨价还价的筹码，只要出到足够的价格，所有企业都会卖掉。

并购交易的背后始终有不同的观念主导，观念一致就达成共识，交易就容易实施。但大多数情况下，观念是不一致的。交易的过程就是观念彼此磨合并最终妥协达成一致的过程，无论观念的表达是通过价格、战略还是手段等各种形式表达，交易最终的主导者一定会让自己的观念获得最大程度的实现。可以说，并购交易就是解决观念冲突的过程。

影响中国当代并购的重要人物

并购是市场创新行为，在其他既定条件下，并购操盘人的个人视野、行为方式与个人魅力决定了并购的模式和效果。同样的交易，外行看热闹，内行就看操盘人。如同战争一样，元帅在关键时刻的表现决定胜负。我大体复盘了20年来入选的一百多位"中国并购十大人物"，大体可以分为三个领域出身，即国有企业、民营企业和金融业。此外，并购市场需要政府的推动与监管，我也选了几位代表人物介绍。需要提及，参与中国并购市场的当然还有大量全球公司的操盘人，不过，国外并购者的决策人物主要还是在国外，国内主要是具体执行者，因此，不在本义讨论范围内。

国企并购人物

国企在跨地域并购时，在市场竞争的同时必须考虑上级国企对自己的硬性约束条件，如员工就业、纳税和"国有企业资产不能流失"等。如果成功，成就归功于政府和上级，失败则归咎于执行者。因而，采用市场手段发展公司还是需要非凡的勇气和魄力的。

最早推动国有企业关注并直接操盘并购的领军人物是周玉成先生，他时任中国华源集团董事长，原来是纺织部的司长，通过重组濒临破产的一系列纺织企业脱颖而出。他以上海华源集团为并购主体，连续在纺织、机械行业实施产业整合，很早就布局医药医疗产业，迅速控股了上海、北京和山东的三个主要医药集团和五家上市公司。我曾与他一起到美国拜会著

第三章 中国并购发展的重要里程

名的投资家索罗斯和金融家米尔肯,讨论合作建立基金用于整合国内的医药产业。后因国资委政策调整,外资受到限制而未果。他长期在政府部委工作,视野开阔,改革意识极强,敢于用能人。在征得国资委同意后,面向社会招聘集团总裁。华源集团后因资金流动困难而被重组,其间我作为顾问与他一起奔走各方,包括时任上海市委书记和国开行董事长,深切体验到地方利益与部委利益之间的博弈,最终因国企领导人的市场视野和能力还是无法跳出行政格局的约束,功亏一篑,非常可惜。

时任上海宝钢集团的徐乐江董事长也是利用市场化并购模式扩展产业的重要领袖人物,他主导的宝钢对河北邯钢的收购引发市场广泛关注。他提出宝钢作为产业领袖可以充当孵化器的功能,不断以市场方式收购各地钢厂,将优质资产并入上市公司,夯实宝钢的市场化主体,这也成为其他行业央企的重要

2017年8月22日,我与全国工商联党组书记徐乐江(右)回忆当年的中国重要并购事件

样板。徐乐江后来担任全国工商联党组书记,是第一位有丰富市场经验的管理者,理解并支持民营企业的市场作为,建立了良好的政策环境,受到企业界广泛的好评。

1994年,我协助法国水泥巨头拉法基公司在北京寻找合作伙伴,多次与时任北京新型建材厂厂长宋志平讨论,他的学习精神和责任担当令人印象深刻,我也从这个并购项目开始创建了证券公司的并购部。宋志平此后几十年在国企领导的岗位上连续创新,用并购手段不断以小吃大,推动公司成为世界500强企业,而且同时担任了国资委领导下的两个500强公司董事长,实为罕见,特别是市场口碑非常好。他退休后担任中国上市公司协会会长,经常在业界传授管理经验。

宁高宁海外留学归来工作,在三个世界500强企业华润集团、中粮集

2014年2月,时任中粮集团董事长宁高宁在北京国际金融博物馆的江湖沙龙上谈并购经验

团和中化集团担任掌门人，主持操盘了一系列具有业界影响力的并购，特别在并购整合的管理上形成了独特的个人风格。宁高宁也经常代表中国企业家参加亚太经济论坛和达沃斯论坛等，在全球企业界有很高的威望。

民企并购人物

中国的改革与开放首先在江浙和广东地区培育了大批民营中小企业，自然这个集群也产生了本土第一代的并购领袖人物。其中几位值得特别关注。来自杭州的华立集团董事长汪力成从一家县级仪表厂起步，在20年里连续收购了境内外近十家上市公司，跨了多个行业，是典型的本土并购专家。同样起步于杭州的阿里巴巴创始人马云，他从网页制作起步，开拓互联网空间，辗转腾挪，运用资本和并购演绎了一系列精彩的收购与整合大戏，连续四次入选"中国并购人物"，也成为全球企业界的中国经典。同样具有全球影响力的还有万象集团鲁冠球和娃哈哈集团的宗庆后。

来自广东TCL集团的创始人李东生以家用电器起步，不断扩张市场，成为民企行业领袖。中国加入WTO后，TCL并购法国知名电器品牌汤姆森而扬名一时，被《中国企业家》杂志遴选为代表中国企业海外并购的先锋和封面人物。不过，他也遭遇了本土企业全球成长的政治、法律、文化等领域的所有困难，铩羽而归。李东生以一篇广为传播的文章《鹰的重生》展现了他坚定的全球化发展意志。到2021年，他的海外营收超过1 000亿人民币，也超过了本土营收，再次成为"中国并购人物"。

来自深圳的华为集团创始人任正非在2001年和2006年两度当选"中国并购人物"。大家都了解华为今天的成就，有趣的是，华为更善于卖掉自己的业务。为了专注通信这个核心产业，2001年华为以7.5亿美元将旗下的安圣电气出售给美国艾默生集团，这是中国当时最大的一起科技并购案。此后，华为于2006年将所持的华为3COM的49%股份以8.82亿美元出售给美国3COM公司，2019年卖掉华为海洋，2020年转让荣耀终端。2003年，在华为最困难的时候，任正非拟以75亿美元的价格整体将华为卖给美国摩

2003年4月在北京举办的中国并购年会上,中欧国际工商管理学院院长刘吉(左四)、中国并购公会首席经济学家夏斌(左二)等为中国并购获奖人物TCL董事长李东生(左一),华源集团董事长周玉成(右三)颁奖

托罗拉公司,因美方掌门人变化而作罢,这应成为全球并购业的经典案例。

复星集团创始人郭广昌三次成为"中国并购人物"。大约20年前,中国企业家在黑龙江的亚布力论坛上有一次激烈的争论。面对多数人对他在医药、钢铁、地产和金融等多元领域经营的质疑,郭广昌用非常哲理的语言和逻辑论证本土企业应该跨域经营,管理模式是可以通用的,要注重资本和并购的力量。他特别看重对政策和公众舆论的了解和管控,带领企业历经各种风霜,从容过冬。亚布力论坛是一个重要的企业家交流与合作的平台,几位担任轮值主席的企业家如万科王石、德龙钢铁丁立国、物美集团张文中等都曾成为"中国并购人物"。

来自大连的万达集团创始人王健林和海南航空集团创始人陈峰都是多次入选"中国并购人物",而且他们都高调行事,每次并购都引发行业关注

第三章　中国并购发展的重要里程

和同行的焦虑。此外，深圳宝能集团的姚振华、北京汇源集团的朱新礼、安邦集团的吴小晖等也都在中国的并购史上留下了自己的痕迹。并购有成败，人生有曲折，这是自然的事。客观判断当事人和时势，不以成败论英雄，因为假以时日，风水轮流也很正常。

金融并购人物

与企业并购操盘者不同，拥有金融执照和资本资源的金融业人物有更多天然优势。中国工商银行董事长姜建清"知青"时期曾在山区挖矿，从基层一步一步提升到曾经是全球最大市值银行的董事长。他主导工商银行走向全球市场，收购了中国香港、印度尼西亚、英国和拉美等地金融机构，特别是收购南非标准银行而一战成名。他还创建了活跃在欧洲的中国并购

2017年，我为中国工商银行前行长杨凯生（右）颁发"并购终生成就奖"

基金，推动跨境并购交易。姜建清是一位学者型银行家，30年前他在美国考察时期关注计算机与网络在银行的应用，著书立说并推动银行实践。同时，他特别研究全球银行的发展历史并收集金融徽章，出版了相关文集。

与姜建清董事长同时担任中国工商银行行长的杨凯生也是一位学者出身的金融家。为帮助中国的银行业摆脱巨大不良资产的重负而轻装上阵，国家特别建立了四家资产管理公司，杨凯生担任其中之一的华融公司董事长。华融资产的规模庞大，行业错综复杂，历史沉淀已久，是硬骨头。在杨凯生领导下，华融迅速转型为投资银行，创立了许多独特的债务重组和资产证券化模式，成为业界样板。

曾与我早期在国有证券公司共事多年的王东明有很多故事。在他的领导下，中信证券成为中国最大的投资银行，在2008年全球次贷危机后，收购直指美国老牌的证券公司贝尔斯登，震惊华尔街。退休多年后，他又再次出山领导一次国内证券公司的恶意收购案例，功败垂成，也是显示了老江湖的影响力。

许多留学归国的专业人士参与或发起的基金更是最近十几年来并购市场的主力。与国有资本来源不同，他们更善于捕捉市场方向，选择跑道，讲出中国故事，获得国际资本的认可，他们通过创业投资、股权投资、并购投资和美国上市的中概股等带动大批国际资本进入中国，同时，他们的业绩也得到中国政府和投资机构的认可，陆续形成了独立的中国并购基金。其中，红杉资本的沈南鹏和高瓴资本的张磊就是杰出代表。沈南鹏第一次在亚布力论坛的讲演让大家了解了携程等几个企业背后的推手，张磊在亚布力的发言，也让他大力投资的京东集团显山露水。此外，中信资本的张懿辰把麦当劳品牌收入麾下，熊晓鸽回购IDG，阎焱脱离软银自立门户等，都成为中国资本市场上重要的风向标，也是并购业的重要节点。

具有多重身份的方风雷是一个特殊的并购人物。他早年从事体制改革活动，熟悉政府与市场的沟通，参与创立许多早期的边缘性金融机构，筹备并长期主持中国国际金融公司，同时也担任中外合资证券公司的总裁，后来创建了厚朴基金。他的人脉资源和对业界的洞察力让他参与了许多重大的投资项目,成为本土投资银行教父级人物。

监管并购人物

在中国的金融环境下,政策制定者和监管者的视野与担当决定并购市场的环境和走向。在一大批并购企业家和金融家前赴后继地推动并购发展的背后,许多重要的政府官员发挥了重大作用,居功至伟。

中国银监会首任主席刘明康是2001年首届"中国并购人物",他当时推动了中国银行集团重组和光大集团的并购,也是最早将并购观念引入中国的学者。在中国银行业推行股份制、在境内外市场上市和整体加入全

2019年12月,在第16届中国并购年会上中国建设银行原董事长王洪章(左)为黄奇帆市长(右)颁发"2019年度中国并购终身成就奖"

球银行头部板块这一过程中,他的全球视野和执着推进具有巨大贡献。特别是在推动中国银行业并购提供融资建立规则方面,更是奠定了坚实的基础。同样具有历史贡献的是曾担任财政部部长的楼继伟,他是中国主权财富投资公司(以下简称"中投公司")的首任董事长,有效运用外汇储备进行全球投资和财富配置。中投公司用10年左右的时间建立了全球合作伙伴网络,结合政府信用和市场力量构筑了中国企业国际化的通道和保障体系。

黄奇帆曾担任重庆市市长,他主导重庆的金融改革和国企改革,成为全国各地学习的样板,他的关于经济、社会和民生的思考被广泛关注。我与他交往很多,他去过我创办的多家金融博物馆,还专门到上海的并购博物馆做演讲,回忆当年邓小平在浦东关于恢复上海金融中心的谈话。过去很长时间里,经济发展和GDP增长是城市成功的标志,而将城市作为企业来运营,黄奇帆无疑是一位出类拔萃的领导,他对重组产业和城市的一套观念和手法已经成为经典。

高西庆是中国资本市场的一位传奇性人物,他从华尔街律师所回国,参与了上海和深圳两个证券交易所的筹备,也是中国证监会第一批骨干领导,担任过副主席,后来,又到证券公司、社保基金和中投公司担任领导。他个性鲜明,作风干练,快人快语,在中国证券市场的立法和监管方面具有独特的社会影响;位居高位,始终以局外人的学者立场观察、研究和建言,亲力亲为实践。同样,屠光绍也是一个学者官员,曾担任中国证监会副主席、上海市常务副市长和中投公司总经理。屠光绍学养深厚,在建立中国证券市场和培育上海成为国际金融中心方面做了大量基础工作。屠光绍和高西庆现在都活跃在大学讲台上。

我有幸与多数并购人物有接触,许多还是多年的朋友。除了在各自领域有过硬的专业能力外,所有并购人物都具有鲜明的个人风格和魅力,视野开阔,勇于担当,善于合作。时势造英雄,时势也毁英雄。作为优秀的企业家和业界领袖,他们每个人都善于学习,关注历史,了解前人的经验与教训。同时，所有人都拥有自信可以站在前人肩上有更大作为，都愿意历史翻新篇，"而今迈步从头越"。但，历史似乎总是在重演，毫无感情地清洗一番，敞开舞台让一批新的创业者和企业家开始上演一出出更大的戏。

铭刻中国并购里程的重要事件

2000 年，我通过全球并购研究中心的平台邀请业界专家推荐并评选"中国十大并购事件"和"十大并购人物"，得到新华社和《中国证券报》以及各大财经媒体的支持。之后，并购博物馆和全联并购公会建立评选专家委员会，连续 20 年评选，建立了中国并购市场发展的里程碑。回溯重要的并购事件，也是回顾中国并购历史，体验格局与观念的演化。我从过去 20 年的 200 件"十大并购事件"中遴选 10 件，与读者一起穿越并购史。

中海油收购海外油田资产（2002—2005 年）

2002 年，中国海洋石油有限公司以 5.85 亿美元的资金收购了西班牙瑞普索公司在印尼资产的五大油田部分权益，拉开了中国企业加入 WTO 后海外并购的帷幕。特别是 2005 年中海油动用 185 亿美元试图收购美国百年老店优尼科，但遭到雪佛龙公司狙击。这一事件当时在国内外都引发了高度关注。国际舆论集中强调中海油的国企身份可能对美国的经济安全造成威胁，而中国舆论则认定美国人将商业行为政治化了。尽管这次收购失败，但这个案例给更多中国企业提供了国际化和商业化的样本。主持操盘的中海油董事长傅成玉成为"2005 年中国并购人物"。

联想集团收购 IBM 的 PC 业务（2004 年）

2004 年 12 月，联想集团全资收购了美国 IBM 个人电脑事业部（PCD），交易总额 12.5 亿美元。2005 年 5 月，联想集团正式完成了对 IBM 全球个人电脑业务的收购，标志着中国企业进入全球电脑行业的核心圈。联想作为市场化的股份制企业，从电脑贸易起步，高速发展，居然以并购为杠杆，从全球最领先的 IBM 口中夺食，在当时的中国经济界真是石破天惊之举。各界质疑居多，担心联想是否能够消化，是否美国人在淘汰产业等。主刀并购的柳传志先生本是一位不断强调"绕大弯"迂回发展的管理者，这次收购却是大刀阔斧，一剑封喉。接下来几年里，柳总每次与笔者见面都要了解业界的看法，反复考虑得失。直到杨元庆最终接棒成功，联想站稳了全球第一的位置，他才释怀。联想收购从此打下中国市场化企业出海的重要基础。柳传志在 2000 年成为首届"中国并购人物"，杨元庆在 2014 年成为"中国并购人物"。

凯雷收购徐州工程机械（2005 年）

2005 年 10 月，美国最大的股权投资基金凯雷公司拟投资 3.75 亿美元现金控股徐工集团工程机械有限公司（以下简称"徐工"）85% 的股权，鉴于徐工在中国业界的领袖地位，这一收购引发广泛的关注和业界反对。徐工的竞争对手三一重工负责人向义波发文抨击并购导致国有资产流失，也涉及国家经济安全。政府介入和社会舆论最终阻止了这次并购。向文波成为"2005 年中国并购人物"。2005 年末，我与中国并购公会同人一起主笔了《建立国家经济安全体系的建议》，作为两会提案，得到各界高度重视。值得提及的是，2011 年，国务院办公厅发布《关于建立外国投资者并购境内企业安全审查制度的通知》，我国的"国家经济安全"制度正式开启。

阿里巴巴收购雅虎中国（2005 年）

雅虎出资 10 亿美元购买阿里巴巴 40% 的股权，但没有相应比例的管理权。同时阿里巴巴全面收购雅虎中国。这是当时中国互联网业界最大的一次并购，阿里巴巴获得国际资本的支持和独立的发展空间。马云本人对此高度重视，当年还专程从杭州赶来中国并购年会的颁奖现场，接受"2005

年中国并购人物"的荣誉。有趣的一幕是,当晚宴席上,摩托罗拉中国董事长希望与中国移动董事长相邻,但基于商业避嫌,我们把他安排在马云旁边。这位董事长非常不满,认为与他身份不符。10 年后,摩托罗拉在中国彻底出局了。不过,2011 年,阿里巴巴集团将在线支付公司支付宝的全部股权转让给马云控股的另一家国内公司,引发了同样引人关注的围绕协议控制、制度、契约以及商业道德的讨论。马云在 2016 年、2014 年、2012 年、2005 年四度成为"中国并购人物"。

2006 年 4 月 15 日,时任银河金融控股公司董事长朱利(右)为马云(左)颁发"中国十大并购人物"奖

达能－娃哈哈控制权争议(2007 年)

全球食品巨头法国达能公司欲以 40 亿元人民币并购杭州娃哈哈集团在合资公司体外建立的其他相关企业,这一价格未能被管理层接受,产生了巨大争议。而且,双方均诉诸国内外法律,引起国际和国内社会广泛的关注。2009 年,在两国政府协调下,双方达成和解。历时三年的股权争夺体现了国际公司和本土公司全然不同的规则冲突,也成为经典案例。创业风格、管理模式、商业伦理和法律规范等都成为中国本土企业与全球企业对接的重要观察点,这一案例的意义远远大于当事人最后的商业权衡。

吉利收购沃尔沃（2010年）

2010年3月28日，中国浙江吉利控股集团有限公司与美国福特汽车公司在瑞典哥德堡正式签署协议，吉利以18亿美元收购沃尔沃100%股权。吉利创始人李书福1986年从制造冰箱开始创业，25年后成为中国汽车行业领袖并成功并购全球知名品牌，2018年再次收购拥有奔驰的母公司近10%股权成为最大股东。李书福在2009年、2017年和2018年三度成为"中国并购人物"。当年我曾受邀参加他在央视的对话节目，谈他的创业历程。其中印象最深的是，当相关监管机构不颁发给他进入汽车行业的执照，而且苦口婆心劝他避免失败时，他诚恳也悲切地呼吁："能不能给我一次失败的机会？"

双汇收购史密斯菲尔德（2013年）

来自河南的民营企业双汇收购美国史密斯菲尔德，总金额高达71亿美元的收购，成为中国企业对美国企业的最大收购案，也使双汇成为国际猪肉生产巨头。美国外国投资委员会对这起收购案进行了全面审查，认定不会对美国食品安全标准带来任何危害。双汇国际承诺保持史密斯菲尔德的运营不变、管理层不变、品牌不变、总部不变，承诺不裁减员工，不关闭工厂，并将与美国的生产商、供应商、农场继续合作。这种财务合并的模式成为以后中国企业海外开展的重要样本。双汇创始人万隆先生成为"2013年度中国并购人物"。在中央电视台的一次对话现场，他特别将签约这次中国最大海外并购案的钢笔捐赠给我，用于在并购博物馆永久展示。

万科宝能股权争夺战（2015年）

深圳宝能投资集团通过三度市场持股而拥有万科集团15.04%的股份，成为第一大股东。华润集团则两次增持重新夺回第一大股东位置。在宝能再次增持之后，万科管理层宣布不欢迎宝能集团而停牌。此后，万科管理层、几家大股东、交易所和证监会都在公共媒体上表态站队。此事成为中国证券市场上影响最大的反恶意收购战。2017年，在国资委支持下，深圳地铁成为最大股东，万科管理层获得胜利。其实，早在1994年，君安证券曾组织一次恶意收购，希望取代王石董事长的管理权，被称为"君万之争"。同样，王石以坚定意志和娴熟的资本市场技巧反击成功，才最终奠定了万科中国住宅产业领袖地位。王石在2000年成为"首届中国并购人物"。宝能创始人姚振华也在2014年和2015年两度成为"中国并购人物"。

美的集团收购德国库卡集团（2016年）

广东美的集团启动对德国库卡集团的收购，美的将持有库卡94.55%的股份。美的将维持库卡现有管理层，允许库卡独立运营。美的还将帮助库卡在中国发展机器人业务。库卡集团是全球知名智能自动化解决方案供应商。由于库卡被称为德国"工业4.0"战略的核心企业，因此此次收购受到德国各界高度关注，美国外资投资委员会及国防贸易管制理事会也参与批准。2022年，美的全面收购库卡的股权并私有化。笔者有机会多次与美的创始人何享健和并购操盘人方洪波董事长交流，他们低调且坚定，对国际产业市场和金融非常熟悉，将一个小家电民营企业发展成全球公司。何享健在2004年成为"中国并购人物"，方洪波在2011年和2016年两度成为"中国并购人物"。

中国化工收购先正达（2017年）

中国化工集团公司以430亿美元完成收购瑞士农化和种子公司先正达，拥有先正达94.7%的股份，击败了竞争对手——美国的孟山都集团。中国、美国、欧盟和墨西哥等反垄断监管机构均已批准这一桩中国最大的海外并购交易，中国化工集团成为全球最大的农化公司。值得注意的是主导并购的操盘人任建新董事长，从一家从事工业清洗的小国有企业，一路并购成长，主导了中国最大的化工集团，连续并购法国、澳大利亚等相关的化工企业。任建新分别在2004年和2011年成为"中国并购人物"。

盘点20年来的十大并购事件，我们看到中国企业从能源、制造、汽车、食品、住宅、互联网、自动化等各个领域全面出击，而且国有企业和民营企业都有杰出表现。特别是，基于中国经济的规模和潜力，中国的并购已经成为全球的并购，近年来所有重要的并购都要接受来自全球各个主要相关国家的经济安全审查，这也是中国与全球经济趋于一体的重要标志。

并购观察：中海油、德隆与中航油

在不同的时代和观念背景下，我们对于重要的并购事件和人物的认知会有很大的差异。中国并购市场的发展和深化就是在对一系列并购事件的讨论中形成的。我特别选出当年对几个重大事件发表的看法，这些观点当时都形成了广泛的讨论。也许今天这些都是过眼烟云了，但并购观念的变化依然制约着我们当下甚至未来的思考。篇幅所限，我只是做了节选，全文可以在网络上查到。

谁将中海油的收购政治化[①]

中海油收购尤尼科之事甚嚣尘上时，我正在欧洲参与一个路演。对于中国商界，这是一件标志着我们首次进入国际主流市场的事件——虽然在过去两年间不乏中国企业进行海外收购，但主要都是规模小、运营差的家电、IT企业，只有石油是真正的国家战略资源。路演的半个月时间内，我一路从荷兰、意大利、英国、法国走下来，看了很多当地媒体的报道，也在网络上看了国内一些报道。一个最强烈的感觉是，中外双方，对这件事的认识很不一样。中外双方态度的一个重要差异是：谁将中海油的收购政治化了？

---

① 此文完整版刊登于《环球企业家》杂志2005年9月号。

收购有收购的规则，特别是中国企业到海外收购，首先要回答对你缺乏了解的外国企业的一系列基本问题：你是国有企业吗？你和政府的关系是怎样的？你在国内是亏损运作吗？这次收购的融资从哪里来？是不是市场价格竞争？

让这次收购格外不同的是，中国企业以前进行的海外收购都是买资产，无论联想买 IBM 的个人电脑业务，还是 TCL 与汤姆逊的合资，均是目标明确地锁定具体的技术、品牌、产品，而无意接盘整家企业。但买公司是完全不同的一件事，特别考虑到尤尼科是全球石油业第九大公司，你接手它，就必须有明确的计划，以便在未来实现更大价值。

美国人反对大企业和大政府，所以对中海油这个"大政府来的大企业"尤其紧张，中海油应该先做好一些澄清目的的行动。事实上，中海油并没有给出令对方明确的商业层面的回答，而更刻意强调自己在中国国企中的特殊。这诚然是需要介绍的，但如果不能回答那些最基本的问题，美国的商人就会感到奇怪。他会认为你不愿意跟他谈商业问题，从而只能谈政治了。

中海油本就是在一个艰难的时间点出手：近年来因为人民币汇率、纺织品倾销等问题，美国对中国经济是怀有不安情绪的。而中海油这个以前在美国很少被提及的名字，突然进行近 200 亿美元的收购，肯定会让美国人大吃一惊。中海油本应该做好多种准备：像海尔竞购美泰克一样，邀请美国的私人股权投资共同进行竞购；提前对美国人较为紧张的资产，如尤尼科在美国部分的资产，想好拆分的手段。另外，及早进行舆论宣传。

很可惜，遇到舆论压力后，中海油的应对又表现得过犹不及：当美国对此次收购表现出不安，中海油立即表示，可以将美国部分的资产剥离，可以不裁员等。但同时，中海油又表示有意提高收购价格，依然坚持着志在必得的强硬姿态。

对于美国商界，这同样是难以理解的：只要是收购，就必须讲价值，不裁员，不能实现更大的利润，收购的理由是不成立的。没有一起正常的商业并购会表现出如此的志在必得，这会让竞购者在谈判桌上丧失谈判余地。你越不惜一切代价要收购，对方对你的意图就越难领会，越会把这件事理解为你有政治目的，越会认为你是政府的分支机构。中国外交部的介入更是给了这笔交易致命一击。

最后，中海油在退出竞争的声明也是典型的中国企业作风——成了就体现了友谊，败了就是对方的政治因素。说董事会不接受更高的价格就可以了，哪有这么复杂和哀怨之情！以后谁要与中国企业竞购，恐怕都要在政治上考虑考虑，这是一个不好的先例。

在我看来，这次收购之所以出现如此多的问题，还是因为我们对国际规则出现了较大的误解：以为有了资金，就可以肆意进行收购，如同有钱就可以买剧院的门票一样，不要忘记，剧院内依然有剧院的规矩。

如上所述，目前中国企业海外收购最大的教训有两条：第一是需要更清楚地了解自己。第二是更多地了解国际的规则，我们必须要学会它，并且利用好中国自身的庞大力量去改变规则。

什么比德隆更值得重组[①]

水载舟，水亦覆舟。正是中国章法无度的金融体系造成了德隆的昨日，也导致了德隆的今天。德隆集团的暴发和维持基本上依赖两大支撑体系，即上市公司群和金融机构群，实质上就是一个金融体系的孪生体，即上市公司为主体的资本市场和金融机构为主体的资金市场。这个市场是垄断的、变化莫测的、非市场的，对企业家而言也是不可理喻的。

在过去的一段时间里，中国金融体制以中央政府的政治取向为本，以计划管理为原则，以控制市场为成就。银根松紧的调控、重大金融政策法规、主要负责人的任免统统定于一尊。监管部门习惯于对企业界颐指气使，动辄撕毁合约不讲信用。时而制造重大利好消息让民间投资人收购国企上

---

① 此文完整版刊载于《中国企业家》2004年5月22日。

市公司为其亏损买单,为国家鼓励的产业和企业注资输血;时而以经济调整为由单方面停止贷款或改变条件釜底抽薪将银行危机生生地转嫁为企业危机。甚至在造成不良资产后,往往嫁祸于人,动用行政或法律手段追究企业家责任。2004年初,更有"不要与中央银行博弈"的说法,实在令业界诧异,市场经济居然是政府独步天下的时代么。

不给企业家和投资人一个合理预期的空间,不打开政府管制部门的黑匣子,这个社会就永不会有信用可谈,更不可能有什么可持续的经济崛起。当一个雄心万丈的企业家将自己的理想坚定地依靠在这个体系上时,悲剧注定要发生。德隆创始人的一个司机居然当上了几十亿信托公司的负责人,你可以感叹德隆集团胸怀狭隘欺天下无人,但金融监管部门责任何在?今天德隆集团上市公司和金融机构所谓违规操作成为千夫所指,但长期以来默许甚至便利其行为的各级监管机构如何定位自己的责任?德隆的"原罪"自不待言,宽待了乃至制造了一大批旨在圈钱的上市公司和濒临破产的金融机构的监管部门的"原罪"何在? 2004年,中小企业板的出台,毫无任何新意,比主板管制得还要严格审慎,实质上只是纠正了当年一个低级错误(武断地停止了一个交易所的基本功能),还有一批名家习惯性地歌功颂德。谁来反思是谁制造创业板泡沫后导致成千上万家中小企业的损失呢?谁来为国有股减持政策的反复导致的上万亿市值损失担当责任呢?谁来关注历年来在经济紧缩中釜底抽薪的金融机构的违约责任?

如何建立公正的管制体系,如何制约政府的非经济行为,远比德隆重组更为迫切,更有意义。大多数我们熟悉的政府金融机构的重组都是非市场的方式处理的,如中农信、中创、海发行、南方证券等,德隆金融集团的重组可以给市场一个机会,不要给太多伦理评价、政治鉴定和行政干预,德隆的上市公司和金融机构作为重组主体有正常的企业权利进行申诉或反诉。政府既然可以公然动用外汇储备这种公共的资源给自己的亏损银行注入资本,也应当允许德隆等民营企业集团运用合法的所有手段自救,更应当鼓励商业银行和其他金融机构为了自己的商业利益与德隆集团进行交易。

这也是展示中国监管环境的成熟和规范。德隆的失败也许不可避免，但它有可能成功地让社会高度关注金融和监管环境的重组，从而使后来者获得生机。

值得注意的是，民营企业的成长与中国经济是同步的，而且是同周期的，即同进退。但这次却大有不同。加入世贸组织后的两年里，我们看到了中国经济的强劲崛起和世界认可的快速增长，但民营企业群体却是反周期的后退。如2004年前后出现大量民营领袖企业的困境，看到了托普集团、科利华集团、尊荣集团的衰败，也看风云人物的悲剧如李经纬事件、仰融事件、铁本事件，等等。我们也许不应当将这些高调的强势人物的兴衰视为群体的表征，但不可否认的是，德隆这样的集团几乎代表了大多数民营企业追求的境界，这也是何以德隆的困境吸引了无数民营企业关注和对于公正重组的希冀。人们关注，何以德隆先进的理念、管理的优势、金融界的资源却未能在走出资本市场后建立除了番茄酱外的任何所谓产业优势。第一，几乎所有具有产业整合潜力的资源和主力企业仍然牢牢控制在国有体系中，国企"轻伤不下火线"，岂容民营染指；第二，即便开放，也是优先与国际资本合谋共同瓜分政府的垄断利益，如能源、公用业、流通业、金融业等；第三，进入一个门槛低的产业（如水泥、建材、纺织等），民营企业能收购的大多是不良资产，必须先为国有企业（上市公司或金融机构）的亏损买单；第四，民营企业的整合手段几乎只有现金，而国有企业可以靠政策进行划拨、赠予、改制或者破产；第五，民营企业在企业重组和产业整合中孤立无援，往往面对政府政策限制和外资资本优势的两面攻击；第六，经济政策的突变往往是以民营企业为牺牲品，地方政府常常过河拆桥（如最近对钢铁和焦炭行业的严厉整顿）；第七，一旦处于困境（非死境），立即成为人人喊打的靶子，纷纷划清界限，再踏上千万只脚，永世不得翻身。这仅仅是德隆的处境么，这是中国民营企业不得不面对的现实。在这样的环境下，奢谈产业整合的理想，"不是骗子，就是傀儡"（一位企业家评价德隆创始人语）。

德隆的困境给企业家们一个新的机会审视自己：在雄心勃勃地重组国有企业不良资产的时刻，是不是先重组中国民营企业的不良资产？在一厢情愿地为国企亏损买单之时，是否考虑谁会为你的失败买单？德隆困境是小概率事件时要批判德隆，当一大批民营企业出现类似困境时就应当讨论环境因素了。中国工商联的介入和地方政府的介入在道义上是值得高度赞赏的，中国企业家群体公正地评价德隆现象并关注政府和监管机构的动作也是同样有益的，更重要的是中国政府对于民营经济地位和发展态势的认识，这是保证中国经济可持续地崛起的基础。值得注意的是，在目前中国政府努力调整经济节奏严厉处理"过热"的产业时，全球资本并不以为然，甚至高调中国经济发展指标（美林集团首席经济学家将2004年中国经济增长率从8.5%提高到9.5%），公然博弈。在本土企业面临压制的同时，外资企业长驱直入，国家经济安全又成为现实课题。

重组德隆，就是在重组我们自己，重组中国企业界的思维方法和行为模式，重组中国的管制环境和经济崛起的社会基础。

什么比中航油更值得关注[①]

"江湖企业家"正是无视公司治理规则也规避政府管制的特殊群体。一方面，他们娴熟地把玩着政治技巧，利用政府的身份来高屋建瓴地控制资源和割据市场，挥霍着市场上无法抗衡的霸气；另一方面，他们又鼓噪市场观念，利用企业的体制来设置无数江湖规则以屏蔽政府的干预，表现出体制内难以容忍的匪气。当我们的制度磨合和政策冲突导致市场失灵和政府失灵时，"江湖企业家"将大量涌现甚至主导游戏规则。值得我们关注的是，江湖企业家远非孤例。固然，"江湖企业家"群体产生也是对计划经济的颠覆，有进步意义，但他们始终未能超出江湖规则的阶段而步入公司治理的境界则是中国经济的巨大隐患。

---

① 此文完整版刊载于《中国企业家》2004年12月刊。

如果不是期货生意的失败，大多数的国人恐怕都不会了解到这样的事实：中国航油集团几乎占据了中国内地航油供应的全部市场，同时享有独家进口权。这直接导致我国航油价格一直处于相对较高的位置，比日本高出60%，是新加坡航油价格的2.5倍，有时国内航油价格比国际均价高出一倍有余。中航油集团独家垄断供应航油的体制客观上也造就了其雄睨天下的霸气和玩弄体制的匪气。中航油这一类具有垄断特权的企业应当从背后走上前台，接受市场的质疑。与无数在市场上艰难竞争的中小企业群体相比，正是中航油这样的垄断企业群体才可能成为威胁市场秩序，颠覆政府规则的主力，才可能成为构成"江湖企业家"最深厚的土壤。

面对政府，某些特权企业以企业行为和市场机制为盾牌，往往比民营企业还要激烈地抨击政府的干预，抵制上级的行政规则，营造具有特权的生存空间；面对市场，它们又以国家经济利益为长矛，高悬国有资产不得流失的大纛，以巧取豪夺的行政垄断破坏市场规则。长期以来，这类特权企业非常善于用市场动作来绑架政府决策，用政府行为来掠夺市场利益。在整个经济转型的过程中，掌握资源要素（土地、金融、审批、税收等）的国有企业显然远比中国经济中其他经济成分获得更高的位势、更大的利益，同样也具有更大的影响力，无论是正面的，还是负面的。一如当年长虹集团囤积显像管豪赌价格控制市场的行为仍在各个产业各个区域中出现，谁给他们这样的底气来肆意行使管理者的信念？历年来金融界动辄剥离数以万亿不良资产的行为正在各地被复制，谁给他们这样的权力空间来豁免庞大的"体制转型学费"？各地大大小小的特权企业每每以公路、能源、汽车之类足以制造地方或部门权势的项目逼宫上级乃至中央政府，谁给他们这样的胆气来博弈政策？一切都以市场经济的名义，一切都以各种各样双重身份的企业冲锋陷阵，特别是高擎着国家经济安全、社会安定局面和关心弱势群体的大旗，则更是无城不克，无战不胜。

中国经济正处于计划经济和市场经济两种体制和观念正面博弈的阶段，这也是今日中国的特殊国情。正值"日已落，月未升"的当口，中国企业家群体的行为模式和中国企业的生态圈与过去市场经济转型启动阶段有不同的特征。在全球企业、民营企业和国有企业三足鼎立的格局下，中国政府的经济管制能力和手段受到相当的限制，2003—2004年的宏观调控就是一个明显的例证。到底是谁在与中央政府博弈？是外资，是民企，还是盘踞在各个领域和区域的大大小小具有政府职能的特权企业？值得我们的深思。

在特定的情形下，政治家考虑的首要因素是巩固执政能力。在目前国有经济仍然居于主导地位的转型过程中，政府执政能力的经济基础首先是具有现代公司治理结构的国有企业群体。国有企业群体的经济效益、竞争能力、产业影响力和与市场接轨的现代公司治理结构将推动中国企业制度和经济结构的市场化进程，调整政府管理经济和企业的传统方式。政府将全力推动实现市场经济制度、公平的竞争秩序、公正的分配体制、法律支持、社会保障体制、就业与环境保护、国际经济合作等保证中国经济可持续增长的科学发展观，这才是巩固和壮大执政能力的真正基础。如果听任这些"江湖企业家"上下其手勾兑资源，如果放任中航油这样的特权企业颐指气使割据市场，中国市场经济的生态圈将无以形成，中国政府政策的效力和管制能力也将被架空。大型国有企业的公司治理关系到国家经济体系和政府的执政能力问题，远远比中小企业的所谓家族管理、恶性竞争和偷税漏税等问题更值得我们的政府操心。而且，建立一个可以信赖并维持发展的公司治理结构并不是像三大电信企业突然换将这样利落的军事化操作可以完成的，也不是造就一大批企业英雄就可以实现的。我们需要一个符合全球化潮流和市场经济规则的制度与公司治理文化，不需要"江湖企业家"，也不需要一批特权企业。中国经济的健康运行要依赖于良好的企业生态圈，科学发展观和执政能力的体现也要建立在这个企业生态圈上。这个生态圈不是由政府创造出来的，而是由千千万万国有企业、民营企业和全球企业在基于市场机制和公司治理规则而合作竞争中积累而成的。

第四章

并购是操作的艺术

并购的江湖

并购是当事人的操作行为，因人而异，就不容易形成规则。所以制定并购规则也主要是提出一个指导的方向，如果严格按规则去做，刻舟求剑，就会闹出笑话了。

并购的核心要素就是四个：用得上、买得起、收得到和管得住。说起来很简单，做起来就非常复杂了。需要对人情世故的透彻了解，对财务和并购环境的充分把握。并购的经验都是在无数次尝试中形成的，不是听几堂课，读几本书就可以学会的。大量的观察和参与，你才能成为并购专家。

当然，任何并购操作都需要找到理论和观念上的支撑，这就是商学院的重要性。我曾长期在几个商学院担任并购课程的客座教授，也在本章里梳理了几个重要的学术观念，希望能对你的并购交易有所帮助。

并购的四个核心要素

最近十几年来，并购已经是大众词汇，并购也是商学院的核心课程。坊间关于并购的书籍也越来越多。如何在学术上定义并购，如何剖析经典案例，这是一个见仁见智的过程，都有各自的风格。把复杂的事情简单化，这需要功夫。许多年前，一位企业家在采访中提到他收购企业的经验，简明扼要三句话：这个企业你要用得上，而且还要买得起，最后能够管得住！当时我没有多想，只是觉得很朴实，也没有记住他的名字。后来，我反复琢磨，越来越感到，这几句话才是并购的核心。我又加上一句，好的并购应该是：用得上、买得起、收得到、管得住！按这个次序，我们将并购的核心过程分为四个阶段，即战略决策、定价分析、并购操作和企业整合。我会专门为每个阶段写一章，描述细节。不过，我先在这里讨论整体过程的相关性。需要说明的是，并购交易至少是两方面的立场——企业的买方和卖方。我们为便于讨论，以买方利益为出发点，同样的道理也适用于卖方。

战略决策：用得上

买一个企业一定是有目的的，可以做多方面的考量。商业利益是第一目标，也是最明显的动机。当然还有其他目的，例如收购低碳相关的企业或资产，提升社会责任的品牌影响力，短期内可能增大成本，但能达到监管机构对企业的社会责任要求，长期也可能增加商业利益。收购企业所在地区的非营利资产或企业，如养老院或污水处理厂等，能提升企业的公众美誉度。甚至可以仅仅为提升企业家个人的名望或满足虚荣心，许多成功企业家荣返故里而收购当地亏损企业。

"用得上"，这个要求非常功利，往往意味着立竿见影的效果。这个效果只是对于操作者本人的认知而言，并不需要外界无关人士的认同。并购的操作一般都是低调进行的，严格保密，还要经常放烟幕弹迷惑外界。但是，多数人评价并购的效果都是以自己的立场和信息来理解的，常做外行之议论。例如，收购了一家亏损企业，而且持续多年看不到效益，还要继续投入大笔资金，这种表面上的赔本买卖往往掩盖了集团将亏损合并报表后，在纳税上获得的好处。

"用得上"，这是并购过程中最为重要的考量。后面做得再顺利再完美，结果是用不上，整个并购就是失败。困难在于，并购之初的计划和预期都是用得上，但实施过程中许多因素都在变化，结果导致用不上了。例如，我担任一家钢铁企业的跨境钢厂收购，所有环节包括国家发改委和商务部的认可都顺利完成，但没有预料到当地主管突然换人，增加审查环节，拖了半年。届时市场价格已经大幅提升，收购失去意义，原本可以用得上的资产变得用不上了。

定价分析：买得起

并购交易的价格谈判是最热闹的，如同集市上一样，要讨价还价无数次。企业的价格要随着市场价格、政策变化甚至交易者心态的变化而变化。尽管有许多广为人知的交易模式和定价规则，但这只是最终价格的一个框架基础而已。面对特定的交易标的，买方需要确定自己的支付能力和价格区间，而且根据谈判过程不断调整。

最有意思的是，"买得起"是一个包括时间、空间和资源等多维考量的能力。标的出价5个亿，我可能只有1个亿在手里，显然是买不起的。不过，我有能力找到战略合作者联合出手，也可能发行企业债券或银行融资提升购买力。当然，我也可能重新调整标的企业，分拆出对我意义最大的部分，降低对方出价。也可以与对方讨论联合运营后再出售或上市融资，从而延期支付收购款。有许多金融技术可以帮助企业实现买得起的目标。

"买得起"是最考验买家的金融资源和投资银行能力的阶段。交易双方都会聘用大量的专业人士量体裁衣，推敲试探双方的价值底线，用市场资源来推动交易的实现。所谓的"以小吃大"和"以弱吃强"就是这样实现的，特别是，利用杠杆收购的技术可以实现"空手套白狼"这样一个并购的最高境界，我们在后面将专门讨论。

并购操作：收得到

并购是一连串的动作，不作为就是空谈。我遇到一位北京的企业家，大约有近10年的时间，经常在商学院课堂上和各种论坛上看到他，总是认真地坐在第一排，做笔记和积极提问，而且他经常以提问难倒演讲者而兴奋不已。他的企业要并购发展，听了一系列讲座，也看了一堆项目，总是迟迟不动，他总是希望一次成功，而且做得特别完美，结果总是纸上谈兵。特别是一些有名望的企业家，都很爱惜羽毛。事实上，并购是试错的过程，也不可能严格按预期计划推进，要不断调整方向和目标。如同打仗一样，司令部安排你去攻占一个高地，结果，你来晚一步，高地已经被对方占据了，而且自己原来的阵地也丢失了，如何做，这就是考验实战的本事了。司令部的沙盘可以培养参谋，但不能产生真正打仗的将军。并购的本领是从实战中培育出来的，不是在论坛或书本上形成的。

记得当年电视剧《激情燃烧的岁月》有一个情节，领导和参谋同时喜欢一个女兵，但领导先行一步，获得芳心。参谋很不满，赶来质问。领导只是问他："你喜欢她吗？"参谋点头。"那你告诉她了吗？"参谋脸红了："还没有呢。"领导哈哈大笑："你还没说，我已经办了。"现实的并购往往如此，竞争激烈，没有人在等待你的思考和想象，需要的是决定和动作。

当目标企业和自己的支付能力大体确定后，立即行动，而且有各种方案的准备，保证目标企业得到明确信号，开始追求，确定可以收到手，这才是并购的核心。战略讨论和定价模式的演练都是并购操作的前奏，前奏的优美动人是主旋律的铺垫。迟迟不进入主题曲，人们就散场了。需要特别强调，操作的过程是会改变预定的主旋律的，因此，前期不必铺垫太多。并购是遇山开道遇水架桥的过程，准备太多动作太慢，不仅会失去机遇，而且也是负担和成本。

并购整合：管得住

我一直认为，并购整合这个词翻译得不好。英文的"integra-tion"是一个同化或融合的含义，变成汉语的"整合"就有了隐喻的味道，主动方可以按自己的立场将对方整合过来。汉语中"整"是一个强有力的词汇，整事、整人、整顿。管得住，在汉语中就是这样一个主动方发力而统一的行为。我们就按这样的语义来讨论并购的最后一个阶段，尽管，从理性上，并购应该是一个融合的过程。

管得住，主要是指财务、人事和业务上将并购标的企业纳入买方的既定轨道，也许并不一定是纳入原有企业体系内。买方花了巨大代价和精力后，自然要将标的企业的管理模式加以改造，以实现预期的市场价值。之所以强调要管得住，恰恰是因为标的企业也是一个商业生命有机体，有自己的生命系统，有活力，有自己的成长动力和空间。否则，没有价值，也就没有被收购的意义了。因此，标的企业对外部管理自然有防御和对抗性。这也是一个磨合过程，需要调动双方的各种资源和花费一定的时间才能实现。过于强调管得住，把对方管死了，失去了活力，企业价值就没有了。

市面有许多关于并购整合的书籍，大学里也有很多专门的课程，传媒和论坛也常常以并购整合为主题，我个人以为这是制造并购和管理焦虑的需求，与并购本身关联不多。大部分的并购整合话题就是企业管理和企业成长的话题，只是并购交易使得这些问题变得急切和表面化而已。

四个阶段的重心分布

不同的讨论目标和不同的专家对这几个阶段或者更多的细分阶段偏重有差异，以我个人的经验和偏好，主要的精力要放在前三个阶段上。战略决策占30%，定价分析占30%，并购操作占30%，并购整合占10%。如同一件衬衣，第一个扣子没有系好，其他再努力也不成样子。

需要不断提醒的是，所有阶段都没有一个固定的规则，都始终在动态调整中。战略决策定好了，定价谈判不顺利或者对方有新的选择，需立即回头调整战略方向，重新启动系统。收购的操作出现问题，如资金不到位，出现竞争者，可能就需要调整定价空间。总之，四个阶段实际上仍然是一体的，只是团队工作重心的调整，任何变化都会导致整个过程的终止或重启。

把一个整体的并购过程分成四个相继的时间段，主要是便于外行人或商学院讲课的需求。真正的并购过程是同一时空的连续操作，可能是几年，也可能是几天。中间有无数曲折和冲突，甚至逆转。一旦交易成功或失败后，总要给股东和社会一个交代，因此，复杂的并购就会呈现为一套冷冰冰的文件档案，给出表面的、直接的路径，往往就成为商学院教案了。你可以据此了解基本逻辑，总结几个规则，但内心中千万不能太当真。

如何评价一个并购交易

但凡启动一个并购交易，都要事先做一个框架性的分析，判断这个交易的合理性。一般都有两套标准：一套是内部的判断，由管理层做出，给董事会的决策做依据。这涉及大量企业内部的机密，体现收购的真实目的，当然是不公开了；另一套是面对社会公众和监管机构的分析，冠冕堂皇，很理性化，也有感染力，但并不代表企业的真正考量，更多是表演性质，甚至是烟幕弹掩盖真实的意图。判断企业真正的操作需要了解许多背景资料，这不是本节的重点。我根据多年的经验，提出一个一般性的对并购交易的分析框架，读者可以大体把握企业如何面对公众社会表达自己，或者提升自己的形象。同样，聪明的读者也会理解如何评价一个并购交易，而且显得很有水平。

并购的协同效应

协同效应是一个科技领域的外来语，英文是 Synergy Effects，指多种化学成分混合后产生了超越原有成分自身能力的新效应。在并购中讲的是企业合并后达到"一加一大于二"的效果。听上去很美好，但实际上不简单。两个企业并购后规模扩大而产量提高，有可能控制市场获得额外利益，或者降低了竞争成本而提升利润，这些比较容易理解。但很多的额外收益是无法直接衡量的，需要特别翻译，要讲故事。例如，尽管并购后

所谓的"协调效应"只是想象而已

账面出现了亏损，就是出现了一加一小于二的局面，但仍然可以用减少了污染、增大了创新机遇等故事来表达协同效应。协同效应一般是并购者最喜欢使用，解释最宽泛而看上去很深刻的说法，值得高度警惕。

产业升级

同业之间并购或产业上下游之间的并购一般不需要特别说明，跨业并购就要讲好故事了。例如钢铁厂要收购互联网公司，医药公司要收购人工智能公司等都会强调未来的产业升级和业态转型，这样的大前景也容易被市场接受。不过，互联网公司收购养猪场，出版集团收购旅行社，这样的故事就需要复杂地解释了。需要提醒的是，产业升级不是设计出来的，最终是市场磨合出来的。例如马云的阿里巴巴是从中国黄页这样一个网站设计公司起步，不断升级，从商品交易的淘宝到金融服务的支付宝，最终成为具有全球影响力的平台企业。在中国的企业家和并购者圈里，马云是非常会讲故事的高手，也是将一个个故事落实成现实的优秀企业领导。

管理提升

一句话，就是换人。企业的灵魂就是管理者，非常多的并购交易的初衷就是换管理者，并购谈判中重要的筹码也是管理者的留任或更换，并购后的冲突也集中在管理模式上。以我的经验，一半以上的企业并购核心都在换人上，或者是总经理，或者是董事长。并购是两个以上原来独立的生命体在各种轨道运行，现在是合并到一个头脑和一个轨道上，这个协同效应当然最集中反映在管理团队上。最后成功留任的管理者自然会理直气壮地将提升管理作为最重要的并购成就，不断渲染夸张。因此，我们在观察并购发布会时，应该谨慎关注管理提升这样一个说辞。

股权增值

企业价值提升当然是并购的重要目标，即便短期内看不到直接的效果，并购者也会在股权增值空间上做足文章。股权增值是一个多维度指标，股价增长，股权份额加大和股权转让的溢价等都代表股权的增值。尽管宣传并购交易时，这个目标被刻意低调处理，但可能是最大的目标。上市公司的股权增值容易在市值上表现出来，非上市公司的股权增值则需要间接的计算才能体现。这种计算的人工操作空间很大，容易弄虚作假，注入太多水分。例如，有些老板将少量股本按一个非常高的价格转让给关联公司，然后用这个交易价格作为参考提供给潜在投资者或金融机构。这种情况并不鲜见，需要高度警觉。

社会责任

20世纪末，"社会责任"（Corporate social responsibility，简称CSR）刚刚引进国内，对大家来说还是一个理想的向往，时尚的表达。不过，现在社会责任的内涵更为丰富和具体了，已经成为上市公司必须要纳入考核业绩的重要指标了，经常被称为"环境、社会与公司治理"（Environment, Social and Governance，简称ESG）。随着金融监管机构不断强调社会责任的价值观，一大批上市公司和基金都陆续发布年度社会责任报告，证券交易所也编制了社会责任指数。

1999—2005年，我曾作为上市公司中化国际的独立董事，担任公司治理委员会主席。此时正是社会责任的观念刚刚进入中国商界。我同时也是欧洲经合组织（OECD）聘请的专家顾问，每年都要到巴黎总部参加相关会议，社会责任特别是环境保护等都是经常讨论的主题。我向中化集团建议编制中化集团的社会责任报告，得到认可，这可能是大型国企里的第一份报告。同时，我也邀请了国际专业机构帮助中化国际做公司治理的评估，获得很高分数，也成为中国上市公司公司治理的重要样板。2007年起，我加入上海证券交易所的公司治理标准委员会担任专家，一连十几年，每年参与编制上市公司公司治理指数，社会责任是最重要的指标。

除了上述五个经常被采用的并购评价指标外，不同产业和不同公司还会有各种独特的角度。总的原则就是在并购之前、并购过程中和并购之后不断根据环境变化和交易变化寻找到支持继续推进并购交易的理由，对股东、管理者、监管部门和社会公众做公共关系维护。这也是并购交易者的一项重要的职能，处理得当，会大大降低交易成本，得到各方的理解和配合。

同样，当了解了如何支持或赞赏一个并购交易的角度时，我们就自然理解了如何批评或破坏同样的并购交易了。并购产生的过度负债最终会消耗公司的运营能力，可能导致区域性经济衰退，可能导致被并购企业事实上的破产和员工失业，造成环境污染和其他社会责任风险等。社会上最常用的措辞是，并购只是转移财富，并不创造财富。这一招最能打动喜欢直觉思维的围观者和注重当下功利的监管者。

什么是转移财富或价值？将资产从衰退的行业中转移出来，从无能的管理者手里转移出来，从散兵游勇的孤立运营中加入一个健全的价值链和生态圈，从落后的产业观念中解脱出来提升到符合未来趋势的格局中，这不是简单的财富转移，这就是价值创造。

所谓并购的经济分析，核心就是讲好一个并购的故事。要讲一个好故事，有几个重要的要素。

对谁讲？宏大叙事、学理分析和煽情渲染等都是并购专业人员的大忌。当事人都是利益相关者，要判断主导人的真实立场和想法，才能有的放矢，弹不虚发。切忌讲得兴奋，超越了当事人的利益或理解能力，变成了自己理想的表达而忽略了对方的目标。

讲什么？开门见山，直接讲这次并购的核心效果和后续机会。所有曲折和个中复杂都不重要，结果最要紧。真正的商人不会在交易中过度展示情怀和戏剧性，常常，没有故事就是好的故事。

谁来讲？真正操刀人才能讲好故事。助手和大老板都是旁观者，庖丁才能解牛，才有感染力。许多非常好的并购交易被级别或其他因素左右，让别人代讲故事，最后毁了机会。

并购的江湖

讲多久？5分钟最多。所有故事，都不能超过5分钟，否则就是没有清晰的思维、有力的逻辑和有效的表达能力。千万不要低估客户的理解能力，而且要学会将故事表达成客户自己的故事。

并购的观念资源：学术角度

并购归根结底是一门操作的艺术，但是成就这门艺术需要非常广泛的观念资源，当然，许多从业者和学者都期待最终形成一个并购理论。从观念到理论还有很长的路要走，也许并购的理论都已散落在经济学、管理学、社会学、心理学等各个学术领域中。我曾在中欧国际商学院和长江商学院同时担任了长达10年的客座教授，经常连续讲三天或四天课，在大量案例教学外，必须讨论并购的理论或观念的来源，让学员们师出有名。是不是真正理解并不重要，但关键时刻不能抛出几个高大上的概念和名人就显得有点不专业了。我大体介绍一下与并购相关的一些经济学和管理学领域的观念资源。

熊彼特的"创造性的破坏"

美国哈佛大学的奥裔经济学家约瑟夫·熊彼特（Joseph Alois Schumpeter）

熊彼特

1912年在他的《经济发展理论》中就提出了创新思想。他认为创新就是要"建立一种新的生产函数"，即"生产要素的重新组合"。而企业家的职能就是推动组合，实现创新。经济发展就是不断创新的结果，创新的激励就是获得超额利润。不同的创新对经济发展产生不同的影响，由此形成不同的商业周期。没有创新，投资机会就会减少，企业家就会变得平庸。因此，创新是资本主义经济增长和发展的动力，没有创新就没有资本主义的发展。

熊彼特特别强调,创新是市场的内生驱动力量,创新的主体是企业家,创新必定带来价值。同时,创新也是"创造性的破坏",创新是革命性的。熊彼特的创新理论高度认可企业家在创新过程中的贡献,我们同样可以理解并购者在改变生产要素组合和创造性破坏过程中的作用,尽管在他的时代,并购交易更多被理解为企业的平面扩张。

奈特的不确定观念

2021年是美国经济学家法兰克·海克曼·奈特(Frank Hyneman Knight)出版伟大著作《风险、不确定性和利润》的100周年,这本书奠定了他的芝加哥学派创始人的地位,他后来成为美国经济学会会长。奈特批判传统观念,认为企业家由于承担风险而创造了超额利润。他特别区别了不确定性与风险的巨大差异,风险可以通过保险等机制得到补偿或转移,但不确定性则是现实中无法预测和计算的变化,企业家正是承担了不确定性的最终责任而获得经济收益或遭受沉重损失。

奈特

企业家的特殊功能是引发不可预测的变化以及由此产生的经济利润或损失,进步或错误。他承担了在商业中承担不确定性的"最终责任"。他认为,企业家的价值观与执行力决定了其与常人不同,"他们不是犹豫不决,而是精力充沛,对事物,特别是他们自己充满信心的人。这表明进步需要一种非理性的信仰"。奈特对企业家的赞赏推动了芝加哥学派对自由市场的长期尊崇。从这个意义上说,并购交易的不确定性和并购者的决断与担当成为市场经济运行和产业发展的重要力量。

科斯的公司本质

科斯

1937年，美国经济学家罗纳德·哈里·科斯（Ronald H. Coase）发表了论文《企业的性质》，认为传统的微观经济理论是不完全的，因为它只包括了生产和运输成本，而忽略了为交易而搜寻、谈判、签约、履约的成本。科斯提出了"交易成本"的概念，并用它解释企业存在的原因。所谓交易成本，即"利用价格机制的费用"或"利用市场的交换手段进行交易的费用"，包括提供价格的费用、讨价还价的费用、订立和执行合同的费用等，交易成本占用了很大份额的经济资源。当市场交易成本高于企业内部的管理协调成本时，企业便产生了，企业的存在正是为了节约市场交易成本，即用费用较低的企业内部交易代替费用较高的市场交易；当市场交易的边际成本等于企业内部管理协调的边际成本时，就是企业规模扩张的界限。

几十年后，在著名的学院辩论过程中，科斯又提出著名的科斯定理。只要交易成本为零，那么无论产权归谁，都可以通过市场自由交易达到资源的最佳配置。科斯定理的引申解释就是：不同的法律制度选择对交易成本的大小影响不同，因而有全然不同的资源配置效果。因此，法律制度的选择与设计同样要考虑其经济的总效果。这个思想也奠定了他作为制度经济学体系奠基人的地位。

交易成本提供了企业建立或消失的经济依据，同样为并购交易提供了重要的指导原则。同时，科斯定理有力地证明了不同产权制度安排导致企业效率的不同结果，企业改制、并购与上市等都是在寻求最好的制度安排。

资产组合理论

1952年,美国纽约市立大学教授哈里·马科维茨(Harry M. Markowitz)在《金融杂志》上发表题为《资产组合选择——投资的有效分散化》一文,标志着现代组合投资理论的开端。他最早采用风险资产的期望收益率(均值)和风险(方差)来研究资产组合和选择问题,确定并求解投资决策过程中资金在投资对象中的最优分配比例问题。他提出好的投资组合可以减小方差、分散风险。由于他最早将数理方法应用于金融市场研究和金融资产的配置,为以后一系列

马科维茨

不同的资产组合理论如资本定价理论(CAMP model)等打下基础,他获得1990年的诺贝尔经济学奖。

尽管马科维茨理论主要应用在二级交易市场和基金投资业,但资产组合可以降低风险和提高整体效益的观念也驱动了企业并购领域的战略思维。以管理效益和市值管理为中心的多元并购,即寻求跨行业跨区域的投资效益组合,也成为美国20世纪80年代一批投资银行和职业买家加持多元并购的重要论点。"不把鸡蛋放在一个篮子里""东方不亮西方亮",说的也是这个道理。

资本结构决定公司价值(MM定理)

1958年,美国经济学家弗兰科·莫迪利安尼(Franco Modigliani)和默顿·米勒(Merton H. Miller)在《资本成本、公司财务和投资管理》一书中提出了最初的MM理论,得出的结论为企业的总价值不受资本结构的影响。此后,他们又对该理论做出了修正,加入了所得税的因素而得出的结论为:企业的资本结构影响企业的总价值,负债经营将为公司带来税收节约效应。只要通过财务杠杆利益的不断增加,而不断降低其资本成本,负债越多,杠杆作用越明显,公司价值越大。这对于开阔人们的视野,推动

莫迪利安尼（左）、米勒（右）

资本结构理论乃至投资理论的研究，引导人们从动态的角度把握资本结构与资本成本、公司价值之间的关系以及股利政策与公司价值之间的关系，具有十分重大的意义。因此，"MM理论"被西方经济学界称为一次"革命性变革"和"整个现代企业资本结构理论的奠基石"。两人分别在1985年和1990年获得诺贝尔经济学奖。

真正将MM理论应用到市场实践并获得巨大收益的是著名的美国垃圾债券之王迈克尔·米尔肯，他作为沃顿商学院的毕业生，研究论文就是美国中小企业资本结构中的垃圾债券。他在多年研究之后，专门投资垃圾债券获益，后来干脆成立一个专门机构制造垃圾债券推动美国创业公司的成长，获得巨大成功。他的一篇文章"Capital Structure Matters"介绍了MM理论的核心，在华尔街影响很大。我与他交往多次，每次他都会强调这篇文章，表达师出有名。

上述几种理论只是笔者在商学院讲授并购课程时的辅助资料，几乎所有现代金融理论都会涉及企业价值和交易行为（市场交易或是并购交易），因此都会对并购有学术和观念的影响。当然，管理学就更多了，如麦肯锡公司的SWOT分析模型，哈佛大学教授波特的核心竞争力模式等。再如行为金融学和心理学等诸多新观念，这都是未来需要研究的。

对并购的把握：江湖功夫

并购是具有广泛知识资源的操作艺术，重在操作。操作是处于特定场景和时空的，尤其是参与并购的当事人立场多样，而且也随着进展而不断变换角度和立场。外界环境和内在心理的变化，加上当事人之间的不断调整，整个并购交易的进程是千变万化的，难以总结出一个规则来。如同爱情一样，没有人可以给爱情总结出一套可以放之四海而皆准的做法来。尽管大学教授和媒体记者都喜欢给并购找到几条规则用于传播，但恰恰是因为没有具体做过并购的原因。沉浸在并购江湖的时间越久，你就越来越没有信心去总结了。这本书也是经过了20年才斗胆动笔的。

不过，以我个人的经验，有几点需要特别关注、积累经验和提升能力，也可勉强作为从事并购行业的江湖规则吧。

对当事人的把握

并购当事人包括参与并购交易的相关利益方，并购发动者、并购标的、并购融资方、并购顾问、律师、会计师、监管者等，每个当事人在特定的时段都可以成为最重要的决策者，可以决定并购的成败。因此，不能轻视甚至忽视任何一个可能影响并购交易的当事人，必须做好了解当事人的背景、资源、能力、业绩乃至性格等的功课。丰富的市场经验和学习能力能帮你更为精准地把握当事人，这是大家都可以理解的正常之道。不过，许多当事人的把握是通过很奇葩的方式实现的，我引用一个多年前的小故事，故事也得到了当事人本人的认可，我曾在博客中发表过。

结识姜伟是1994年的事，那时的姜伟是沈阳飞龙集团的终身总裁，专门做保健品生意的，声名响亮。我有个部下希望能帮助姜伟上市，多次约见不果，只好搬我来上阵，殊不知，我同样是等了两天，没有结果。为了脸面，我只好走了下三路，委托当地税务局局长请他吃饭。

姜伟大摇大摆地来到沈阳最豪华的酒店，上来就点了三只昂贵的龙虾，没好气地说："昨天卫生部部长来了，我肚子不舒服，没有陪。头几天，上海的几个证券公司老板来约我，我没有空见。"他仔细地看了看我的名片，不过是个公司副总裁。"你们有什么事么，找我没有用。我是什么都不感兴趣了，没有食欲，没有金钱欲，没有做事的欲望，连性欲也没有了。"

我一声不吭地看着他大放厥词，满上一杯酒，慢条斯理地开了口："姜总，你大名如雷贯耳，今天算是让我开了眼界了。我也算是见过许多企业家了，你是我所见过的……（姜伟盯住我）最差的一位。"所有人都愣住了，姜伟更是圆瞪双眼。

"你号称是大学毕业，看你这名片，终身总裁。你开地主庄园吗？你是专制统治吗？我听说你妈妈搞销售，你姐姐搞财务，就你今天这副样子，连基本做人都不会的，居然还搞什么上市？我跟你讨论的欲望也没有了。我买单了，先走一步，如果你将来有出息，我们也许还会见面。"我话音一落，立身要走。税务局局长当场拉住我，大叫："这是干什么，别这样不给面子啊。"

姜伟站起来，自己先满了一杯白酒："哥们，等等，我先干三杯。你骂得真痛快，没有这么骂人的，都不许回骂吗？老子就缺这顿骂了，还缺什么呀。咱们先干一个交杯酒，这单我买了，今后这么办吧，你让我干什么都行。"接下来，我们交谈了彼此的过去，居然发现我们的父亲都曾在一个系统工作过，而且，我们小时候还是邻居街坊，后来插队下乡也在一个地区。可想而知，我们立即形成了财务顾问协议，由我负责飞龙集团的上市。

1997年，我与吕梁（中）和姜伟（右）讨论合作

第四章　并购是操作的艺术

等我第三次与他往来时，便是结盟当时的庄家吕梁。大约在1999年，长期坐庄股票期货市场的著名操手吕梁通过朋友约我一谈。吕梁是文学青年出身，语言非常感性，很有亲和力和煽动性。他大谈了在上海、山东、宁夏等地资本运作重组企业的经验和宏大计划后，十分认真地建议我加盟。我不了解他的历史，不过也希望接触到他的圈子，有些狐疑，不太积极。多次讨论后，他提出先聘请万盟担任财务顾问。

不过，两个月后，他突然提出将他控制的四个上市公司中的两个以低廉价格转卖给我，并且愿意给我贷款。像这样天上要掉下馅饼，我预感到他要出事了，不敢贸然应承。我试探地建议，能否请业内的相关专业机构托管一段再考虑出卖。他立即同意，非常急切地希望我马上就办理。

我当即在电话中约了两位朋友，希望他们来吕梁处讨论托管上市公司的事情。其中一位是诚通集团的田源，他们连续几夜讨论方案，最终放弃了。另一位就是姜伟，希望他考虑托管在上海的中西药业，毕竟姜伟是医药圈的人。

姜伟连夜赶来，与吕梁一见如故。撇开账本，大谈"文革"经历，讨论毛泽东思想。对酒当歌，如醉如痴。第二天，两人便手足相待了。不等我与其商量财务事宜，双方就签下了托管协议。接着，姜伟就在东北调集人马空降到上海，试图接管。此时，吕梁的庄基本破局了，内部已经不听调遣。上海中西药业根本就不让姜伟进入。双方僵持中，吕梁出事了，人被控制在家中，不久，又神秘失踪了。姜伟也慢慢意兴阑珊，消失了。

几个月后，我在报上读到这样的消息：姜伟称被吕梁和王巍骗了。我立即致电给他，他说："记者从来不是东西，挑动群众斗群众，都是胡写的。"

我在从事并购和上市业务时接触的几十个老板，每个人都有一个独特的结缘故事，没有人只是凭着地位名气和关系人介绍就会将上亿的家产交给你去打理的。你需要有足够的人情世故经验和细致的功课才能因人而异去沟通，心有灵犀一点通，这是一个关键。千万不要被后来传媒的报道和渲染误导了，那只是事后双方心照不宣的包装。对当事人的理解和性格的把握，永远是做生意的第一步。

对财务的理解

并购交易的核心在于公司价值，如何给公司做一个合理的定价。我们后面会专门讲定价的模式，但这里需要强调定价之外对公司财务的总体把握。以我的经验，所有最早得到的财务报表基本都是不真实的。不仅对外部顾问，即便对内部非决策人员，公司财务总监都不会提供真实报表。因此，需要有基本的判读报表能力，你只有在读了几百份或上千份不同企业的财务报表后才有经验判断他可能在哪里造假，在哪里隐藏利润和资产，在哪里掩盖风险。否则，你就被带偏了。我再举一个当年的案例。

安徽一个城市的市委书记在北京开会，特别请我与他同行来京的一个生产电扇的国企厂长见面。我们是晚上赶到公司会议室的，对面已经十几人在场，而且有备而来，带来几大本财务报表。从书记和厂长的介绍中，我了解到他们准备上市，希望在提交给投资方之前请我们出一个建议书加持一下，也是投资方提出的要求。我看着厂长高谈阔论未来发展的愿景，同时也与身边的同事一起迅速翻阅财务报表。

报表做得很漂亮，但漂亮得可疑。尽管账上现金余额还有上亿，但根据这个行业的资金周转率、库存水平、应收款和应付款比率，特别是借款量与利息成本等，得出的结论与这个现金余额完全不匹配。表外项目更是复杂，考虑到这个厂有一万多员工在岗，估计还有2 000人退休，这个表造假无疑。几个同事都是长期分析报表的，彼此相互眼神确认后，我立即不太礼貌地打断了对方的畅谈，开门见山地问，您的工厂工资是否已经发不出来了？书记当时非常疑惑地看着我和厂长，我的同事小心翼翼地说："初步计算，应该有两个月没有发工资了吧？"厂长满脸通红："半年了，没有全额发工资。"这位书记立即斥责了工厂几位负责人谎报数字，害得政府差一点出大洋相了，同时再三邀请我们参与这个企业的重组。

所有的企业都会有不同的财务报表，用于应付不同的需求。能不能从蛛丝马迹中看到被掩盖的真相，甚至发现对方自己也没有能力看出来的隐患或者潜力，这是考验并购高手的试金石。现在进入大数据时代，账本更是一个核心资产的表达，对同一账本用多种不同的立场来考量，往往会有完全不同的结果，关于这个问题我们后面再谈。

对环境的判断

这里的环境不是指自然环境，而是指围绕并购交易形成的社会环境或者用当下流行的词汇来说，就是场景。包括在特定的时间和空间下，当事人之间的不同立场形成的一种利益张力，非常敏感而且不确定。处理不好会节外生枝，干扰预定的并购计划的实施。同样，我用一个亲身案例说明一下。

我曾在东北地区做过十几个上市项目，有一定的区域影响力。某市领导专门邀请我参加一个城市水务系统的合并与上市项目。主管市长召集会议，十几个部门负责人在场，我听了几个部委负责人的介绍后，很快就感到情况复杂。这已经是多年的遗留项目了，因部门利益彼此冲突，历任大领导瞻前顾后不愿拍板，拖到当下。市长新到任，比较熟悉资本市场和这个领域，特别希望在这个项目上有突破。他实际上早已胸有成竹，只是需要外部专家来表达意图，试一下水。

官员们的讲话都非常有水平，在市长面前，都是积极支持，大话、空话和套话都是现成的，滴水不漏。外行人听起来，似乎立场都是一致的，可以马上动手。我与各地政府打交道很多，对城市水务系统牵扯的利益也很熟悉。从主管市长、主管局长、财政局、国资委、建委和自来水公司等发言中清晰地感受到微妙的立场差异。而且，不只是部门利益冲突，还有每个人的晋升机遇或退休时点、官场站队等因素的左右。每个人发言都是画了一个立场圈，几个人发言之后，我的脑海里就可以显示不同的立场圈关系图，完全不是同心圆，而是向各个角度发散的。

市长郑重邀请专家发言时，我必须用寥寥数语抓住并准确地站在大家有共识的小重叠圈上，让大家感受到我与他们每个人都是一致的，消除可能的敌意。然后再讲几个其他城市相关领域的重组和上市的故事，让大家不断调整自己的立场，扩大圆圈的重叠面积，最终达到可以设计一个共同利益的重组方案。当然后面还会有非常复杂的政治权力和经济利益的冲突，但先将对各方都有益的方案与遗留问题分割，大家心照不宣，项目才能顺利启动。可以设想，如果我简单地站在主管市长的立场提出一个方案，即使当时通过了，日后这些官员也会在执行环节把项目彻底废掉，这种事屡见不鲜。

对当事人，对财务和对环境的充分理解是做好并购交易的核心，没有这个能力，战略制定得再合理，定价再准确，仍然无法操作。这是做并购的真正功夫，不是靠书本和教授就可以学会的，需要大量的实践和挫折。这也是并购的艺术魅力。同样的案子，不同的人操作就有不同的结果，将不可能的事情做成，也是成就感。

所谓的江湖功夫，是与所谓的国际接轨对应而言的，都是没有什么确定规则和范围的话术。在改革开放初期，不提到国际接轨，似乎就没有方向感和层次感，会让土生土长的企业家内心看不起，邀请这样的专家让老板没有面子，也难以让当地政府接受。因此，必须有全球的视野和迎合时代潮流的高大上语言体系。同时，格局和话术端得太高，超越了对方的理解能力和经济实力，又会让老板产生压抑感甚至反感而切断了沟通的渠道。你需要充分理解当地的商业环境、企业的成长历史和老板个人的性格，才能恰到好处地把握脉络，也能有分寸地表达建议。

第五章

并购的战略

凡事预则立，不预则废。这是祖训，也是所有商业行为的前提。我曾多次在课堂上调侃，许多教授或董事长谈的所谓战略，其实就是说不清楚的情况下扔出的大词而已。没有具体细节或可以落实的措施的战略，只是空洞的口号。

并购的战略必须有针对性，有阶段和手段，而且有行动的跟进。启动时可能不够清晰，但边做边总结、边调整，完成后，战略才能明确表达。如同写论文一样，早期构思在写作过程中经常偏离，甚至完成论文后与开题报告相距甚远。这不是战略不成熟，恰恰是真正操作中的战略构思。

所以，当你看到战略的题目时，不必想象得很高大上，如同许多这类教科书一样。

从资本运营到 SPAC

20世纪90年代，中国企业界经常提到一个词——资本运营。这个词因一位做财务顾问的赵炳贤先生写的一本同名著作而流行起来。他到处讲演，启蒙了社会，后来他创立了一家医药上市公司，将观念运营到现实中。今天大家不太用这个概念了，因为资本市场已经非常发达了，所有实业企业在成长过程中依赖资本已经成为常识，企业运营本身也是资本运营了。如果要更好地理解并购战略，我们需要了解企业运营与资本运营的早期联系。

企业资本战略图

企业家创业一般都是从选择实业项目或服务起步的。早期通过自己的创业资本，或者借入资金进行小规模的运营。如果有了市场销售和好的前景，就要扩大生产，开始选择与信贷机构讨论借款，从信用社、商业银行等逐渐建立信用和融资网络。如果继续成长，就要考虑大额长期资本的投入，可以通过长期票据、信用证和应收应付款等的操作建立资金池。也可以通过增加合伙人或合资机构等增加股本金，然后可以考虑发行长短期公司债券、发行股票上市交易等更为高级的资本运营技术。上市后还能通过建立基金和并购的方式开拓更大的资本运营空间。

大约在1998年，我应上海国资委邀请做一次关于资本运营的报告，为更加清晰地描述资本运营与企业运营的关系，顺手就画了一张图结果迅速流传开了，且流传的时间很长。

这张图的横向是指企业运营的不同发展阶段，而纵向是指资本运营的不同阶段。我将这张图定为"企业的资本战略图"。这张图有以下几个要点：

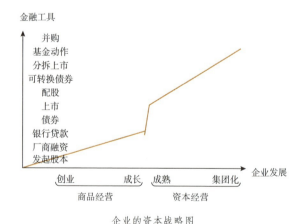

企业的资本战略图

第一，企业的成长从小到大是不同的发展阶段，不同阶段有不同的战略目标和运营重点。从创业到成长阶段，主要局限在商品和服务的运营上，但后期就需要利用资本来赋能发展。

第二，企业在成长过程中运用资本的能力和渠道也是不断发展的，必须理解和把握不同阶段中资本的模式与职能。

第三，斜线表示企业在不同阶段与不同资本之间的匹配和互相促进，如果匹配不合理就会出现问题。如大企业配合小资本，或大资本配合小企业。

第四，斜线中有一个起飞是指企业的上市，这是一个企业资本结构的大升级和大变革，从此企业就成为公众企业，对企业的透明度、责任感和经营模式都是一个全新的挑战。

理解企业在不同阶段与不同形态资本的合作是理解企业资本战略和资本运营的核心。这看上去似乎是一个非常简单的道理，但在企业运行中则是非常不容易做到的境界。事实上，大部分创业者和企业家最困惑的就是把握这个关系。举几个例子。

企业在不同成长阶段，应该用股本更多些，还是用债务更多些？股本金没有现期成本，但未来的分红成本会很高。债权股权之间的比例如何分配？一旦融资条件变化了，是否需要调整这个比例以降低成本？

现金流很好或利润很高的企业是否需要上市融资？上市对现有管理模式和公司治理的改变有多大影响？如果被其他企业收购的收益高于自己上市的收益，如何选择？

公司的不同资产应该对应哪种类型的资本？哪个部分适合上市？哪个部分适合并购？哪个部分适合发起基金？

确定了战略方案后，何时操作？由谁操作？如果不顺利，有无备份措施？

可以想象，在企业运营过程中，会有无数的战略可以排列组合成不同的资本战略方案，这种选择的困难在于机会成本。如果选择了一个方向，可能就妨碍或破坏了另一个方向，而且无法逆转。创业者和企业家就始终在各种选择、各种纠结和各种焦虑中度过。可以说，企业的资本战略（企业运营与资本运营的协调）是主导企业从小到大全部过程的主旋律，同样，也是企业从盛到衰的致命原因。资本运营这个词汇之所以流行一时，正是迎合了当时企业家刚刚接触资本市场的焦虑心境。

并购战略

我们了解了资本战略后，就可以更好地理解并购战略的地位和职能。并购战略一般都是企业发展到一定的成熟阶段后考虑的资本模式。通常都以企业上市为坐标。主要有三个应用场景。

上市前并购。上市都有一个对资产净值、利润、企业规模或市场占有率等基本的标准。企业可以慢慢通过运营达到这些标准，但是可能需要很长的周期，经历复杂的市场变化风险。许多企业希望通过与同行或上下游企业并购的方式提前达到这些标准，这就是基于上市目的的并购交易。

上市后并购。上市后突然获得大量资金，远远超过正常扩张业务的资金投入规模，于是就要收购相关的资产业务和企业，以保证公众股民对上市公司增长的期待和监管要求。因此，上市公司往往是迅速进入并购市场的新生主力。

以并购代替上市。根据市场变化和股东的不同考量，达到上市标准的公司也可能转为其他公司并购的标的，或者推迟上市先行并购。这里也涉及企业收益的比较，有可能并购收益会高于上市的收益。

当然，并购交易也是企业日常运营的重要选项，即便不上市，企业也会在特定时段和特定项目上考虑用并购的方式占领市场，消除竞争对手，调整管理团队等，将并购作为常规的企业运营手段。许多大的企业集团始终有专业的并购团队组成的并购部门，或者长期委托专业的投资银行机构担任并购顾问。

SPAC 模式

当并购成为资本战略和企业战略的常规手段后，就出现了全新的以并购来发起并推动成长的商业模式。创业者不再是从实业创新起步，金融家也不再等待创业企业的成长，而是先设计出一个并购驱动的公司，用连续并购的方式创造出上市公司来，这种反向并购公司已经出现很多了，笔者当年推动的"中体产业"和"寰岛集团"等上市企业都是先造壳，再并购相关业务。不过，那是以特殊的政策主导的造壳，并非市场化的收购。

2021 年以来，突然流行的 SPAC 模式（Special Purpose Acquisition Company，特殊目的收购公司）值得我们格外关注。SPAC 是造壳上市的并购融资方式，首先由一批专业人士发起设立一个特殊目的的壳公司，先上市获得投资者认可而获得大笔现金，然后在固定期限和领域内寻找并购标的，通过股权融资完成并购，注入资产后形成真正的上市公司。这个模式据说是 20 世纪 90 年代从加拿大的股票市场上最早发起，主要是募集投资矿产资源的项目。后来又在美国火爆一段时间。因有可能涉及内幕交易，往往引起监管者高度关注，这种模式局限在少数专业投资者和私募基金圈里。

援引一段网络上的数据：据 SPAC Analytics 数据，2019 年，SPAC 上市数量为 59 家，SPAC 数量占所有 IPO 发行数量的 28%，SPAC 融资额为 136 亿美元，占全部上市总募资额的 19%。到 2020 年，SPAC 上市首次超越企业传统 IPO 上市，达到 248 家，占所有 IPO 发行数量的 55%，SPAC 融资额达到 834 亿美元，占全部上市总募资额的 46%。到 2021 年，美国共有 613 家 SPAC 上市，SPAC 数量占 IPO 发行数量的 63%，SPAC 融资额已经达到 1 600 多亿，是 2020 年的近两倍，占全部上市总募资额的 49%。2021 年美国 SPAC 上市的井喷式爆发引发了全球资本和市场的关注。2022 年开始截至 4 月 26 日，在全球资本市场动荡的情况下，共有 58 家 SPAC 上市，SPAC 数量占总上市数量比例为 79%，SPAC 募资额为 103 亿美元，SPAC 募资额占上市募资总金额比例为 72%，成为 2022 年初这段时间里美国资本市场的主要上市方式。①

显然，SPAC 的突然崛起与美国股市上涨和资金充裕有密切关系，同时，新兴科技巨头如亚马逊、谷歌、Meta 等主要是通过每年大量并购新公司来维持母体成长的新商业成长模式也启发了其他企业。并购本身就是创新，并购本身就成为生产要素。资本当然要跟着并购交易走，跟着有行业经验的并购交易者走，这应该是 SPAC 再次得到青睐的原因。

目前为止，中国企业以极大兴趣关注并筹备在香港资本市场发起 SPAC，据说到 2022 年 5 月时，已经有十几家公司提交了申请。其中著名企业家万科集团创始人王石牵头发起的一家 SPAC 引起广泛关注，企业名为"深石收购"，拟专注于两条主线的投资：

一是绿色技术，其有助于向净零碳经济转型，包括但不限于城市科技、智能城市、房地产科技、电动汽车（EV）、清洁能源、物联网（IoT）、自动化、智能制造、智能建设及碳捕获、应用与封存（CCUS）。

二是环保消费品与服务，其可适应与日俱增的可持续性消费意识并提升社会及个人福祉，包括但不限于数字服务、健身与娱乐、运动娱乐、服装、食品与饮品，以及家居产品。

王石董事长在大陆企业界具有广泛而深厚的社会影响力和人脉资源，万科的创业成功，他个人丰富多彩的社会经历和长期推广低碳生活与社会责任感等的品牌积累，保证了基石投资者的支持和相关业界的呼应。同为发起人的刘二飞也是早期推动中国资本市场与海外金融圈对接的重要人物。这种组合体现了 SPAC 的精神——专业人士与行业收购管理能力。

就在笔者写到此处时，再次传来信息。2022 年 6 月 10 日，香港第二家 SPAC 公司 Vision Deal HK Acquisition Corp（以下简称 Vision Deal-Z）成功在香港交易所主板上市。这是继 Aquila Acquisition Corporation（以下简称 Aquila Acq-Z）后，香港第二家成功挂牌上市的 SPAC。Vision Deal-Z 由嘉

---

① 参见：https://baijiahao.baidu.com/s?id=1733763460518648967&wfr=spider&for=pc。

2014年4月1日，万科董事长王石在国际金融博物馆（北京）讲述人生故事

御资本创始人兼董事长卫哲、DealGlobe 和 Opus 创富投行联合发起，卫哲曾为阿里巴巴集团高管。根据公告，Vision Deal-Z 将自发售获得的所得款项总额为 10.01 亿港元。Vision Deal-Z 拟重点关注专门从事智能汽车技术以及具备供应链、跨境电商能力，从国内消费升级趋势中受益的国内优质公司。至此，仍有 12 家公司申请香港 SPAC，其中包括由香港金管局前总裁陈德霖发起的香港汇德公司、知名企业家李宁参与发起的 Ttrinity、万科创始人王石参与发起的深石收购等，均在排队中。

不过，2022 年 7 月 11 日，美国对冲基金大鳄、潘兴广场资本管理公司创始人比尔·阿克曼（Bill Ackman）发出致股东信，正式宣布将史上规模最大的 SPAC 清盘。2020 年 7 月 22 日，比尔·阿克曼发起的 SPAC 公司 PSTH 在纽交所成功上市，募集了 40 亿美元，这是美国 SPAC 中规模最大的一只。PSTH出世后却命途多舛，在两年的投资期内始终未能完成交易。"我们将40亿美元的资金返还给股东，因为我们无法完成既符合我们的投资标准又可以执行的交易。"①比尔·阿克曼在致股东信中写道。

在市场好的时候，任何创新都会有实验场和推广空间。市场不好的时候，资本圈的揠苗助长会带来更大的悲观气氛。

并购的战略设计

所有的商学院都有一系列的战略课程，关于各种细分战略的书也是汗牛充栋。企业家的公众讲演和内部工作中，战略都是高举高打的重心。战略本来是一个军事词汇，就是指打仗的军事纲领，统治所有战术。现在被商业用得非常广泛，而且内涵越来越复杂，失去了最基本的意义。许多人讨论战略时，不过是一个技术层面的想法，或者调整结构的一个说辞。例如，当许多董事长谈公司战略调整时，可能就是简单地要换一个总经理而已。以我的观察和经验，大凡企业家大谈战略的时候，基本上就是没想清楚到底如何做，先用个大词发个愿景而已。记得我当年在商学院讲课，一时无法描述并购业态的发展时，就先命名这是一个"战略并购"的阶段，听上去很高大上，在传媒也一时流行起来。

并购的战略很简单，就是如何行动以完成一个并购的计划。中国有个成语叫纲举目张，并购战略就是这个纲，定下来之后，所有行动都是围绕这个战略而实施。战略失败，就是全军覆没，满盘皆输。因此，并购战略的设计是所有并购操作的第一步，也是最为致命的一步。我们讨论并购战略要从这样几个角度展开：为谁制定战略？谁来制定战略？战略同盟和敌手是谁？多个战略下如何选择？

---

① 参见：https://www.iheima.com/article-340479.html。

为谁制定战略

这是一个比看上去更为复杂的问题。当然，并购发动者是并购交易的第一推动力，自然会成为并购战略设计的始作俑者。不过真实的状况是需要认真考虑的。当我们接到一个并购战略设计的邀请时，需要特别敏感，了解谁是真正的需求者。例如，一个公司至少有三个层面：董事会、管理层和股东。前两者通常以一个身份出面发动并购，似乎利益是一致的，其实不然。

管理团队主导日常运营，对市场变化非常敏感，有强烈的动机发动并购交易。在加快企业成长的旗帜下，操作并购交易会开拓社会商业资源、金融资源和监管资源，充分利用公司历史和业绩融资并购。做成了，有奖金激励，扩大管理规模，增加团队股权份额和话语权，个人声名鹊起。失败了，也很容易将之归咎于市场变化等外部因素，推脱团队责任，除了增加经验外，并没有多少个人损失。但董事会就不同了，大股东代表品牌、业绩和商业资本，承担巨大风险。并购成功，有可能进一步失去公司控制权，被管理层架空。并购失败了，成本需要自己来承担。这种情况下，董事会将非常谨慎地考虑并购交易。

另外一种状况是，董事会野心勃勃希望做大做强，控制市场和未来跑道，有条件就努力并购开拓，不惜付出巨大交易成本而短期内看不到任何收益。管理层就非常担忧，没有短期业绩，团队奖金无法兑现，长期内管理层又无法保证不离职高就。特别是，如果跨业并购或迅速扩大规模，董事会有可能更换原来的管理团队，因此，管理团队会非常消极地抵制并购。

再进一步，管理层的总经理、财务总监和并购操作骨干之间基于各自的职业经验、升迁机遇、奖励机制和性格冲突等，对同一个并购项目也有完全不同的态度，而形成复杂的张力。即使董事会确定战略后，也会有复杂而微妙的冲突。同样，在董事会层面，董事长、执行董事和外部董事之间也有复杂的态度和推动或阻止的手段。董事会成员与管理团队会有错综复杂的交流，给并购交易增加难度。

此外，我们还不能忘记股东层，这个层面平时可能沉默，但到重大的并购交易发生时就可能成为致命的力量。独立董事、监事会、监管机构甚至传媒机构都会以股东发言人的身份参与影响交易战略。

所以，为谁制定并购战略是非常重要的定位，需要通过表面上似乎一致的诉求，发现谁在真正主导并购交易，谁才是真正的并购受益者和推动者。只有这样，这个战略才有根基，才有实现的可能性。这是需要多年的江湖沉浸才能体验和领悟的本领，没有教科书能给出答案。

谁来制定战略

确定了并购战略之后，应该有一个文本的明确表达。这不仅是工作规范的要求，重要的是在变化中大家对并购战略的理解和解释会不断调整，以自己的利益立场为基准，没有一个明确的战略表达文本，可能会在出现问题后互相推诿责任或者在成功后争先揽功，可能会在与董事会、管理团队、监管机构和媒体交流中埋下隐患。

如何表达战略也是一个并不简单的事情。有些并购者自己会通过工作计划和内部讨论纪要将并购战略非正式地表达出来，更多的并购战略是通过参与并购的第三方来表达的。例如为并购提供专业服务的投资银行、律师和会计师等机构。这里又需要了解，不同背景的机构的表达方式和重点也大有不同。

一般而言，第三方至少在并购战略文本上要明确回避几个风险，如实质参与风险和尽职调查的风险。这两个风险都可能给第三方带来商业损失。除了免责条款外，中介机构更偏重于自己的特长，将涉及自己专业的并购交易关注点过度渲染，以期获得未来长期介入交易的机会。例如，提供资本的金融机构期待为客户提供超过实际需求的资本，并购顾问、律师或会计师也会将涉及的问题高度复杂化和长期化，这都是可以理解的职业习惯和商业动机。因此，选择战略并购制定方是需要注意到这个问题的。

永远不要让第三方机构独立主导并购交易当事人的并购战略，因为你无法确定，第三方从中获得的利益是否会导致你的利益受到损害，这里永远会有利益冲突的问题。因此，多方询价重要，在整个过程中保持始终有一个第三方的备选更重要，让第三方保持竞争的状态对当事人是有利无害的策略。

战略同盟和敌手是谁

并购都会有竞争对手或希望并购失败的敌手，同样也会有战略同盟。当年毛泽东有一句名言：革命的首要问题就是分清敌友。并购也是一次改变利益格局的行动，应该提前判断同盟者和敌手，而不是不断应对突然出现的敌手。不过，许多情况下，没有开战之前，许多人的立场是模糊不清的，需要随时观察和调整，特别是将可能的敌手变成自己的同盟者。

我在课堂上常讲一个故事。小镇上有一位游手好闲之徒，经常借酒撒野，邻里们纷纷避开。一日，外乡一位大汉看不过去，便趋前挑战。这位酒徒端量了几下，看对手人高马大，不敢比试，便向大汉身边靠去，然后环顾四周，得意地叫嚣，现在谁敢与我们斗！这就是化敌为友的技巧。我们在并购案例中，经常选择与排名靠后的同业竞争对手一起结盟，收购排名在前的企业。或者并购交易相持不下时，转而联手共同收购第三方。

产业并购与金融并购的不同战略

一般而言，我们把并购者大体区分为产业并购者（Strategic Buyers）和金融并购者（Financial Buyers），两者的目标与并购路径全然不同，并购战略也不同。产业并购者一般都是实体企业运营者，具有深厚的行业经验和视野。他们并购的目标是沿着产业价值链方向，做大做强。关注同行企业或上下游左邻右舍企业，努力创建提供相关产业商品与服务的生态圈。他们与金融并购者联手合作，更是利用资本杠杆来做大自己的产业价值链和赢利空间。例如，浙江吉利集团在汽车领域的并购，广东美的集团在家电与智能机器人领域的并购，辽宁东软集团在工业与医疗等软件领域的并购等。

金融并购者则更关注资本市场的价值链，捕捉市场变化，发现最有市场未来价值的创新技术和企业，用资本力量帮助企业迅速收购相关上下游企业甚至竞争对手，在资本市场上通过上市和卖出的方式获得资本收益。他们与产业并购者联手合作，沿着产业价值链和生态圈发现可能的并购目标，计算收购或卖出的资本收益，随时会实施并购交易。如红杉基金和高瓴基金在十几个不同产业的并购等。

产业投资者一般都看不起金融并购者，认为他们整天在投机取巧。一旦市场上出现金融并购者的失败案例，做实业的会幸灾乐祸，认定对方是坐庄失败；而金融并购者也瞧不上实业家：你做了十几年才赚一两千万，我搞个什么概念、做个并购，马上可以赚几千万甚至几个亿。

其实，实业家和金融家常常是同一个人的两种心态，是一个硬币的两面。我们每个人心里都有这两种倾向，只是要看关键时刻哪种心态占了上风。曾经有一本畅销书《谁动了我的奶酪》，里面讲了四个小动物的故事，其实那并不是四个人物，而是一个人的四种状态，因为每个人都有憧憬、都有埋怨、都有冲动。作为优秀的企业家，在特定时段下如何产生最大的效益才是核心，要学会两种本领。

需要说明，国内舆论对金融并购多有诟病，许多企业家认为从事实业才是真正的创造财富，而金融并购更是"投机倒把"，只是转移价值而不是创造价值。这其实是对现代经济发展的历史不熟悉，对未来发展的趋势不了解的落伍观念。交易和市场才是经济发展的核心动力，实体企业和实物商品不通过交易，不通过市场，价值就无法体现，更无法提升。金融机构是为交易和市场服务的专业机构，金融并购者的存在才能有效地发现市场趋势和创新动态，才能不断将最好的资本资源、管理资源等调整到最优的产业和企业，这就是创造财富的过程。当然，也存在一些不良机构从事非法交易来收割实业家的韭菜，制造虚假泡沫欺骗投资人，同样的情况也会发生在实业领域，这是建立法治环境和监管机制的另一个课题了。

需要有并购计划书吗

当然需要！凡事预则立，不预则废。所有重要的活动都应该有计划。即便是并购交易这样一个不断变化也难以预测的过程，也是需要一份并购计划书的。但是，当我写这本书时，翻阅了几十个亲身参与的案例，居然没有发现一份符合期待的并购计划书，仔细回想起来，好像也真没有做过计划书，只是做过许多并购完成后的总结报告。而进一步翻阅这些报告，个中曲折和真正的故事都被忽略了，只是回应关心这些报告的当事人的问题而已。

我也特别翻阅了几大本英文的并购工具书和中文出版物，看到近似于并购计划的表格和文字说明，与我的具体操作体验差距很大，更像是给学生们和外行人炫酷的程序与专有名词解读。我选择两个十多年前在我的新浪博客上写的并购案例佐以参考。

未遂的万科收购案（1998 年）

大约在 1998 年，我在深圳的一个饭局上与深圳国资系统的控股公司老总讨论业务合作，他提及了当时刚刚在全国崭露头角的万科股份的重组。根据他的信息，我判断万科的大股东非常不满意王石的战略和个性，担心尾大不掉不好控制，先是直接指挥受阻，继而提升架空被拒，现在希望有外部股东进来收购。考虑到当时深圳领导人都是辽宁出身，我当即意识到有一个极好的收购机会。

我当时与王石不熟悉，但大体了解他绝非等闲之辈，我曾有一个同学阴谋策划了著名的"君万恶意收购"事件受挫，在深圳弄得灰头土脸。我与华新国际的实际操盘人肇广才讨论，他十分兴奋。万科当时控股股东的控股净资产不过 5 亿，华新国际完全有能力参与收购。肇广才的想法很简单，

1998年,我作为财务顾问与华新国际的卢铿总裁(左)和肇广才总经理(右)在沈阳讨论项目

王石是个人物,可以成为收购后的新公司老板,他愿意当王石的副手。就在此前不久,肇广才急病住院,英雄相惜,王石得知后曾专门到沈阳的医院去看望他,令这个东北汉子十分感动。华新国际长期受新加坡人狭隘的投资理念约束,肇广才也希望有外来力量介入使其放开手脚。

鉴于此案重大,在征得华新国际中外两方股东的初步认可后,万盟提出了一个详细的收购万科计划,即利用政府影响力参与收购万科的重组,同时,与几个万科现有小股东谈判整体股权转让,在市场上也收购一部分筹码。华新国际的股东准备了7亿元现金对付万科大股东,同时也有几家银行准备短期贷款。华新国际中方大股东房产局方面还准备了几块地在收购后注入上市公司,用以取悦股民。万事俱备了,万盟开始与万科几个小股东接触。这时,得知意在收购万科的不在少数。

我立即与沈阳市政府联系,希望利用东北老乡的关系影响深圳市政府。

我在从北京回沈阳的飞机上与时任市长密谈了一路。他与我之前有过短暂接触，担任市长后，经朋友再次引荐后我俩颇为投缘，我便立马被聘为市里的顾问，参与了许多当地项目的咨询。

我两天后向政府提交了一个收购万科的计划，并通过朋友约了当时的深圳市市长李子彬和书记厉有为（好像都是辽宁新民县人氏），安排时任市长近期去深圳拜访。但是，方案提交后迟迟没有动静。这可不是市长的风格，我一周后到他家里打探情况，市长说常务副市长好像另有方案，安排我去见面讨论讨论。

常务副市长主管建委和房产局。对我的方案有两点尤其不满：第一，华新国际一向与他走得很远，他也不愿给华新国际支持，他强调应当由沈阳市建委系统的国有公司出面收购，财政出钱，不能让新加坡股东占这个便宜。第二，万盟的方案是让万科团队继续管理，保证王石他们内部配合收购。他明确表态："我们收购就是我们管理，我会物色一套新团队。"我反复说明这两点恐怕会大大提高成本，而且，用地方团队取代全国闻名的团队是前途未卜的。我顺口说了一句：副市长，咱们不能"劣币驱逐良币"呀。他当时愣了一下，我便书呆子似的解释说是金融理论中的格雷欣法则。他脸色当时就阴沉下来。

过了几天，市长责备我："你怎么说副市长的队伍是伪劣品种呢？这不是给我添乱吗？这事先放放吧，你干脆再给我搞几个个大的来。几个亿的项目本来就意思不大，你看我办的其他项目，几十个亿都不止。"

多年后，我与王石登山时谈到此事，王石哈哈大笑："想打我主意的人多得是，下场都不太好。"2004年，王石专门邀请肇广才和我一起去四川登四姑娘山，登顶归来，十分快活。时过境迁了，王石提出请肇广才加盟万科，全面负责北方区，十分诚恳。肇广才很是心动，只是觉得刚刚加盟的新东家给予他很高期望，一时不好脱身。

一个精美上市计划的夭折（2005 年）

这家企业是一个传奇故事，几个年轻学者官员借鉴国际经验，下海创业开创了一个重要的行业。鉴于至今这个企业仍然没有上市，不便披露。我与创始人结识很早，互为知己，并没有正式担任顾问，但几乎大小事他都会与我商量，征求我的意见。我个人的职业发展也得到他的重要指点。

这个企业的市场占有率是全国第一，效益也不错，应该有上市的可能，而且也是公司发展的近期目标。公司创始人和高层骨干基本都是博士学位，文人风格，提供金融服务，也很少与社会江湖打交道。从制定了上市目标开始，公司就制定了一张极其精美的上市路线与日程图，从股东会、上市办、清产核资、资产重组、上市辅导、券商与各中介机构选择、监管部门许可、上市前定价、募资、提交申请、监管聆讯到交易所挂牌等几乎所有因素都考虑在内，而且负责人和进度日期都明确标定。甚至还考虑到各种不顺利可能产生的闭环重复与歧路备选等。

这样一张精美的工作日程地图被印制十几份，挂在相关部门。我从未见到任何公司将一个上市业务的计划做到如此精细，多次向创始人质疑，是否有这个必要，有无可能执行。这位老板坚定地说，上市如同打仗，军令必须明确，执行必须到位。好的公司必须要精细化管理，细节决定成败。这是当时比较火爆的美国通用电气公司老板韦尔奇的名言，估计他也不会想到在中国有如此贯彻到位的粉丝企业家。

当然，市场和政策都有变化。于是这张图被再次更新，我见过两三个版本吧。多年后，公司依然如故，创始人也离开了公司，另行创业。可惜的是，当年我没有做金融博物馆的想法，否则，这张计划表应该值得收藏。

以上两个案例，初心良好，理想宏大，而且有章有法，符合教学要求。但是市场变化是没有规则的，也不会顺从企业家的理性，因此，完美的计划大多没有好的结局，我们不能高估计划的作用。另一方面，有计划就是有布局，有条理，有操作的抓手。计划能事先多方衡量，自然会减低不必要的风险，因此，企业家都会有一个有计划的头脑和方案。

并购需要有计划的头脑，而不是一个书面的计划。

应对并购的失败

战略失败的标准是什么

首先我们需要定义战略失败的标准。所谓失败都是指与预期不同，同时必须有一个背景和时间的限制。传媒和网络上普遍认为奔驰和克莱斯勒两大汽车集团的并购是一个著名的失败案例，那就让我们从这个案例谈起。

20世纪末，全球汽车市场普遍过剩，利润下降。除了中国市场外，几乎所有国家汽车市场都在萎缩中。全球汽车业开始合并整合，保证市场份额和生存空间。德国的奔驰集团是当时全球第四大汽车公司，1997年时有657亿美元资产，主打高端车，但市场局限在欧盟地区。同期的美国克莱斯勒集团的资产562亿，主打中端车，80%都在美国市场，而且濒临破产。1998年10月，奔驰正式并购克莱斯勒，耗资405亿美元。双方都是上市公司，按约定比例用公司股票换取新公司股票，最终，奔驰占有新公司股份的57%，克莱斯勒占有43%，技术上可以称为奔驰收购克莱斯勒。不过，10年后的2007年5月，美国基金cerberus用了55亿欧元从奔驰公司麾下收购了80%的原克莱斯勒集团股份，20%仍由奔驰控制。这就是，传媒所提的并购失败。

其实不然，奔驰收购非常成功。在当时的市场环境下，双方形成了全球市场整合，扩大了规模，合并了销售与供应链，大大降低了成本。合并当天原奔驰股价涨8%，原克莱斯勒股价涨17.8%，合并后第二年整体营收上涨了12%。重要的是，双方从竞争对手变成合作者，交叉服务不同层次的客户，提升了整体的品牌与赢利能力。尽管美国和德国的管理模式和消费文化不同，两个公司都安全度过了最困难的生死时刻，这是最大的成功。

2007年10月26日,在美国芝加哥大学商学院举办的奔驰克莱斯勒收购案的复盘模拟现场

    2007年,我应毕马威的邀请,参加全球合伙人在芝加哥的年度大会。我和一位印度的企业家分别介绍了本国的资本市场变化,三位获得诺贝尔经济学奖的教授担任主持人,大约300多人参加了两天的年会。其中,最精彩的一个活动就是模拟奔驰和克莱斯勒的收购过程。美国公司和德国公司的主要负责人分别介绍双方当时的心态和并购后的体会,担任双方的律师和财务顾问则现场模拟当年谈判的过程。没有一个数学模式的演示,只是双方各自讲如何提高自己报价的各种论据和故事,讨价还价的技巧,最后达成妥协的过程。时过境迁了,双方非常轻松幽默的实战表演非常精彩,如同一场话剧一样。我一直期待中国的并购年会也可以这样做。

10年后,物是人非,汽车产业和全球消费市场已经发生了根本变化,分分合合是商业上的自然选择。这时的奔驰和克莱斯勒已经不是10年前的本尊了,如何判断当年是失败了?如同夫妻的分手不能简单认定当年的结合就是错误的一样,企业并购的判断更为复杂。

同样,我们经常援引的并购失败的案例是日本在20世纪80年代大举收购美国资产尤其是洛克菲勒大厦的故事。我们津津乐道的是日本三菱花了13亿美元购买美国纽约地标洛克菲勒大厦,7年后又以11亿美元卖出,同时留了其中四座楼。单纯从账本上看似乎日资吃了大亏,但从日本学者的分析上看,考虑日元升值后大幅贬值的因素、考虑到是通过杠杆负债的方式收购,加上同期美国行业投资的对比,又是一笔有盈利的买卖。

判断并购战略的失败是需要许多条件的。首先是立场确认,失败是指当事人的,还是对关联方的,还是对社会媒体的?其次,必须有足够的信息,不只是当事人自己的渲染,或是竞争对手的攻击,或是公众舆论的猜测。最后,一定有时间和空间的约定,否则就成为永远悬而不决的争论了。真正有资格做并购成败判断的,只有当事人自己。当然,当事人的判断和其他人的解读都是从事并购交易分析的重要参考。

战略失败了如何应对

所有并购都可能失败,因此做并购之前都要做失败的准备,提前做好预案,这都是确定并购战略时必须做的功课。一般而言,有以下几个重点。

第一,准备并购备选方案。

确定并购战略时,应该同时选择几个相近的标的企业做收购准备,不能孤注一掷。因为研究资源、资本资源和行业监管研究等的成本是同样的,只是标的企业的选择样本与接触等费用的差异,所以应该始终同步进行,一旦有变化,转换目标的时间和成本都不会有大的损失。我们当年帮助一个上市公司收购一个跨省的水泥企业,尽管目标非常明确,我们仍然坚持同时选择其他三个同样规模的不同区域的企业。几个月后,果然原定目标始终犹豫不决甚至表明退出，我们仅仅在一周后就宣布了另一家企业收购完成。这个消息立即刺激了原定目标，结果，谈判立刻恢复，一周后宣布完成收购。

第二，准备"婚前"协议。

并购可以有试错的过程，事先双方谈好彼此退路，从财务、人事和运营上做好分手的准备。在推进并购时，也设计好几个壳公司，用各自的壳公司装入拟合并的企业。这样，用壳公司彼此合并，一旦分手或另有新的并购安排，可以在壳公司层面进行操作，而不必干预实质公司业务的运行。我自己的公司也曾与另一家具有业界影响力的并购顾问公司讨论过合并，而且非常深入。我与对方的董事长已经是几十年的老朋友了，彼此先签订了一个6个月的运行合同，双方确定了一个全面合并的目标和项目运营模式。6个月后，我们彼此感觉没有达到当初的目标，便低调分手了。双方仍然是好朋友，继续以战略联盟的方式继续合作。

第三，调整并购方向。

并购过程中会有许多意外的事件影响并购进程，甚至是不可抗力，需要及时调整并购方向，可能是并购标的，也可能是并购领域。以我担任顾问操作的一家上市公司"中体产业"为例。我一直关注体育行业的发展，有机会向时任国家体委副主任的袁伟民介绍了创立一个体育领域的上市公司，获得资本市场的支持。他非常高兴，也特别安排了张发强副主任组成一个工作组，推荐了具有市场头脑和丰富体育经验的吴振绵担任负责人，我担任顾问。我们连续收购了几家体育相关的公司，但是当时的业绩无法达到证监会要求的底线。于是，我们调整方向专注以体育健身概念为主题的住宅企业，在一年内完成了上市，成为中国体育领域第一家上市公司。

第四，善后处理。

并购交易失败后，需要有善后处理。古语云："善胜者不败，善败者不乱。"主要是三个方面的善后措施。首先是内部的安排，将一次并购失败作为一次操练，立即总结经验教训，提出下一次并购的计划，安定军心，保持斗志。不能让失败和挫折的情绪弥漫在管理层和股东层。调整公司战略，将本次并购形成的行业视野和各种资源纳入新的战略定位。按套话讲，就是最大限度地让坏事变好事。其次是积极应对所有参与并购交易的中介机构、融资机构、监管机构与社会传媒，以尊重对手的态度，客观复盘本次并购失败的问题，获得各界理解。很多企业忽视这个工作，结果，各种负面消息四处传播，非常不利于下一次并购交易。最后，也是更为重要的，需要与交易对手达成共识，双方共同形成一个统一的面向公众的说法，这对双方未来都是非常有利的。非常遗憾的是，我们常常看到并购失败方高谈并购整合的失败，实际上是将失败推诿到对方身上，在后面的章节我会专门谈这点。

汇源可口可乐并购的失败案例

2008 年，著名企业家朱新礼入选当年的"中国十大并购人物"。2007 年，汇源果汁成功在香港上市，2008 年美国饮料巨头可口可乐宣布要以 179 亿港元收购汇源果汁，这是当时中国最大的一笔外资收购。有了这笔投资并拥有可口可乐这样庞大而稳定的客户，朱新礼很快按照可口可乐的要求对公司进行了全面整改，撤销了销售团队。斥资 20 亿开设了一个水果种植基地，扩大土地 1 000 多万亩，在全国范围内开设了数百家实体店。在 2008 年汇源果汁成为北京奥运会的赞助商，由此成为民众口中的国民品牌。不过，2009 年中国商务部出乎意料地以反垄断的名义否决了这次并购，导致了一次广泛的社会讨论。

汇源集团董事长朱新礼曾特地出面做了解释，品牌是无国界的，出售汇源是正常的商业行为，他规劝人们不要用民族主义观点看待收购计划，并承诺将继续为中国果农和消费者服务。这是汇源最大的一笔"招商引资"，完全是一种正常的商业行为。针对外界的评论，他说："中国改革开放 30 年，就应该有一个大国的风度，大国的自信，品牌是为人类服务的。这显示了一个人的自信，一个国家的自信的问题。为什么非要打上民族品牌的烙印呢，花旗也是民族品牌，为什么没有人去关注呢？我们一定要想到，品牌是为消费者服务的。很多人一手抓着可口可乐，一手还在骂可口可乐收购汇源，这合适吗？"

国资委经济研究中心王忠明主任强调应该珍惜中国目前来之不易的市场竞争环境，政府应该少干预企业层面的问题，更不能为了迎合社会情绪而摇摆拿捏政策。如果在商业领域打出民族主义的旗帜来影响公司收购，这会导致市场的不规范，从而使投资者失去投资的兴趣。

全国政协委员、中国民营经济研究会会长保育钧表示，可口可乐收购汇源应是一件双赢的事，可缓解汇源因资金紧缺所面临的运作压力，而且董事长朱新礼可以扬长避短，从并不擅长的市场运作中抽身，全力经营果园和水果加工，对汇源发展是好事。

我作为并购行业协会负责人也在各种媒体和电视上针对这一事件发表了许多看法，这里援引当时的一次采访（2009年）：

第一，民族感情是要谈的，特别是在大家都自我感觉良好，中国经济崛起似乎成为全球共识的气氛中。谈到娃哈哈、汇源等品牌被老外收购，老百姓就来了血性，就要愤怒，这是可以理解的，如同中国人在海外收购点资产，当地人也会同样反应一样。要求大家理性不过是学者的自我表现。问题是，这些东西是所谓的民族品牌吗？中国人从什么时代开始才习惯喝矿泉水和果汁？这是全球化带给我们民族的产物！这是全球化带给我们企业家的竞争能力！全球资本、技术、市场、管理和生活方式创造了这些品牌，具有全球化视野的中国企业家创造这些品牌。强调民族品牌，对商人来说不过是讨价还价的技巧，对政府来说不过是政治交易的筹码，对传媒和大众来说不过是每天的营生和谈资，没有什么大惊小怪的。专家出来拿民族品牌说事儿，就值得关注其利益点了。

第二，别老拿企业家当靶子，逼迫企业家去当为民族大义的殉难者。每个人都有自己的未来安排和生活态度，如同你可以随时选择喝什么品牌的果汁一样。企业家是一个前赴后继的群体，不能让一个人去跑接力赛的

第五章　并购的战略

全程，下一棒交给谁是商业选择，不是靠血缘安排的。今天交给老外，后天没准中国人又接过来了，如同联想、中联重科、沙钢等企业从美国、意大利和德国人手里收购了企业一样，这就是全球化的游戏。只有对未来感到恐惧和无知的人才热衷于制造鼓吹各种各样的"阴谋论"。所有商业规则都是阳谋，你不懂才叫阴谋。

第三，如果大家都惋惜这个品牌，如何有潜力有价值，那么，为什么中国本土企业家们看走眼，不去抢购呢？我们既然有全球最大的外汇储备，能在国外顶级金融机构里遍洒金银，攻城略地，大手笔投资到"垃圾资产"

2009年9月我与汇源集团董事长朱新礼（右）在北京密云汇源集团总部一起讨论并购的项目

如次贷产品,为什么不能在本土整合一下呢?以我的观察,中国本土的政策、法律、融资、政府管理、民风文化等太多的软环境是无法支撑本土企业建立长治久安的发展能力的,跑一两棒还可以,再跑下去只能去残奥会了!用我多年的话,本土企业家扎猛子是高手,但没有高台,无法表演高台跳水。我们既然不断声称要大国崛起,政府也不断强调市场失灵,那么,政府就要担当起责任来,创造培育出一个能扶植本土企业家整合产业的环境来,而不是放任民意沸腾去阻挡全球化给我们社会和大众福祉带来进步。

第四,反垄断法不只是一个规则,它的核心是通过运用规则体现一个主流精神,即保护市场竞争,改善资源配置的效率和提高社会福利。我认为在技术上这个收购是可以通过的,没有什么复杂的分析,在程序上也是符合规则的,但是在传媒和所谓民意的压力下,政府会有些特殊考虑,这也可以理解。相当于外科大夫在大庭广众之下(不是在手术室里)操刀割双眼皮,虽然是小手术,弄不好可能割了眼睛。要知道,关注这个案例的可不仅是传媒所煽动的"十三亿中国人民",还有可以同样煽动起来的"六十亿地球人"。

这次并购被否决,对于汇源集团是一个重大的打击。已经负债收购的上游资产必须坚持运营下去,解散的销售团队要重新建立,汇源必须多条战线同时开拓,市场已经不可挽回地衰退了。对国家这种不可抗力的干预,汇源集团没有任何预案,修复集团活力是一个长期艰难的过程,这对中国企业界是一个重要的教训。我后来担任了多年的汇源在香港上市公司的独立董事,亲历汇源集团自救与重生的过程,这次并购失败造成的后遗症明显可见。

第六章

并购的定价

企业价值的确定是一门大学问，有无数定价模式可以讨论。大家往往以为这是财务专家的领域，或者是投资银行的本职，其实不然，这恰恰是企业老板的本分。事实上，争夺企业的定价权是并购交易的核心部分，要害在于谁是真正的老板。

笔者当年在海外学习时也接触了大量的定价模式，也曾在博士论文中采用计量经济学方法。但在几十年的投资银行和并购交易实践中却很少用到这些东西。看到别人用的各种复杂模式，也只是谈判的技巧而已。我专门引用了一个亲身参与的谈判案例，可以体现这个论点。

本章就是根据自己的经验写出，也许学术上并不唬人，辜负了美国博士的身份。但现实操作上绝不负人，这也许正是我们这代人操作的方式。

并购定价有标准吗

企业也是资本市场的商品，并购交易就是要给企业这个商品定价。商品定价比较简单，无非是成本加上利润，如果有品牌，还要加上品牌的溢价。企业与一般商品不同的是，企业是一个生命体，不断在创造新的价值，因此给一个不断成长变化的商品定价就需要更为复杂的定价体系。而且，不同的人对同一企业的需求不同，有不同的定价，这就是并购市场的存在基础。在不同的区域、不同的时段，对不同的需求者，同一企业的价格都是不同的。这个价格永远在变化中。如同哲学家说的，你永远不会踏入同一条河流，企业的定价正是如此。这也是并购交易充满魅力和创造性之处。

并购的江湖

定价是一个故事，不是一个公式

我接触到大量的并购交易，定价过程是最为神秘的，也是最有戏剧性的。举几个例子。

一个国外的啤酒品牌准备收购国内一家地方品牌企业，提出希望一个月内完成全部交易。这家国内企业创业已20年左右，在3个省有16家工厂，有一定市场占有率，但效益非常不稳定，也希望卖个好价钱。在一个月内要确定自己企业的价格的确不容易，于是同时雇用了几家会计师事务所，夜以继日工作，终于拿出一个自己满意的价格。但完全没有想到的是，外资没有讨价还价，直接就接受了这个出价。中国老板有点不安，主动提出，自己可以带管理团队帮助收购方管理工厂和更新设备等。外资代表则非常客气地拒绝了，明确告知，准备将这16个工厂统统淘汰掉，他们只是要这个企业的品牌和销售渠道。外方看重的是市场份额和消灭一个竞争对手，中方计算的则是实体工厂和固定资产。这两种战略定位导致完全不同的运营理念和企业定价。

另一个是广东的一家大企业准备将自己的电气设备制造体系转让给一个跨国公司。双方各自聘用了近百人的专业顾问团队，花了几个月时间确定了一个双方顾问都可以接受的价格，也得到了外方老板的认可。到最后签约时，外方老板专程来中国与中方老板见面。中方老板私下约了外方老板在没有顾问和律师在场的环境下深入交流。结果，第二天两人一起宣布了一个收购价格，整整是拟签约价格的4倍。中国老板给外国老板讲的一个故事，完全推翻了200名专业人士的专业定价，成为一时新闻。

还有我多年前在东北主导的一个城市投资公司的重组。这个公司的净资产是负数，亏了十几个亿。我们给政府提出一个方案，选择几个公司建立一个重组基金，整体收购这个公司。原则上是承债收购，支付给政府少量资金，所谓"连包滚"。然后，大体将资产分为三大类。质量好的如市中心四星酒店，城镇中心的几十处仓库，效益好的投资企业等重组为上市公司的框架；严重亏损和资不抵债的企业打包一起与银行讨论破产清偿，进入持久的司法程序；说不清道不明前景，但还在运营中的几十个小企业就安排"管理者收购"模式，只要签约带职工一起走，就可以将企业低价卖给经营者。这样，大体用了半年时间，将这个老大难的包袱改造成功。政府不再继续投入资金，而且得到了有上市潜力的新企业，大约 4 000 多员工走向市场。原来的负资产变成了有现金流的新资产。

以上三个案例中，企业定价都是不按所谓财务的技术规则出牌的。或者是转换市场定位，或者是讲一个好故事，或者是经过一番重组。其实，这样的改变企业定价的方式有许多种，每一个企业的定价都是一个故事，而不是一个公式。

定价的眼光

1820 年，在希腊的一个岛上，一对当地农民父子在一个山洞里发现了一个约两米高的半裸女子的雕像。两人如获至宝，待价而沽。法国领事听说后立即赶到农民家里，希望买下它。他告知农民，这个雕像坏了，一只胳膊掉了，"它不值钱！"结果，几百银币就买下来。后来经过英国、法国和希腊三国收藏家的争夺，最终以 8 000 银币被法国卢浮宫收藏，成为镇馆之宝。

另外一个故事。法国的一个店主希望招聘一位能够推销商品的店员，面试几位应聘者。他摆上了一根牙签，问应聘者，这是什么？第一位非常认真地端量了一会，诚恳地说，这是一根上好的牙签，制作精美，价格便宜。第二位则声称这是来自南美热带雨林中具有治病效能的古木做成的，可以治疗头疼和失眠。第三位上来看了一眼，立即后退三步，对着牙签鞠了一躬，一本正经地说，这可是拿破仑皇帝用过的牙签啊。

你看，同样的东西，在不同的鉴赏能力和不同的故事下，价格是天差地别。哪个是对的？这里有成本的概念吗？有供求的平衡吗？有定价规则吗？物品如此，企业更是如此。企业的故事，企业的愿景，企业的定价，都是千变万化的，重要的是你的眼光和判断。所谓市场就是这样，大家对

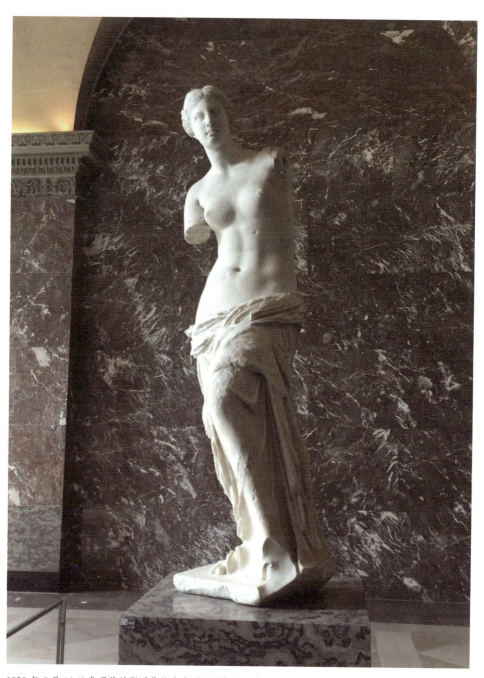

1820年5月10日发现维纳斯雕像的农夫听了顾问的评价,廉价地出售了它

同一个商品或企业有不同的理解，才有竞争，才有供求关系，才有创新的动力和企业成长的动力。

定价背后的社会力量

在我们做定价的学术讨论之前，先要理解影响定价的社会因素。企业是一个活的社会生命体，它的定价首先受生产环境的制约。尽管所有教科书和传媒在交易成功后都不会涉及这些社会因素，但一旦交易失败，这些因素就水落石出了。我先从一个小案例谈起。

当年的上市公司还是额度发行制，各地争取指标，一旦批下额度，利益极大。承销商与各方打交道，涉及分配利益，而且股票定价也涉及部分提前市场流通的股民利益，因此成为焦点。我的同事在安徽老家主导一个冰箱企业上市，本以为是光宗耀祖的好事，结果被当地公安从围攻的老百姓中解救出来，非常狼狈。我另一位同事在辽宁做一家上市公司的主承销商，面临同样局面。各种力量都参与进来，包括公安局、法院、财政局、卫生局等，主管常务副市长担任组长。我的同事是红二代高官家庭出身，口气很冲，不顾当地面子，很快产生激烈冲突而被赶回北京。

我临危受命接下这个烂摊子。第一天对方就给我一大堆麻烦，该见的人都拒而不见，几拨人堵在酒店闹事。本来立场与我们一致的上市公司董事长也态度蛮横地要撕毁合约，要求将已经签约的、证监会也明确批准的承销费调低 2 个百分点，而这将减少我们几百万元的收入。谈判中，他当着所有人的面，声称他是跑码头出身的全国劳动模范，在辽宁一跺脚，没有办不成的事。"你们已经犯了众怒，得罪所有不该得罪的人。如果今天不签字，酒店外的老百姓会扒了老弟你的皮。"气氛之紧张，跟着我来的几个下属都战战兢兢。

我已经大体了解了核心所在，钱不是问题，面子才是。我的前任曾在大会上让他下不来台。他迫切需要尽快上市，他的股票已经私下流通很多，市面价格高于发行价。如果不能上市，他无法交代。等他在众人面前豪言壮语之后，我请他进内间单独聊聊。关门前，他还高声大喊："别给我来阴谋诡计这一套，老子从来不拿原则做交易。"

进门后，我立即解下领带，脱下西装，非常坚定地说："特别感谢你，给了我一个扬名全国的机会。该有的我什么都有了，就是没有名气。这次上市，全国几千万股民和省市领导都关注。因为承销费你出不起，而且赖了账，我绝不会签这个字，这就是全国第一个因区区几百万而否决的上市公司，我们俩就是扬名立万了。我大不了就是辞职不干了，你的股票也就泡汤了，看看老百姓是扒了我的皮，还是你的皮！"

他当时就愣住了。我又叫了他一声老哥："我比你年轻二十多岁，也做了全国证券公司的老总。如果你觉得我将来还有发展，今天要给我一个面子，恢复原来协议，再加上 50 万。你公司上市后与我们合作的机会还很多，大家心里应该有数吧。"他想了想，突然如影视剧里的土匪"座山雕"一样哈哈大笑，然后一拍我肩膀："老弟，你道性不浅啊，我就交你这个朋友了。"事后，他立即帮我联系所有部门，一切进展顺利。最后上市庆功会上，主管市长专门过来敬酒，用一句京戏台词称赞我的团队，"急令飞雪化春水，迎来春色换人间"。

另一个案例就是著名的"吉林通钢事件"。吉林通化钢铁集团是吉林省最大的钢铁企业，来自浙江的建龙集团是中国最大的民营钢铁企业。2005—2008 年，建龙集团曾经入股通钢集团。2009 年，吉林国资委同意批准建龙集团以 10 亿人民币投资入股，正式控股通钢，认为有利于化解通钢集团当前经营困难，又有利于通钢集团的长远发展，实现省政府确定的千万吨钢的发展目标，符合通钢集团稳定发展和全体职工利益的要求。

建龙集团得到政府的支持后，进驻通钢进行了一系列整改，特别在处置职工问题方面引发了老员工的集体罢工和停产的抵制。建龙派出的总经理被员工扣押并殴打致死，公安警力出动救人，形成严重的社会动乱事件。之后，吉林省政府宣布终止重组方案，建龙集团退出。

这两个案例表面上都是按政府规则推进的，但规则之外的较量直接影响交易成败。我们可以对其做多方面的社会经济分析，也可以将之归结为定价不准确。定价，合法，不一定合理，也不一定合情，而不合理不合情，最终会导致不合法。我们很难给定价提供一个官方标准，大家可以表面上达成共识，但心照不宣地各种抵制和变通。同样的道理，我们可以推断，尽管许多并购交易成功后，被归功于定价合理，但事实上许多真正的原因被刻意隐瞒了。

教科书里看不到的并购定价过程

教科书上有许多定价模式，看起来非常有用。但是在实际操作中，这些模式只是在特定阶段发挥一定的作用，我们不能过于信任模式。一般而言，在确定并购交易之后，对并购交易的定价有三个主要的层次，每个层次的关注点和表达方式非常不同，彼此有制约，有互动，但重要层级却是不可动摇的。

老板定价（CEO 价格）

这里定义的老板就是主导并购的执行人，董事长或是总经理。前面已经谈到董事长作为股东代表，总经理作为管理团队代表，对于并购交易有不同的立场，便于简化问题，我们这里不考虑这种微妙的差异。老板定价就是将卖方的价格定得最高，或将买方的价格定得最低。这里，至少有几个因素需要考虑。

老板的心理价格底线。多年投入的积淀成本加上资金时间成本（或者利率）这是出价的底线，还要加上出让控股权的失落感。曾经拥有的权威与情感是难以用金钱衡量的，这是一个随时变化的因素，往往在谈判时因人而异地表达出来。即便经营亏损乃至濒临破产，这个心理底线依然是顽固的。

财务总监和外部顾问的参考。周边信任的人提出的估值当然会左右老板的态度，不同位置和不同利益取向会形成不同的价格压力。可以在交易成功中获益的人会努力用价格因素影响定价，反之亦然。老板应该了解周边人的利益链条，也会利用周边人的意见来确定自己的定价水平。

同行业的比较。与同行竞争者的估价做比较，这是确定自己企业的行业地位和未来取舍方向的重要一步。相对于金融并购者，实业家更关注自己的行业地位（面子）和同行对交易的看法。我经历的许多案子中，已经下定了交易决心的老板会在同行的重大变化（上市成功或倒闭）的情况下改变决定。

个性与人生态度。激进或稳健的创业风格，开朗或多疑的气质，练达或纠结的生活态度等都会在交易定价中产生全然不同的结果。

老板的定价是与决定企业的并购交易同时形成的，没有一个初步定价就没有一个讨论并购交易的起点。但这个定价只是一个直觉的想法，需要之后的反复细化。尽管老板定价是第一步的初步定价，但这个定价直接确定了企业交易的基本格局，除非有重大变化，这个定价制约着之后系列相关的讨论原则。

财务总监定价（CFO 定价）

老板定价后，定价过程由企业的财务总监主导，要将老板价格与企业日常运营的财务数字协调，找到支持的证据。财务总监对企业的估值当然是站在企业立场上运用企业财务的历史资料和未来预期进行的，但大概率下都与老板的期待不一致。这里有许多因素。

保守甚至消极的心态。财务总监的工作主要是收集和分析企业的各种财务相关数据，与上下游企业、主要客户和金融机构处理财务相关业务，不断给管理层和工商税务等部门提供各种报表。所以，财务总监往往习惯在稳定的规则体系下工作，反感市场变化和政策变化，不熟悉在市场变化下的资产或企业交易，对外部顾问或外边机构的相关质询可能讨论不积极甚至有抵抗情绪。即便老板安排下来，也会各种抗拒，这是他们的职业习惯。

财务数字的控制与取舍。一般而言，企业有几套不同的财务报表是非常正常的，面对老板、其他高管、其他部门、税务机构、传媒等都会有所保留和取舍，财务总监有独立权力的空间和运营系统。老板的许多宏图大志经常在财务总监的各种技术制约下而无法实施。在为交易而需要企业估值上，财务总监有自己的调整空间。财务总监熟悉各种财务评估方式，从成本到现金流，可以用各种财务模式和规则实现自己的评估期待。当然，财务总监也可以为达成交易而采用激进的风格而操控数据。

财务总监的权力博弈。一般地，企业财务总监是控制企业正常运营的发动机或刹车，在资本战略和运营战略确定后，财务总监的权力往往超过老板和其他高管，天然地认定财务部门才是企业的心脏。特别是，财务体系的人员稳定往往要高于其他运营部门，财务总监与各个部门的协调能力和社会人脉资源更是超过其他高管，甚至企业老板。这样的位势使得在并购交易中，财务总监往往有重大的决策权力。

财务总监的企业估值考量与企业老板的估值考量要通过多种方式达成共识，这个共识才是提供给专业机构进一步完善和补充的基础。

投资银行定价（IB 定价）

企业内部达成企业估值与定价共识后，都会寻求外部顾问的专业建议。一是避免立场偏差，获得中立看法；二是让专业的人做专业的事，降低企业的时间与人力成本；三是更重要的，期待专业机构给出更好的价格。帮助企业提供定价建议，参与价格谈判，参与融资，执行并购甚至参与并购后企业重组与整合的机构就是投资银行中介，包括证券公司、并购顾问、会计师、律师、评估师、管理顾问甚至媒体中介等，不同的公司在不同的阶段接受企业邀请参与各自擅长的业务。

提升企业的最大利益，确认并调整定价是投资银行的核心使命。这个定价一般会在企业老板定价和财务总监定价的基础上大幅度调整，形成正式的投资银行报价。投资银行报价有几个重要的特点。

第一，重组报价，讲故事报价。投资银行的一个重要职能就是要讲故事，我们后面专门讨论。老板和财务总监的立场是企业自身运营环境和追求最大利益的立场，但专业投资银行的立场则不同，是站在市场与行业的环境中追求客户与自己的共同利益最大的立场。对企业而言，投资银行不过是一个顾问。对投资银行而言，企业不过是一个自己的产品，自己要进一步加工改造而创造出一个市场需要的商品。因此，投资银行的增值服务就是重组企业品牌、商业模式和管理团队，让企业的潜在价值体现出来，被市场投资者充分认识到，对市场讲出一个企业未来的大故事。

第二，谈判的交易报价。投资银行要讲大故事就要侧重企业不熟悉的或者不擅长的视角发挥特长。站在卖方立场的投资银行，可以大讲行业成长的趋势，市场占有率的空间，企业可以并购成长获得更大的动力；讲企业管理团队的优秀与专业，与国际同行的合作，创新技术的应用；讲社会责任水平，行业标准的制定能力和支持政策的出台；讲资本结构调整导致负债成本下降，更多基金股东加入增加并购能力，等等。投资银行的报价可以在原来定价基础上大幅提升，甚至翻出几倍。

反之，站在买方立场的投资银行就讲完全不同的故事，如市场已经下行，更多国外竞争对手入场；如管理团队没有股权激励，人才流失严重；如工艺与技术已经严重落伍，创新无力；如环境污染严重，负债严重，现金流困难等，以大幅压低企业报价。同样的企业，买卖双方的投资银行团队都可以站在不同立场和视野上讲出全然不同的故事，提出差距巨大的报价，这是正常的，也是谈判的基础。

第三，协调价格，完成交易。投资银行讲故事的目的有多重，一是影响客户的心理预期，二是探视对方的底线，三是讨价还价。故事本身会感染人，会影响参与者的视野和信心，好的故事可能奠定了最终交易的结果。我参与的大量并购交易中最多的工作就是这个阶段，也是最令人兴奋的过程。把一个不可能的价格谈下来或者谈上去，非常有成就感。当然，同时也有商业利益。

这里，我用一个当年的案例。新加坡一家著名公司与中国一所著名大学合作投资了一个生物科技公司，多年来效益不好，双方冲突非常激烈以至于负责人根本不见面。我应新加坡方面邀请担任财务顾问，希望以成本价退出，而大学方面放出狠话，不仅不退而且反诉巨额赔偿，而且不接待新加坡人入校见面。我分别与双方领导多次沟通后，感觉公司业务正常而且非常有前途，问题在于双方主要负责人的性格。新加坡方面因为出钱而傲慢，安排高出中方十几倍工资的新加坡人入驻公司。他不懂业务但对中方颐指气使，参与太细，连办公桌的颜色都要干预。中方负责人是学者，资深教授，主导业务和处理政府关系。双方所有事情都针锋相对，不愿做任何妥协。结果不仅双方经常开骂，而且动手。

双方不愿见面讨论，纠结于现实矛盾无法走出困局。我就从公司业务发展的立场设计出一个进一步投资收购相关业务后出售给香港上市公司的方案，同时也协助他们找到两家公司竞购业务。根据测算，新加坡公司需要再投资几千万人民币，中方这家大学可以将相近的其他几个校办公司并入这个公司。如果顺利，可以在一年内完成境外的上市公司收购。新加坡投资可以全额收回成本后还有几个亿利润，而中方更是套现几个亿。最后，我们通过半年的十几次讨论，双方密切合作，在一年半之后完成全部目标，皆大欢喜。我们在深圳举办了一个隆重的庆祝仪式，特别邀请香港著名主持人主持仪式，双方领导人现场拥抱互道祝贺，而在不久前他们还发誓要打断对方的腿。

投资银行的故事不能局限在企业的立场和视野上，必须有更大的格局和魄力，才有可能感染对方，创造出新的共识。因此，定价不是给企业的历史和现在定价，而是给企业的未来定价。

老板定价，财务总监定价和投资银行定价都有各自的思考方式，三个定价方又会在定价过程中彼此不断激励而调整。最后达成交易的价格并不是单纯采纳或否定任何一方定价，而是共同妥协的结果。

需要强调的是，交易是双方的共同行为，买卖双方都会各自有自己的三个不同层面的定价。因此，在至少有六个以上不同定价模式的复杂磨合与妥协过程中，以为单纯用几个会计或数学模型就可以把握定价，显然是过于天真了。

一个有趣的定价案例

行文到此,我想到一个亲身经历的有趣的案例。我喜欢美国著名漫画家加里·拉尔森(Gary Larson)的一幅漫画。图中一个人类学家访问一个原始部落,几个土著人立刻将所有现代化的东西统统藏起来,因为他们知道人类学家感兴趣的是他们的土著状态。

加里·拉尔森作品《人类学家来了》

很多企业家也非常了解社会需要什么,他们会在激烈的并购交易谈判结束后,在高尔夫球场上或酒吧里握手言欢。然后安排专业人士将最终定价包装成漂亮的 PPT 或并购报告。养兵千日,用兵一时。许多名牌大学毕业生或者海归学者就有了用武之地。他们用各种复杂的财务与商业模式,一大堆数据和希腊字母构成的复杂方程,将最后定价表达到小数点的后几位。

在交易成功庆典上,老板们一脸憨厚的样子,拒绝媒体采访,声称感谢时代,感谢改革开放,只想多做事情。西装革履的年轻人则侃侃而谈,感谢老板知人善用,不拘一格,让自己有机会应用海外所学,说出一串诸如 CAMP model 或 WACC model 之类的模型,得出科学的交易价格。许多教授深受感染,愿意参加整理,最终形成某些商学院的重要案例。

我熟悉的许多并购案例与传媒上渲染的事实差距甚远,有许多背后的故事都被抹掉,这是企业在现实生存的需要。业内人心知肚明,不会讨论,当事人更是偃旗息鼓,专注下一个目标。但是传媒上被津津乐道的故事有可能就成了某些商学院的经典案例,一定要当心啊。

公司估值的模式与参数

记得当年我在长江商学院给 EMBA 学院讲三天的并购课程。第一天,每个学员面前都有一个统一购买的计算器,我很纳闷。学院告知,许多教授讲财务时经常让大家计算模型。我立即告知大家:"我大学就是学会计出身的,我的工作也是做财务分析,看了几百套财务报表了,但是几十年还真没有用过计算器。为什么?这不是大学会计课堂,诸位都是企业家,是EMBA 学员,是 young and potential,年轻有为。你们学习的是战略思考和管理,是道,不是术。你们应该把握格局和视野,理解并购交易,了解如何去聘用好的律师和会计师,不是写合同和做报表。"

并购的财务是公司财务的一个重要部分,比制造、销售和管理财务更为复杂，涉及公司的生命周期和成长潜力，涉及资本市场和融资业务。并购交易的主导者通常要聘用多个会计、税务和审计专家来处理复杂的财务细节，也可以有专门的并购财务学课程。公司估值的模式每年都有新花样，新术语，那是专业财务人员的事情。作为企业领导者和并购战略参与者，最需要把握的是公司估值的几个基本模式和关注点。

公司估值的三个模式

判断一个公司的价值通常有三个思考方向，也就形成了三种基本模式。

首先，面向历史的评估。公司创建以来的所有成本评估，包括可见资产和不可见的品牌、渠道和客户等资产，现在还要考虑数字时代的数字资产。这就是会计上通常讲的"成本法"或"资产价值评估法"。一般就是将企业账面资产汇总或者是以当下的市场价格重置资产，这是静态的历史成本法。

其次，定位现在的评估。确定公司所在的生态圈和产业价值链，观察左邻右舍同行和上下游企业，从目前的赢利水平、市场份额、行业地位等因素判断公司的估值区间，这就是会计上讲的"比较法"。

最后，面向未来的评估。根据公司的现金流、赢利预测和行业发展空间等因素测算公司未来的收入总量，评估公司的现在价值，也就是会计上所讲的"现金流贴现法"。这个模式的核心在于公司的现金流预测和市场利率水平，同时表达了公司自身运营状态和市场状态，成为公司价值评估最常用的方法。

这三种模式每个都有不同的变种，在特定条件下加入特定的参数，但大的思考方向是不变的。在实际操作上，对成长良好的公司，一般都采用现金流贴现法。对处于困境的公司，习惯用成本法和比较法。不过，经常三种方法都会在并购交易中同时为出售方或收购方采用，因为差额较大而成为讨价还价的工具。我们需要时刻记住，会计模式的运用是谈判的工具，不是最终结果。在确定公司估值的战略上，不要被具体参数迷惑或过分纠结技术方式，要见林不见木，或者先见林后见木。

评估企业的内部参数

在采用估值原则基础上，与一般的财务分析不同，交易当事人会重点关注几个可能影响估值结果的参数和表外的重点。

◎ 现金流。现金流是企业的血脉系统，血液循环是否流畅，能否不断造血和换血，这是企业的生命线。传统财务主要是看两张表，体现企业规模的资产负债表和企业赢利状况的损益表，对于并购财务，现金流表才是关键。一般的现金流表体现三个部分，维持企业正常经营的现金流，支持企业成长的投资业务现金流和融资能力的现金流。三个现金流是互为支撑的关系，融资能力现金流体现企业的未来价值，即使前两项暂时出现问题，有不断的融资现金流入，企业就可以正常运营和发展。许多新兴科技企业和互联网企业尽管长期亏损，仍然可以从股权投资基金和其他长期信用机构获得融资。

◎ 利率的选择。企业获得各类资本的利率水平非常重要，融资方式与渠道在特定的市场环境下决定企业的生死存亡。资本成本决定企业运营的规模与周期，能否随时调整利率水平降低资金成本，这是企业资本运营的核心。

◎ 资本结构。现金流和利率水平共同制约企业的资本结构。股权资本与债权资本的配置比例，不同债权之间的期限匹配、品种匹配、利率匹配等都是重要指标，同时也要考虑包括可转债之类的衍生产品。

◎ 管理团队。人才是企业的核心资本，也是最重要的生产要素。团队骨干的视野、专业能力、年龄匹配和合作精神等都是重点的评估因素。特别是在创业企业估值上，人才更是被放在第一位。我们经常遇到并购交易谈判过程中，收购者干脆挖走整体团队另起炉灶，而放弃了标的企业的其他一切资产。

◎ 应收应付款。许多企业善于将可疑资产隐藏在这块业务中，当然也有很多企业看不到这块业务可以挖掘或重组出新的生机。不同产业和不同企业在这块业务中都会有全然不同的财务指标、沉淀或者周转模式。

◎ 表外项目。许多运营和投资未能形成明确效果的业务，或者与主业关联不大的创新项目，往往会放在财务报表外，也包括担保、租赁和外包等项目。这个部分需要仔细甄别，表内和表外的许多业务可以互相转换，有可能形成或有负债或有权益。

◎ 品牌价值。企业长期经营建立的商业信誉和客户口碑等形成商誉（goodwill），这个品牌价值可以形成超额利润，也可以资本化，成为财务报表上的资产。当然，商誉价值的评估和资本化是需要专业机构确定的，不是企业随心所欲的愿望。记得当年在三亚的一个酒店里遇到一位山东的著名企业家，出席品牌价值庆祝会，据称他个人品牌价值达到几百个亿。我还是很少碰到这种贵人的。

◎ 法律诉讼。这个很好理解，不需要特别解释。

◎ 知识产权。包括企业商标专利、版权、商号、商业秘密等各种软性知识需要梳理确认。

◎ 数据资源。过去是企业机密的运营信息，没有特别体现出资产的价值。但是在进入大数据和数字经济时代后，企业的生产、销售和财务信息等内部数据和所有外部数据都会成为重要的生产要素。数据资源将成为未来并购交易的重要资产内容。

评估企业的外部参数

企业并购交易的方向就是开拓更大的市场空间和产业跨度，企业经营的外部参数是并购评估的重要内容。其中包括：

◎ 行业趋势。需要了解并购标的企业所在行业的宽度与厚度，市场空间，包括产业转换的成本和产业周期等。当代经济格局下，各种产业划分已经越来越细致，同时也越来越交融。企业并购的价值可能需要在多元框架下思考，例如，我们曾经收购的一个矿山机械企业转化成园艺工具的制造商，同时又为几个海港制造特种装备。
- ◎ 产业链分布。主要指企业上下游供货商和使用客户的稳定性与成长性，同时也关注企业所在产品与服务的生态圈的稳定性与成长性。我们曾参与收购的一个医疗设备企业，收购交易很成功。但是两年后，它服务的几个主要客户由于行业采购政策改变而无法继续维持生产，导致供应链条断裂而不得不再次转让。
- ◎ 环境成本。基于社会责任意识和环保政策的升级，必须考虑企业在这个领域的未来投资或费用成本。在碳中和条件约束下，这个成本往往成为并购交易的首要前提。
- ◎ 社会资源。并购标的企业在当地商业与社会生态中的社会资源主要指的是与监管机构、与社区居民、与文化教育甚至与宗教环境等的关系。并购前的企业运营已经成为当地社区的一个部分，并购后，股东和管理团队的变化可能使这个同样的企业忽然成为外来人，需要重新维护和造就运营环境。

案例：飞利浦收购孔雀集团

并购定价不是一个简单的财务处理，是涉及许多表外因素的复杂过程。每一个并购案的定价过程都是针锋相对的谈判和背后各种因素的角力。我选一个可以公开的也具有一定行业影响力的案例加以说明。这是发生在 2002 年间的外资收购国有企业股权的交易，得到政府直接指导，后来财政部将之作为一个经典样本而推广。这个收购案也成为 2002 年中国十大并购事件之一。

政府聘用市场顾问

苏州孔雀集团是政府控股的大型国有企业，与荷兰飞利浦公司合资生产彩色电视显示屏，外资占股比例很高。双方合作近 10 年，关系良好，但长期亏损，稍有盈利也是取决于外方的价格转移机制。政府意兴阑珊，希望出让控股权，套现改做其他投资。飞利浦公司也愿意控股，便于投入下一代生产线，同时布局长三角区域。双方讨论多次，但互相报价的差距太大，拖了两年。

我的顾问公司当时在苏州连续做了几个国企的改制，也在辅导几个企业上市，特别是处理了一个历史遗留的苏州期货大厦烂尾楼，将其迅速盘活，获得高度认可，主管市长邀请我们担任苏州政府的顾问，尽快完成交易。

我在与主管市长、主管局和企业负责人反复讨论后，提出一个报价底线，大大高于政府的预期，也自然高于之前政府提出的正式报价。经过政府办公会议审定和一些必要的政府程序，我们正式与孔雀集团签约，以财务顾问的方式介入谈判。政府聘请市场财务顾问，当时在苏州和江苏省还没有先例，也得到了财政部主管部门的关注。

公平的谈判地位

第一次见面，飞利浦方面就给我一个下马威。他们在上海的负责人带来一个四大所之一的顾问团队准备与市政府进行新一轮谈判，非常意外地发现我们的参与地位。他们委婉提出抗议，希望继续直接与政府讨论，被政府明确拒绝。他们便以了解顾问公司资格为名，要求我们提供公司和主要谈判人的简介。

尽管感觉不舒服，但我立即答应，当天就提供了公司和三位参与人的工作简历。同时，公平起见，我也要求所有飞利浦人员和顾问同样提供简历。写简历对于中国人是习以为常的小事，但对于几位荷兰人就非常痛苦了。于是，一整天就过去了，尽管双方没有任何实质交流，但是，他们开始认真对待我们了。

顾问之间的默契

接下来两天，双方报价仍然离谱，特别是我们提出一个更高于之前的报价，对方非常恼火。他们干脆提前离开，全权委托他们的顾问与我们讨论。双方顾问尽管报价不同,但立场是一致的,尽快完成这个交易,都可以获得相应的收益。因此,双方谈天谈地谈友谊,共同摸清了彼此的委托方都希望尽快完成交易的决心和内部程序。重要的是,我们了解到飞利浦公司在上海的负责人并没有真正的决策权,对这笔巨额的交易,真正的老板还是在荷兰总部。于是,我们一起策划了邀请荷兰总部负责人直接来苏州谈判的方案,这边由市领导出面邀请。果然,荷兰总部确认派高层前来谈判,这就明确表明了飞利浦志在必得的态度,我们对报价有了一个信心。

政治压力

两位荷兰总部高层专程赶来苏州,向市政府表达了加大投资的愿望,但同时希望能低价转让股份。他们给出很多理由,其中一个是,美国刚刚发生了"9·11"事件,全球经济恐慌,市场下降,飞利浦这时候来中国投资是提振信心,应该给予低价转让的鼓励。另一个是,飞利浦公司董事长与中国国家领导人具有私人情谊,每年都会见面,可以直接通话。这就是明显对我们施加政治压力了。

我参加了与政府的高层会见,也以授权顾问的身份非常客气地回应:美国的"9·11"事件有宗教因素,与伊斯兰国家的冲突可能开启了"圣战"(美国时任总统小布什的原话)。飞利浦集团当时在亚洲最大的生产基地在马来西亚,恰恰是伊斯兰国家,更应该考虑向中国转移了。另外我特别强调,我们都没有机会能见到中国国家领导人,如果飞利浦董事长可以与中国领导人讨论这件事,请他关注苏州,给予指示或者考察,那正是我们求之不得的大好事,我们要特别感谢飞利浦公司。如果有这样的机会,建议暂时停止商务谈判。同时,我特别说明,国有资产必须保值增值,这是财政部的规定,如果要调整,我们需要飞利浦公司能够提供一套国际标准的估价模式和相关数据,我们可以做工作。

争取谈判时间

很快,飞利浦集团又来了一批人,这次有五个老外。除了总部的两个人,他们又专门从欧洲另一个国家派来三位,其中两个是印度博士。进了谈判室,他们立即挂上了大屏幕,两台电脑一起上。先给我们大讲一通飞利浦公司在全球布局和与并购交易相关的各种数据,然后给我们写出一堆模型来。

这个架势,我已经多年没有见到了。当年在美国学的一点评估模型早已经忘掉,而且也过时了。我立即电话邀请市政府主管秘书长孙林夫先生赶来现场救急,我请他坐在谈判桌上就好,不用发表任何意见。然后,我提出,鉴于市政府领导高度重视,参加谈判,因此,我们要用中文翻译,便于领导理解。对方虽然不满,但也无奈,就请了一位台湾翻译现场工作。

2001年3月,我与代表政府参与苏州孔雀集团交易谈判的时任政府副秘书长孙林夫(右)一起

可以想象这位外行翻译应对复杂的财务模型的各种混乱。结果，原定三天的定价讨论，两天还没有展开一个模型。飞利浦方面无法承担这个额外的时间和专家费用，只好按我们的请求，将整个模型和计算过程，以及相关数据拷贝一份给我们慢慢研究，约定下个月再来。

财务模型和数据

我们争取到了时间。回到北京后，我立即请中国社科院的朋友们帮我找到几个刚回国的财务专家，拆解模型和分析数据。他们使用的是修改后的 WACC 模型，就是加权平均资本成本法，是按各类资本所占总资本来源的权重加权平均计算公司资本成本的方法。这个模型需要确定一系列参数才能估值。我们有两个重要的发现：第一，他们采用的 WACC 模型在展开中有两个技术性错误，虽然不影响结论，但毕竟是用错了地方。第二，要使这次并购估价进入我们预定的轨道，9 个相关参数中必须有 4 个由我们选择，其中最要紧的是中国彩色显像管与相关家庭消费品的市场指数。他们采用的是欧洲的指数，而中国当时并没有类似指数。我们立即聘用了一个机构参考日本的类似指数，尽快编制出中国的指数。大概用了两周时间，第一个中国的行业指数出来了，符合我们的方向。

谈判技巧

一个月后，双方再次聚集苏州，还是原班人马，这次用英文交流。我们首先提出抗议，指出对方用错误的模型误导我们。我们演示模型的推算非常娴熟，两位印度人当场无法回应，立即叫停谈判，他们自己内部要讨论。下午，他们承认是有疏忽，用错了数据，但他们认为这些小错误并不影响最终结论。我坚持要求他们出具一个正式的文字道歉，因为我们要给市领导汇报。他们商量了半天，最终同意写几行字道歉。我们立即将这一页纸打印并塑料压膜处理，每天都放在谈判桌上。对方在这样的心理压力下，非常诚恳而谨慎地与我们讨论所有细节，全无刚开始的傲慢态度。选择了一个比较轻松的时段，我以漫不经心的方式谈及，中国的市场用欧洲的指数并不太合理，至少也应该参考日本人的指数。来自荷兰的负责人非常赞同，明确告知找不到中国的指数，否则应该采用。我们就等这句话，第二天，我们同时拿出了中国指数和日本指数。

交易成功

经过几轮细节数据和参数的谈判后，我与对方的顾问一起画了一个坐标图和估值矩阵图，将各种参数数值加入其中。讨价还价的过程，就是几个参数的增减和调整问题。我们上午失去的参数估值，下午再通过其他参数找回来。到最后一天时，我们双方的估值已经比较接近了。按规矩，我们双方要留下一个空间，给双方老板最后拍板。一周后，双方决策者决定将彼此差额各自消化一半，完成交易合约。

大体三个月的几轮谈判，我们将中方转让的股份金额超出了对方原始出价的5倍，也超出政府规定的底价1倍多，皆大欢喜。主管市长两次专门宴请我们团队，我也多次到省里和财政部有关部门讲述这个案例，当时，国有资产的估价与引进外资的优惠两个政策经常有冲突，如何处理，没有一个样本，这个案例引起了许多省市的关注。

有点遗憾的是，我当时并没想到会卖到这个价格，只是以完成一个政府任务的心态，要了一个交易成功的顾问费，本来可以按比例提取更高的收入。

几点经验

这个案例成功的核心有几点：

第一，当时的市场局势和政治格局已经确定，双方决定转让已经是最终决策，邀请顾问参与是希望争取更好的谈判利益，也符合所谓的国际惯例。财务顾问的能力在于准确把握决策者的决心和方向。

第二，双方地位的平等和功课准备非常重要，态度和细节决定效果。

第三，定价不只是技术，更是政治、世故与经验。中国市场的影响力，中国数据与指标体系的特殊性，当地政府的政治支持等都是需要纳入谈判的重要因素。

第七章

谁给并购提供融资

并购的江湖

做并购当然需要有融资，特别是以小胜大，以弱胜强，这类精彩的并购故事激励了无数创业者和企业家投身并购市场。以企业自己的积累做并购当然很安全，但是发展太慢，也失去了并购的真正创新意义：从无到有。以外部融资做并购，这是并购交易者的期待。

中国有没有这个并购融资的环境？美国的并购融资市场是如何起步的？并购基金是如何成长起来的？这些问题就是本章的内容。客观地说，中国的并购融资市场还刚刚起步，困难极多，但这也正是新一代并购交易人的时代机遇。

从米尔肯的垃圾债券谈起

结缘米尔肯，推动中国高收益债券观念

2005年，我陪同一家大型国企医药集团领导人去美国讨论融资，第一次见到了大名鼎鼎的迈克尔·米尔肯。他也邀请了几位美国在亚洲国家担任过大使的人陪同，以示重视。当我们介绍到将与辉瑞和默克等全球医药巨头见面的日程时，他突然打断，非常简短而有力地说，你们没有必要见他们，他们是即将消失的恐龙，你们应该与今天和未来的企业家见面，我来安排一切。然后就喋喋不休地谈美国医疗行业的改革和米尔肯研究院在美国医药界的领导地位。

米尔肯是活跃在美国20世纪七八十年代的重要金融家，被传媒称为

"垃圾债券大王",后因六项违规行为被判刑并罚款两亿美金,成为传媒和大众眼中华尔街罪恶的象征人物,一时间家喻户晓。2020 年,美国总统特朗普宣布对米尔肯特赦。在白宫发布的特赦声明中,米尔肯被描述为"美国最伟大的金融家之一,是在公司金融领域使用高收益债券的开拓者"。该声明还表示,当时针对米尔肯的指控是前所未闻的(Noval),而且"其中的一位主要起诉人也在日后承认,对米尔肯的指控在之前是不被视为犯罪的。而米尔肯之所以最终认罪,也是为了换取对其弟弟的不起诉"。

2018 年在上海,我提到当年与他一起被判罪的十几个人后来都陆续宣布无罪了,他为什么当时就认罪缴纳罚款,而不是抗争?他回应:"我是无罪的,但与政府纠缠不值得,浪费时间,我还有很多事要做。而且我有钱,钱就是用来买时间的啊。"

米尔肯创建了几十年的米尔肯研究院(Milken Institute)和米尔肯论坛非常有影响力,他每年邀请 2 000 多名业界人士在洛杉矶集聚三天,讨论全球的发展趋势。他本人的精力更多放在教育和医疗领域。他投资 5 亿美元建立了胰腺癌治疗基金,网罗全球专家,取得了重大突破。《时代》杂志将他再次作为封面人物报道,指出他帮助胰腺癌领域科学突破超越其他癌症治疗约 50 年。他不仅治好了自己的癌症,也帮助曾经担任纽约市长和美国总统候选人的鲁迪·朱利安尼治好了胰腺癌,而朱利安尼正是当年起诉米尔肯的首席联邦检察官。

"垃圾债券"的来源与核心

米尔肯 20 世纪 70 年代毕业于著名的沃顿商学院,身为犹太人,在当时的华尔街还无法找到合适的职位。他在美国费城加入一家三流的证券公司德崇证券负责债券交易业务。当时的交易员都在交易热门的知名企业蓝筹股票,米尔肯却专注于几十种长期被遗弃很少有交易的中小公司债券。这些公司经营不善,债券票面价值早已跌破发行价,无人问津,被称为"垃圾债券"(Junk Bonds)。但米尔肯跟踪研究公司状况,频繁地低买高卖,居然获得比蓝筹股更高的收益。

公司老板不断增加他的交易授权,他连续多年将投资获得翻倍收益,成为公司的交易明星。同时,米尔肯还发表了学术论文并接受主流媒体采访,认为这些中小公司的创新能力和转型能力被市场低估,他们是翅膀受伤了的"坠落的天使",应该得到呵护和支持,可以成为伟大的企业。他将"垃圾债券"称为"高收益债券"(High Yield Bonds),吸引了更多人参与交易,扩大了市场规模,也将公司债券做成主流业务。

1974—1976 年,米尔肯所带领的团队,连续 3 年获得了全美最佳业绩,他成为德崇证券最当红的分析师。被提升为投资部门主管之后,米尔肯发现市场上的"垃圾债券"有些不够用了,于是又主动去制造"垃圾债券"。他挑选了一批资产不多,利润微薄,信用等级不高的高新科技创新型中小企业,通过发行"垃圾债券"的方式来帮它们融资。

在 20 世纪 80 年代,他将公司债券业务搬到加州独立运作。他雇用了大批交易员,打破交易员局限于交易市场的规则,同时也建立了与投资银行和中小企业的深入联系。他控制了公司债券市场的定价,帮助了大量企业融资,推动并购交易。一大批成功的企业家信任米尔肯,愿意提供资金帮助他创造"垃圾债券",形成了一个事实上的债券王国。1977—1987 年,经过米尔肯发行的"垃圾债券"额度达到了 2 000 亿美元,其承销的"垃圾债券"就更多了,仅 1986 年,就有 1 250 亿美元。米尔肯帮助德崇证券成为美国一流投资银行,同时也给他本人带来巨额收益。1985 年,米尔肯的薪酬收入是 5.5 亿美元,震惊了华尔街。

米尔肯帮助了大批创新公司成长,收购了许多美国产业巨头。他与企业界和投资银行界的密切交易引起监管业关注。1990 年,SEC(美国证券交易委员会)控诉米尔肯操纵债券市场,最终米尔肯被判刑罚款,而且终身禁止从事证券工作,直到 20 年后被平反。

高收益债券市场在中国的机会

2007年和2008年,我两次应邀参加米尔肯研究院主办的全球经济论坛并担任论坛嘉宾。2012年3月,我和米尔肯再次在北京见面,他非常关心中国的高收益债券的设计和市场规则,希望了解中国金融演化的历史脉络,强调高收益债券是一个市场行为,而且是在几十种金融工具的网络交互作用中才能设计并发挥作用,"没有什么是垃圾的,只要有需求,就应当有供给,这才是金融的核心"。他说:"美国的次贷危机不是金融的危机,是不懂金融的危机。"

2012年,我和米尔肯(左)在北京讨论金融博物馆的合作

公司的资本结构或者是融资结构直接影响公司的价值，这是商学院理论，也是现实市场经验。根据不同的市场环境，选择不同的债务和股权比例，运用不同的金融工具，这是保证合理资本结构、提升公司价值的前提。中国金融市场起步很晚，发展很快，美国百年金融市场的所有工具，我们大体在20年就照搬过来了。但是，一个根本的区别是，美国的金融工具是在监管的基础上由投资银行、企业家和金融家共同讨论设计并交易的，我们的工具则是在监管者的头脑中设计并要求所有市场参与者必须削足适履地运用。高收益债券这种工具如此高调地、自上而下地推动，短期内也不会脱离原有路径依赖。因此，我们应当抱有积极乐观的心态，但要警惕行政监管的变形，即更适应监管资本流向的需求，而不是适应资本效益的需求。

中国资本市场从一开始便是顶层设计的产物，在与全球经济接轨的压力和内部改革的动力下形成独特的成长轨迹。如同中国经济规模的迅速提升一样，中国资本市场迅速进入全球重要市场的事实，很容易给监管部门和参与者以自信，似乎可以通过行政力量来左右资本市场的需求和供给，可以随心所欲地引进和制造金融工具和调整金融结构。金融资源分配的需求和监管的需求比市场的需求更重要，这是非常危险的想法。高收益市场的开发能否沿着市场推动的路径前行值得关注，其中价格信号是最重要的指标。如果监管行为扭曲了市场利率和不同工具的匹配比例，不能由供求双方自主决定，这种基于稳定市场的管制将瓦解高收益债券的真正作用。

2022年7月，中国证监会、国家发展改革委、全国工商联联合发布关于《推动债券市场更好支持民营企业改革发展的通知》[①]，提出：

（一）加大债券融资服务力度。推动更多符合条件的优质民营企业纳入知名成熟发行人名单，提高融资效率；适当放宽受信用保护的民营企业债

[①] 参见：http://finance.sina.com.cn/jjxw/2022-07-26/doc-imizmscv3509218.shtml。

券回购质押库准入门槛；鼓励证券公司加大民营企业债券承销业务投入。

（二）积极推动债券产品创新，引导资金流向优质民营企业。大力推广科技创新债券，鼓励民营企业积极投身创新驱动发展战略，优先重点支持高新技术和战略性新兴产业领域民营企业债券融资，推动民营企业绿色发展和数字化转型；鼓励发行小微企业增信集合债券，支持中小民营企业发展。

（三）培育多元化投资者结构。完善有利于长期机构投资者参与交易所债券市场的各项制度，优化专项排名机制，鼓励商业银行、社保基金、养老金、保险公司、银行理财、证券基金机构等加大民营企业债券投资。

（四）加快建立线上信息交流平台，推出"网上路演""债市互动"等功能，加强宣传推介力度，畅通信息交流；组织开展民营企业债券投融资见面会，增进共识信任。

三个部委以民营企业发债为主题联合发文颇为特殊，显然是应对新冠肺炎疫情长期持续对中小企业的整体运营产生负面影响的金融举措。将政府债券和国有企业债券主导的债券市场向中小企业开放当然有积极意义，但核心原则仍然是自上而下的政策安排和计划金融的扩容，对于企业本身金融创新和投资银行中介机构的市场创新关注不足，因而，市场反响不大。

几十年来，对于高度监管的中国证券市场而言，每隔一段时间就会产生一次大的金融整顿行动，如对城市信用社、信托公司、企业财务公司、地方各种交易所到最近几年里对互联网金融、P2P 金融和金融平台的清理等。在打击非法集资、防止金融诈骗和控制资本"无序扩张"的旗帜下，可能引起市场机制变革的观念、事件和人物始终被严格控制，而导致这些变化的环境动因和具体案例很少被认真对待和客观研究。运动式的监管整顿自然可以保证金融秩序的稳定，但运动式的政策激励同样会压抑市场信号和价格机制，往往导致与预期相反的后果。

第七章 谁给并购提供融资

野蛮人的杠杆收购

20世纪90年代,美国有一部非常著名的电影《别人的钱》(*Other People's Money*),描述一位品行不佳的投资银行家到一个小镇收购企业的故事,里面有非常经典的商业语言和游说技巧,将一个起初被视为野蛮人的投资者成功转变为拯救当地经济的企业家,资本与实业的两种经营观念也从对立到最终达成共识。这部影片成为华尔街教学片,我在几个商学院授课时经常引用其中的片段,大受学生欢迎。

美国《华尔街日报》的两位记者写了一本畅销书《门口的野蛮人》(*Barbarians at the Gate*),再现了华尔街历史上最著名的公司争夺战——对美国RJR纳贝斯克公司的争夺战。四个竞标方参与了竞争,KKR公司最终以250亿美元取得胜利,获得了RJR纳贝斯克公司的控制权。这本书也被拍成电影,从此"野蛮人"就成为许多企业家对外部收购者的鄙视称呼。2015年,深圳万科集团被宝能集团募资400亿公开收购,引发一次激烈的控股权收购战,在回应提问时,王石董事长明确提出:"'野蛮人'不是贬义词,它可能有违背游戏规则、不择手段的意思,但听起来也很孔武有力。所以重要的不是野蛮人还是文明人,而是你守不守规则。"[①] 自此,来自资本界的"野蛮人"称呼再次引起中国企业界的共鸣。

从西蒙部长到 KKR

美国杠杆收购的一个经典案例是由美国财政部前部长西蒙在1981年主导的贺卡公司收购案,他只用了100万美元做投资,借了7 900万美元,收购了这家市值8 000万美元的公司。两年后,他将这个公司卖掉30%,获得了9 600万美元。西蒙的100万美元在账面上价值2.5亿美元。这个案例

---

① 王石. 王石内部讲话全文 万科对野蛮人 say no![J]. 中国企业家,2015.

引起华尔街的震动和广泛仿效，杠杆收购成为创新的金融工具，也正是美国经济走出长期滞胀萧条的时点，风云际会，并购的时代来临了。

要了解所谓的野蛮人到底是什么，最好的样本就是美国著名的杠杆收购公司KKR。克拉维斯（Kravis）和罗伯茨（Roberts）两人是表兄弟，他们在20世纪70年代初一起进入贝尔斯登的企业金融部，在那里他们跟随业务导师科尔博格（Kohlberg）从事收购业务。他们寻找一些拥有优良资产的公司，利用银行的借贷资金收购控股权，重组后再卖出，偿还贷款后获得收益。当时的美国主流资本圈里，企业收购基本是用自有资金，利用银行和保险公司的资本收购是非常创新的行为，也给收购者自有资金带来巨大的收益。

1987年，在科尔博格退出公司后，两位表兄弟更加激进，组建了超过10亿美元的并购基金专门用于投资具有潜力的公司。此时，米尔肯的垃圾债券市场已经急剧扩大，几乎所有的美国商业银行、证券公司和保险基金都建立了交易垃圾债券和用于收购企业的专门基金。这进一步激励了"杠杆收购"的市场。在KKR的收购名单里，收购烟草巨头纳贝斯科最为著名。1988—1989年的这笔大型收购轰动全美。在收购中，KKR一举击败所有的对手，而付出的代价极小。由于公司发行了大量垃圾债券进行融资，并承诺在未来用出售被收购公司资产的办法来偿还债务，因此这次收购资金的规模虽然超过250亿美元，但其中使用的现金还不到20亿美元。从此，KKR和杠杆收购引发全球的关注。

西蒙财长和KKR的巨大收益，特别是米尔肯垃圾债券的助力极大地激励了美国资本市场，杠杆收购成为整个20世纪80年代的主旋律工具。无数大型企业都用杠杆收购的思维方式重组自己的资本结构，分拆整合成为家常便饭。更多的中小企业也纷纷通过发行垃圾债券的方式参与杠杆收购的竞争。当然，也产生了大量的内幕交易、商业欺诈和非法洗钱等活动，引起监管部门的高度关注。1987年，伊万波斯基和米尔肯被定罪，直接导致了垃圾债券和杠杆收购泡沫的破灭。

不过，杠杆收购不再成为明星的真正原因是，这个 20 世纪基于现金流管理而发起的激进金融创新观念早已普及，已经成为基本的商业模式。几乎所有当代企业的财务管理和公司战略都将现金流分析作为核心工具，激烈的并购竞争已经大大提升了杠杆收购的成本，同时公司债券市场也逐渐理性化了。10 年的时间，足够将整个美国的产业与企业资本结构统统洗礼一遍，因此，杠杆收购不是落寞的失败者，而是成为市场常识。

杠杆收购的核心

2006 年，我结识了一位美国资深律师也是投资银行家施迈克（Michael Spiessbach），他在为美林证券、梅隆银行和几个全球品牌公司做并购服务时在垃圾债券上赚了一笔大钱后，提前退休。后来他专注中国书法和古诗词，也出了一本书。他极力主张中国是全球最大的资本市场，应该尽早推动垃圾债券和杠杆收购的业务。他也陪我访问了纽约的一些机构，以及与米尔肯见面讨论。

2007 年，我与施迈克等联合写了一本书《杠杆收购与垃圾债券：中国机会》，重点讨论了：杠杆收购的现实法律模式、杠杆收购 25 年实战体验、杠杆收购的运用、并购融资与垃圾债券、杠杆收购的风云人物、杠杆收购国际案例和杠杆收购国内案例等。作为业内第一本书，大受欢迎。[①] 2012 年，我与施迈克再次出版了《高收益债券与杠杆收购》。[②] 应该说，这两本书培育了一大批中国的从业者。毕竟，市场先从观念启蒙起步。

负债融资比较容易理解，就是借钱的事，但杠杆融资就大不一样。许多人理解中的财务杠杆就是负债比率。自有资本用 1，借了 3，就是 3∶1 的杠杆率。财务管理上讲大意差不多，但用在并购上就别有意境了。杠杆收购（leverage buyout）的核心是用负债的资本去收购企业，用被收购标的

[①] 王巍，施迈克. 杠杆收购与垃圾债券：中国机会 [M]. 北京：人民邮电出版社，2007.
[②] 王巍，施迈克. 高收益债券与杠杆收购 [M]. 北京：机械工业出版社，2012.

企业的预期现金流来支付全部收购成本。并购成功了，支付负债成本后所有收益由少量的自有收购投资获得。如果并购失败了，并购标的企业进入破产清算，收购者只需承担自有资本的损失。而且，在并购者往往同时收取高额管理费的情况下，甚至没有实质性资本损失。这就是典型的用别人的钱收购别人的企业，或者"空手套白狼"。

注意，杠杆收购的核心至少有四层含义：

第一，负债融资。大部分收购资金都是债务融资，由银行贷款或发行公司债券（垃圾债券）获得，往往超过收购资金的90%以上。自有资本非常少，而且并购者会安排被并购企业的管理层参与投资，以管理者股权激励来保证收购交易的完成和日后企业管理的顺利。

第二，用企业现金流支付收购债务成本。收购者发掘标的企业的最重要标准就是有现金流，包括正常运营的现金流入，投资项目的现金流入，重组项目的现金流入（卖掉资产或项目等），甚至包括可以融资的现金流入等。用现金流入的规模与周期对应收购债务的规模与周期。特别要考虑利率水平的高低。如果现金流大于或等于债务成本支出，并购就可以实现控制企业和运营的目的。

第三，并购完成，收购者套现。实业并购者可以使用杠杆收购的手段，但一般使用杠杆收购的都是金融并购者。金融并购者的目的不是拥有和运营企业，而是在收购与卖出的过程中实现价值和利润套现。他们经常讲的是："We are not operating people. We are financial people."（我们不是运营者，我们是金融家。）当然，许多情况下，他们也不是立刻套现，而是将公司交给持有股权的管理者，根据企业成长状态分期套现出场。

第四，管理者持有股权。基于收购者并不参与公司日常业务，只是考量公司的市场价值来决定进场或套现离场，公司管理者就是保证公司按计划运营的核心。因此，收购者一般情况下都是保留原来的管理者，安排管理者低价收购部分公司股权，建立长期管理效益的激励。管理者有巨大的动力来争取现金流的提升，压缩不必要的费用，帮助并购者入场和离场。

第七章　谁给并购提供融资

寻找杠杆收购的标的公司要关注几个条件：
- ◎ 公司价值被低估，市盈率较低，往往是传统产业，具有稳定的历史收益，有大量硬资产；
- ◎ 具有稳定的现金流，用于偿还收购负债；
- ◎ 具有优秀的管理团队，有进取精神和开拓市场的能力；
- ◎ 市场利率较低，可以发行公司债券，同时企业原有负债水平较低。

关于杠杆收购的评价

鉴于杠杆收购是大量利用外部资金，并购者很少投入资本，而且成功则收取全部利益，失败则可以转嫁大部分风险，因此，杠杆收购包括提供融资的垃圾债券始终成为公众传媒、学术界和监管部门批评的目标和道德谴责的对象。

持批评立场的观点是：从具体企业看，管理者与投资者彼此勾结，产生内幕交易，可能低估公司价值，盗窃公司资产，甚至洗钱。这是代理人与股东的利益冲突，监守自盗的案例，必须禁止。从行业看，这是一大批华尔街金融家对实业家肆无忌惮地侵略和掠夺，利用资本市场的市值管理误导企业战略，用野蛮资本来洗劫善良的一大批百年老店，剥夺就业机会导致经济衰退。这就是著名的美国好莱坞电影《华尔街》《漂亮女人》《门口的野蛮人》等的主调，影响了广泛的社会民众。

持支持立场的观点是：从具体企业看，传统产品与工艺已经形成了利益集团，阻碍创新发展，脱离消费者和市场需求，外部资本才能有效帮助创新的管理者改造企业结构，跟上潮流。资本支持创新和更大的效率与利益，不关心情怀不保护落后。必须用外部资本打破一个个传统城堡。从行业看，电信、网络、医药、计算机等新一代的产品与服务必须有更加灵活更加庞大的金融资本支持，垃圾债券和杠杆收购就是提前动员未来的资源来改造现实，满足全新的市场需求和人类幸福感。

从几百年的金融创新历史看，几乎所有的金融创新如支票、信用卡、

ATM 机、比特币等都是有同样的观念冲突，取决于站在历史的立场还是未来的立场上。对于 200 年前的农民而言，工人就是不劳而获的人，不生产粮食，只是挖石头；对于 100 年前的工人而言，白领工人就是寄生虫，整天坐在办公室里，手上没有老茧，不在生产线上流汗；对于 50 年前的白领来说，搞计算机的人就是异想天开的混混而已；对于 30 年前的计算机人来说，互联网和数字经济也是非常不靠谱的世界。可是，世界就是这样走过来的，金融也是这样成为我们越来越陌生也越来越有力量的工具。

金融的一个核心职能就是将闲置的资本引导到产生效益的领域，或者是从低效率使用的领域引导到高效益的领域，引导的动力机制就是价格和利润。从这个意义上说，金融就是"用别人的钱"，做有效益的事。在自然经济体系或农业社会中，产品、土地与劳动是简单的联系，产出或效益可以眼见为实地判断源于土地和劳动，货币和资本的意义不大，仅仅是提供便利的辅助工具，因此，以经营货币和资本为生的人都是不务正业、投机取巧，被排斥在正常社会生态之外。中国的文化和西方的文化都是同样的态度。

城镇发展和进入工业社会后，货币和资本则成为联系生产、消费和社会生活的主要纽带，以看不见的市场价格之手引导资源的流动与分配。银行、保险和交易所等以货币和资本为产品的机构迅速成为控制社会商业与文化的少数权贵阶层，进一步引发了民众和政治家的不解和怨恨情绪，因而，在最近几百年资本主义发展历史中，资本和金融始终是一个具有巨大和广泛争议的话题。阴谋化和妖魔化资本在知识分子和文化圈里永远是受欢迎的主题。直到今天，美国好莱坞的影片中，金融家大多数都是坏人，中国的情况也大体如此。

金融如同阳光、空气和水一样，是人类进步不可或缺的要素，也是现代文明的重要推动力量，没有现代金融体系，我们无法想象今天享受的科技、工业和文化的发展。从事金融工作超过 30 年的笔者，也为此创建了一系列公益的不同主题的金融博物馆，希望将金融作为社会文明的要素展现给公众。

第七章　谁给并购提供融资

资本观念的革命

米尔肯的垃圾债券和 KKR 的杠杆收购组合一起形成了 20 世纪 80 年代的美国第四次并购浪潮，即融资并购浪潮。这次并购浪潮历经 10 年之久，一大批证券公司在从事传统的股票债券承销与交易业务的人，增加了并购与基金投资功能，一大批商业银行、保险基金和信托机构也纷纷参与公司债券交易和杠杆收购的基金投资，大量沉淀资本被激活，被并购机构导流到中小企业和创新企业，许多传统大公司被分解被收购被转型，美国公司的资本结构和美国资本市场的结构同时被重组。从后来的历史观之，这次并购浪潮摧毁了原有的工业产业结构，真正为 20 年后美国高科技公司、计算机公司、互联网公司、生物医药公司等新兴产业奠定了成长的基础。

在资本的利益驱动机制和资本市场的改变过程中，构成经济体系的无数大大小小的公司也经历了一次深刻的洗礼。许多传统公司被资本淘汰，落伍的产业被压缩，创新公司和新兴产业得到资本的扶植。并购交易使得产业中的公司排序也被重新梳理，旧巨头被分解，新领袖诞生。更为重要的是，公司的本质已经产生了根本的变化，在产品与服务的主业外，资本结构与管理能力成为核心要素。其中有几个重要的涉及公司本质的观念改变值得我们特别关注。

现金流分析是公司财务的革命

文艺复兴以来，在意大利商业得到广泛运用的复式记账法成为现代资本主义最重要的记账体系。根据史料记载，精通数学和文艺的宗教修道士，也是达·芬奇的密友卢卡·帕乔利（1445—1517 年）在 1494 年出版了《算术、几何与比例论》，把意大利商人使用了 200 年的复式记账法，做了全面总结。帕乔利因此被视为会计学之父。与流水账性质的单式记账不同，复式记账是将一笔业务同时在公司的资产与负债两个项目下记录，始终表明资金的来源与用途，而且资产负债等量。这种方式有效地表明了公司在任何时间和空间的资产、负债和权益情况，成为股份制公司得以创建和运营的财务基础。复式记账表主要包括资产负债表和权益表，表达日常运营财务结构和经营成果的积累，重在公司的规模与稳定。

20世纪70年代开始，许多企业在正常两张表外，开始关注公司现金的流入与流出过程，发现即便公司在一段时间并不赢利，但仍然有足够现金从上下游合作企业通过预付款和延迟付款等方式流入，支持公司的日常运营。许多创新公司可以提前预售产品来获得现金或股权投资。如果公司有较强的投资与融资能力，也可以通过非主营业务获得现金流。企业现金流量表可以更好地反映经营活动、投资活动和筹资活动对企业现金流入流出的影响，对于评价企业的实现利润、财务状况及财务管理，要比传统的两张报表提供更好的基础。1987年美国将提供标准的现金流量表作为规范要求。

现金流的分析超越了公司日常主业经营的财务分析，将投资与融资能力加入公司竞争力的考量，而且，关注现金流本身也是将公司作为一个产生现金流的一个普通工具，而不再关注这个公司提供的特定产品或服务，甚至特定产业。这正是符合了金融投资者和投资银行的立场。现金流取代公司资产和权益成为未来利润的核心，这是一个具有革命意义的观念变革。

管理者股权是公司治理的革命

传统的公司管理者与生产线和销售平台上的一般雇员一样，只是分工、位置和待遇的不同。在20世纪70年代之前，很少有美国公司给予管理者和员工股权的激励。所有的公司股权都是在上市后通过市场交易进行，由机构投资人持有。普通民众也很少把持有股票作为主要投资。

1981年里根总统上台后，大力推动市场经济和自由主义政策，给企业减税减息，鼓励投资和企业并购交易。一扫笼罩了十多年的经济滞胀、能源危机和美元危机的经济低迷阴霾，释放了大量社会资本进入中小企业和创新企业。特别是杠杆收购和垃圾债券的兴起，使得资本从大型企业和金融机构的长期沉淀中解放出来，涌向具有开拓视野和创新意识的创业者和管理者。在几乎所有的杠杆收购交易中，公司管理者都纷纷得到认购股权的激励，管理者开始真正主导公司的日常运营和长期的资本运营。在20世纪80年代后期，有更多的公司管理者已经取代了并购者的角色，主导向股东提出收购建议书，自己发行垃圾债券或者寻找外部投资人，管理者成为并购发动者。

管理者成为股东而进入董事会，这是公司治理的重要变革。长期困扰企业的"代理人悖论"有所缓解。现代企业中的所有权与控制权分离的现实，非常容易导致控制日常业务的管理者直接或间接地损害代表控制权的股东利益。管理者获得足够的股权激励，可以立足企业长期增长的立场，维护包括自己在内的股东的最大利益。事实上，也正是由于管理者持股的机制，美国公司的稳定性和创新性得到了支持。

垃圾债券是公司融资的革命

20世纪30年代发生了一次世界性大萧条，这次萧条改变了现代经济的结构，也改变了人们对金融的认识。在美国，银行和金融机构大量破产，无数中小企业在银行资金的压迫下崩溃，中产阶级家庭陷于困境。社会突然衰退的悲惨遭遇在整整两代美国人的心中留下深深的烙印。"二战"之后，美国的银行业极其保守谨慎，不轻易贷款，也不能进行投资活动。同样，美国企业也更多依赖自己的结余资本投资，轻易不负债，公司债券市场低迷。当然，美国社会中的个人和家庭更是量入为出，消费信贷市场狭小，在相当长时期里负债行为甚至成为道德的指标，人们谈债色变。

里根政府采取更加自由放任的经济政策后，一个重要的激励就是鼓励银行跨州经营，放松贷款利率的管制，鼓励放款，刺激经济。同时，美国财政部也给予贷款利息可以抵税的政策，从需求方鼓励企业和个人负债。

20世纪80年代初期，美国经济走出滞胀，开始进入长期上升阶段。在经济上升时期，通货膨胀和债息减免大大降低了负债的成本，借债发展是最经济的手段。米尔肯应运而生，他激活了公司债券市场，而且不断创造新的垃圾债券注入。前几批用垃圾债券融资的企业在经济上升阶段都获得了巨大的收益，转身复制经验，参与更多的垃圾债券和杠杆收购活动，这是当时的融资并购浪潮的大背景。

现金流分析、管理者持股和垃圾债券这三个重要的观念革命互相推波助澜，共同奠定了杠杆收购的动力机制。尽管三个观念都或多或少地在不同时期不同领域已经产生，但三者风云际会地组合在一起则是一次公司治理、资本结构和融资工具的革命。

并购贷款：呼唤市场的动力

参考美国20世纪80年代轰轰烈烈的融资革命，反观中国金融体系的演化过程，我们看到了巨大的差距。同时，这也是中国巨大的市场机遇。一个拥有最大外汇储备和大众储蓄的经济大国，一个长期保持最高投资水平的发展中大国，所有资本都强制性地通过商业银行和政府主导的金融机构投向政府鼓励的产业和产品，甚至低成本地通过国际金融机构来配置闲置资本，而这些投资又大部分以高价（无论从利息还是股息来看）投入中国的企业。这样畸形的金融结构当然需要变革，除了自上而下的调整外，更需要自下而上来自民间资本市场的创新和冲击。

如前所述，当年还在中国银行工作的刘明康先生最早将并购交易这个金融机制介绍到国内，随着金融市场的"蓝皮书"（1985）和"纽约白皮书"（1988）的推动，中国的两所（上海和深圳两个证券交易所，1992）两网（北京联办的STAQ系统和人民银行的NET系统，1993）体系基本上奠定了资本市场的雏形。深圳的"宝延风波"和上海与深圳的"君万之争"将企业并购演成了众所周知的大戏，"并购"成为热门词汇。

第七章 谁给并购提供融资

我在 2002 年开始参与创建的中国并购公会（现全联并购公会）始终将推动并购市场发展和建立并购行业规范作为最重要的使命。大约在 2006 年，我邀请米尔肯来北京讲课，也希望邀请中国人民银行的领导参加。但当时他还是美国禁入金融行业的有案底的人物，我需要做些铺垫。我邀请了朱民（时任中国银行行长助理，后担任国际货币基金组织副总裁）、王东明（中信证券董事长）等几位到中国人民银行为几位负责人和十几位相关司局长举办了一次"杠杆收购和垃圾债券"的讲座，获得高度评价。根据吴晓灵副行长的建议，我与一位美国专家施迈克一起编撰的《杠杆收购和垃圾债券：中国机会》出版（人民邮电出版社，2007），后来又再版《高收益债券与杠杆收购》（机械工业出版社，2012）。这两本书都成了当时的专业畅销书，是许多从事投资银行业务机构的重要参考书。

2007 年底，并购公会副会长宫少林等牵头撰写的并购融资提案提交到"两会"，引起社会广泛反响；2008 年 6 月，中国人民银行苏宁副行长在第六届中国并购年会上宣布中央银行积极鼓励并购融资，采用更多金融创新工具来丰富中国的资本市场。

2009 年，时任中国银监会主席刘明康签发了中国并购贷款的管理规则，得到业界广泛响应。北京、天津和上海三座城市相继召开由并购公会和当地金融局联合主办的并购贷款规则推介会。当地主管市长都到场致辞。同时，并购公会委托费国平副会长和张云岭理事等作者立即编撰了一本书——《并购贷款图解 2009》。

2015 年，中国银监会发布最新的《商业银行并购贷款风险管理指引》，用于支持我国境内并购方企业通过受让现有股权、认购新增股权，或收购资标企业的并购交易，以更好地支持我国企业通过并购提高核心竞争能力，推动行业重组。2022 年，中国银保监会修订版《商业银行并购贷款风险管理指引》正式发布，有以下改变：

◎ 适度延长并购贷款期限。由于不同并购项目投资回报期各不相同，部分并购项目整合较复杂，产生协同效应时间较长，因而此次修订将并购贷款期限从 5 年延长至 7 年，更加符合并购交易实际情况。
◎ 适度提高并购贷款比例。考虑到银行贷款是并购交易的重要融资渠道，在当前并购交易迅速发展的形势下，为合理满足兼并重组融资需求，此次修订将并购贷款占并购交易价款的比例从 50% 提高到 60%。
◎ 适度调整并购贷款担保要求。此次修订将担保的强制性规定修改为原则性规定，同时删除了担保条件应高于其他种类贷款的要求，允许商业银行在防范并购贷款风险的前提下，根据并购项目风险状况、并购方企业的信用状况合理确定担保条件。[①]

尽管中国的并购贷款主要是基于监管部门的规则指导，仍然局限在国有金融机构的计划管理范围内，但毕竟将并购贷款作为正常商业贷款的补充成分，给予认可。发源于 20 世纪 80 年代的美国金融自由化运动，在日本被引进并曾称之为"金融革命"，基于制度差异，并购贷款在中国依然是"小荷才露尖尖角"，公司债券市场和管理者收购贷款等西方主流工具还没有引进，还期待未来的市场变化，特别是创业者企业家的努力。我们始终期待并呼唤来自市场的动力。

从面向历史的以净资产、抵押和担保为依托的传统融资观念，转向以现金流、管理能力和市场创新为依托面向未来的融资观念，将推动金融制度的变革。

金融是一种制度安排，也是一种生活态度。金融的核心是通过各种渠道和金融工具的创造来保证资金在供求双方的有效流动，提升消费者福利和企业家经营的安全度。在计划经济下，金融是政府强制配置资源和利益管理的手段，消费者和企业家并不能自由交换资源或者代价极高。过去几十年的金融改革始终是金融供给方不断地调整利益格局，并没有给市场的需求方更多的空间和博弈能力。

---

① 银监会最近确定并购贷款 7 年贷款期限的意义何在？[EB/OL].（2022-03-28）[2022-05-06]. https://m.qhua.net/other/daikuanzixun/145539.html.

我们应当认识到，有了金融制度变革的理念，还需要金融工具的创新。传统的商业银行、保险公司甚至在严格监管下徒有虚名的中国本土投资银行机构都还没有基本的手段来进入这样一个全新的市场。中国中小企业和创新企业都是在过去30年中破土而出，与传统金融体系没有血脉姻缘，而且长期被监管机构苛刻审查，只能在有限的自身资本积累、商业信用和少量创业投资基础上建立资本战略。资本饥渴成为企业的发展瓶颈。我们需要垃圾债券这类金融工具的创新，特别是来自民间的创新，也希冀监管机构能因势利导重构中国金融制度和市场的微观基础。

并购贷款面向未来，传统金融的思维是面向历史的，融资导向建立在净资产、抵押和担保的基础上，没有历史的资产、业绩和品牌便没有融资的机会，而一个面向历史的金融制度显然是没有未来的。并购贷款将关注企业领袖的视野、管理能力和现金流分析，这是面向创业者和企业家的融资，是培育未来的金融思维，是与全球金融主流接轨的制度。这是50年来计划金融体系的重大突破，也是金融革命的先声，值得业界的高度期待和评价。中国新一代的创业家、企业家，特别是金融家，将在并购贷款这个新的领域中成长起来，构筑新的金融制度和经济结构。

并购贷款引领金融革命，现金流分析将取代传统财务报表的分析，管理能力和整合能力将优先于历史地位和特权，私募基金、私募债券、并购交易等新金融工具将取代传统手段成为创新企业的主流融资路径。传统商业银行、证券公司、保险公司等运作空间和操作工具将经历巨大的调整和蜕变。新金融将在监管边缘发展起来，在不断创新服务中壮大。这一场金融革命是在20世纪80年代发轫于美国资本市场，以垃圾债券和杠杆收购为中心，导致了金融版图的全新洗礼。中国经济将同样步入这样的金融革命。

挫折和失败也是金融创新的必然代价。如同任何创新一样，并购贷款推广过程中也必然会出现许多不尽如人意的事情，挫折、失败甚至丑闻，这也是对企业家、金融家和监管当局的智慧的挑战。透明度、规则要求、公司治理、资格控制等措施当然会对防范风险有所帮助，但无法根本消除风险。

当年笔者在美国历史博物馆参观时，看到航空业的艰难起步历史，十分感动。航空业起步的前10年，有几百架大大小小的飞机失事，几百名飞行员和几千名消费者陨落。但是，人类没有因此放弃梦想，今天每天有几万架飞机在运行，几亿消费者都在享受航空的乐趣。任何先进的保护措施都不能避免今天还会有飞机失事，但是，飞机已经成为最安全、最有效的旅行工具了。我们的金融制度同样如此，大部分起初被恶意解释为少数阴谋家创造的巧取豪夺的工具如货币、票据、存折、信用卡、债券、消费信贷等，今天都成为我们不可或缺的生活成分。并购贷款也将成为企业经营的基本工具。

我的并购基金经历

并购基金也是在当年美国的融资并购浪潮中形成的。早期的杠杆收购是并购者选择了并购标的企业，然后发行债券或募资进行收购。随着市场迅速扩大，并购者以自己的业绩和影响力先行建立一支规模较大的基金，然后去寻找猎物。华尔街的各个金融机构包括投资银行、商业银行、保险机构、养老基金和大学信托基金等都建立了各自的基金，寻找并购企业的机会。

并购基金的结构和运作与其他公募基金、私募股权基金和创业基金等模式大体一致，基金管理人（General Partner，简称GP）负责管理基金的募集与投资，基金投资人（Limited Partner，简称LP）负责投资和监管。管理人根据市场变化和特定需求创建基金，邀请基金投资人加入投资，期待未来的投资回报。资金募集成功后，基金管理人筛选项目标的，确定投资协议，管理项目运行和出售转让或上市等。基金到期后，管理人按规定比例收取管理费和项目分成费，利润由投资人分配。并购基金的特点在于主要目标是投资成熟企业，管理这些企业并在以后的并购整合交易中获益。

第七章 谁给并购提供融资

如同其他类型的基金一样,并购基金进入中国非常早。我在 1992 年刚回国不久就参与发起了中国证券市场研究与设计中心(联办)与一个菲律宾家族联合发起的并购基金——国泰财富基金(Chathy Fund),旨在投资中国的创业企业。短短几个月就募集了 8 000 万美元,很快就在新加坡上市成功。基金理事会有退休的部长,有四大国有银行的负责人,有具有影响力的官员等,我当时作为投资经理,参与投资了三四个项目,有农业投资和汽车配件等。

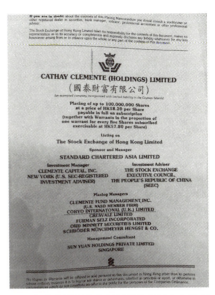

1992 年由中国证券市场研究与设计中心发起的国泰财富基金

当时主导投资的是光大国际信托投资公司的总经理王亚克,他正值盛年,充满活力,急于对接国际市场,在中国信托业主要关注地产和发放高利贷的时期,更愿意投资创新企业和海外项目。他最后因外汇投资失败而入狱,也是可惜。也许因为当时概念在中国还是刚刚起步,许多海外投资者非常积极参与,国泰财富基金在国内项目运作一般,但在海外的市场表现不错,第一期投资者都赚钱了。我当时以南方证券国际部身份投资了 40 万美元,收益翻了一番。时任中国南方证券董事长王景师高度认可这次投资,安排我主管投资基金管理部。不久,我又创建了企业并购部,并购基金的经验算是一个重要的起点。

国际著名的投资财团凯雷大约在 1999 年进入中国,创建外资并购基金,这些基金更多是为他们服务的全球公司在中国布局,以并购公司的方式建立本土基地。美国和欧洲的基金多与中国金融机构联合创建,利用中方资源寻找并购标的和参与管理。例如国家开发银行就分别与不同国家具有影响力的基金联合主办了十几个国别投资基金。以我参与的一家基金为例，简单介绍一下。

2007 年创建的曼达林基金是由国家开发银行、中国进出口银行和意大利基金机构联合发起的专注中欧并购的基金，意大利管理团队主导，中方也派人担任了合伙人。我接受国家开发银行邀请担任专家顾问，参与了几年的业务咨询。有两位曾担任驻华大使的意大利董事非常积极地参与基金业务，中方两位副行长级别的领导也非常投入。投资业绩在同期成立的基金当中表现突出。第一期投资企业包括全球领先的混凝土设备制造商 CIFA 公司、意大利知名工业阀门部件生产商 GASKET、意大利国内第二大原料药和相关医药中间体制造商 Euticals、全球知名包装机械生产商 IMA、医疗软件企业 Dedalus、精细磷化工产品生产商 Italmatch、苏州天马天吉生物制药有限公司、微过滤器生产商 GVS 公司。[①]

其中收购 CIFA 公司是曼达林基金与中国的弘毅基金联手合作，为国内中联重科集团提供的并购服务，被称为经典项目而广为推介。

2011 年，我到温州参加了一个有 800 多人参加的全国会议，主要是由参与民间担保和贷款业务的中小企业负责人出席。对许多监管机构而言，这批人也就是当年的地下钱庄圈子。我做了一个大会的现场发言，核心就是给民间金融正名，反响热烈，后来被当地政府印成内部文件，形成广泛影响。这次讲演也得到曾经担任温州市委书记、时任浙江省委秘书长的认可，被多次推荐（见文后附录）。我也陆续邀请了全国工商联主要领导、中国人民银行主要领导和天津市政府主要领导到温州私访，学习温州经验。有趣的是，我主笔的一篇 4 万字的民间金融调查报告被央行印成文件上报中央，但我已经没有资格看到了。

2015 年 6 月 17 日，由全联并购公会与浙江省政府联合主办的"浙江省资本市场发展暨推进上市公司并购重组大会"在杭州召开，浙江省领导和全省上市公司负责人等 1 000 人出席，是浙江省资本市场与并购重组领域的

---

① 参见：http://www.mcpinvest.cn/about-4.html。

一次盛会。浙江省领导在大会上发表演讲,强调大力实施上市公司带动战略,推动更多的企业上市,推动更多的上市公司并购重组,进一步做优做强,为全省稳增长、调结构、打造经济升级版做出更大贡献。

几次赴温州的考察,让我结识了一大批从事民间融资的朋友。我因势利导地建议他们将贸易融资、民间放款等敏感业务提升为正规的投资基金模式,得到热烈响应。时任民间担保协会会长邀请我加入发起一个10亿规模的温商并购基金,首期募集了3亿元。我们在一年内筛选了十几个项目,投入了5个项目,包括医药、地产和制造业等。尽管后来经济下行,没有继续募集,但首期项目在3年内全部回收,收益很好。

我在大会发言中再次重申了浙江民间资本的作用,建议正面评价温州民间金融的历史地位和影响力,通过基金和并购的方式将民间资本引入资本市场主流。出席会议的浙江省领导会后再次高度评价了这个观点,积极部署浙江省的并购重组规划,他到江苏和上海任职期间也多次邀请全联并购公会到当地开展活动。

在2010年左右,我多次受邀发起或参加各种并购基金,包括海外基金、国内社保基金和地方政府牵头发起的基金。但考虑再三,我只是担任顾问,没有深入介入。除了主导中国并购公会的发展外,我已经考虑创建中国金融博物馆了。一次,两位主管的部级领导一起邀请我吃饭,希望我主导发起一个首期40亿规模的政府并购基金。我非常诚恳地解释为什么不能受命:第一,太辛苦了。我不是骗子,拿钱就跑路,要头拱地地干活。全国到处找项目,与十几万个投资人红海竞争。我已经50多岁了,跑不过年轻人。第二,太焦虑了。好不容易找到项目,用低价进去不容易,还要整天提心吊胆地管理项目,担心受骗。管理几年,即便按计划卖出,市场变化无法掌握。熬到头发全白了,效益还看不到。第三,太危险了。政府的钱批下来痛快,使用起来太难。国有资产不能流失,这是利剑悬在头上。各种审查和巡视都要接待,还要延伸审计。多年后,两位领导还在感叹,认为我看得清楚。这个基金发起时轰轰烈烈,加入了一批华尔街回来的人,但后来无声无息，负责人也换了几拨，现在很少有动静了。

2011年，我在苏州创建了苏州基金博物馆，也许是全球第一家这个主题的博物馆。博物馆特别展示了创投基金、公募基金、股权投资基金（并购基金）和公益基金等领域的历史与现状，包括重要观念、重要人物和重要事件。10年下来，已经成为中国基金业重要的展示与推广平台。我们与中国证券投资基金业协会（中基协）和全联并购公会长期合作连续举办了7届中国并购基金年会，已经成为并购业最重要的品牌。从历届年会的主题和主要参与者可以看到中国并购基金业的关注点与发展的态势。

- ◎ 2012年首届年会主题：基金与财富管理。胡德平、苏宁、魏迎宁和王翔等400人参加。
- ◎ 2016年第二届年会主题：并购基金与杠杆收购。魏迎宁、屠光绍、唐双宁、曲福田、朱民、王翔等400人参加。
- ◎ 2017年第三届年会主题：金融安全与并购基金。郭庆平、屠光绍、高西庆、徐林、阎立、王翔、方风雷、熊晓鸽等400人参加。
- ◎ 2019年第四届年会主题：并购基金的社会责任。陈耀先、屠光绍、魏迎宁、王翔、吴庆文、洪磊、徐林、王波明、赵令欢等600人参加。
- ◎ 2019年第五届年会主题：科技金融创新。陈耀先、阎立、洪磊、吴庆文、王翔、王飓、阎炎、陈儒、唐宁等600人参加。
- ◎ 2020年第六届年会主题：困境资产的重组。屠光绍、王洪章、杨凯生、朱小黄、孙晓霞、王飓、陈春艳、阎炎、赵学军等200人参加。
- ◎ 2021年第七届年会主题：聚焦长三角大重组。黄奇帆、屠光绍、高西庆、徐林、朱民、林小明、万建华、蔡洪平等200人参加。
- ◎ 2022年第八届年会主题：提升上市公司并购竞争力。

附录　我们救温州，还是温州救中国[①]

我上午听到主持人的一句话很是惊讶，她欢迎全国的专家学者来温州出谋划策，要大家"救温州"。温州到底怎么了，为什么需要全国救温州。我就从这个题目展开，谈谈我个人的几点看法。

第一，温州模式错了吗？

首先要理解什么是温州模式。我个人认为，温州模式有这样几个特点。首先，温州商人始终立足老百姓的需求做生意，坚持市场的立场。这才是真正的商人安身立命的根基。其次，温州商人始终在与政府的政策博弈，选择自己的生意和投资。过去几十年，"投机倒把"是一个不好的词，今天大家也理解了。在没有任何政策资源的条件下，商人的投机倒把恰恰是捕捉市场变化的经营行为，无可厚非。其实不仅商人在投机，我们的改革历史也是一部采用机会主义政策的历史。这是求生存的本能。最后，温州商人是从实业起步，逐步聚焦到金融。当年温州是从针头线脑、皮鞋、编织袋等蝇头小利的生意起家的，现在提到温州，大家更多想到是地下钱庄和民间融资。这就是温州的变化。昨天我参观了温州博物馆，看到永嘉学派的重商思想对温州商人的影响，实用而不是信念决定选择。

温州创造了无数优秀商品的品牌，温州商人和生意走向了全世界，而且温州商人的抗风险能力极强。这么多年来，宏观经济一有风吹草动，各级政府和传媒都喜欢到温州抓典型，找问题。在座的很多北京专家都来了多次了，我也来过五六次。但是，每次调整一过，温州又迅速发展起来，抗风险能力也是温州重要的竞争力。

我认为，之所以有温州模式，恰恰是因为过去几十年来，温州始终是

[①] 本文系作者 2011 年 10 月 13 日在全国第十二届担保年会上的讲演稿整理而成。

彻底市场化的区域，成为一个参照系。特别是过去10年来，国有经济高歌猛进，把民营经济排挤到墙角了，温州模式更有市场的意义了。温州模式是成功的，在一无所有的环境中创造出这么大的企业家群体和产业，温州模式值得骄傲。全国都在关注温州，我希望温州模式能坚持下去，渡过难关，把温州模式发扬光大。

第二，民间金融怎么了？

金融不过是一门生意，没有什么神秘的地方。但有的地方政府与民争利，要把金融垄断在自己手里。不容许老百姓搞金融，对已经几百年上千年的民间金融进行封杀，把一门正经生意变成非法，给贴上特殊产业和影响国家经济安全之类的标签。

有趣的是，20世纪80年代清理民间融资时数量在20多亿元，政府打击了20年，结果现在到了几千亿，也有上万亿之说。这就出现了逻辑问题。我曾与浙江省政府领导讲，你恐怕必须给民间金融一个正面的理由。如果它是坏的，打击这么多年却越打越大，"野火烧不尽，春风吹又生"，那么一定是政府无能，官员就应当下台。逻辑上你必须证明它是好东西，政治上才正确。另外，浙江当年没有多少国有资产，也没有多少国有银行的贷款，中小企业却发展成为全球的奇迹，温州民间金融功德最大。

我们老是讲民间金融扰乱金融秩序和放高利贷等。首先，什么是高利贷不应该是政府说了算，应当是当事人来判断。具体案例不能笼统讨论，但我可以告诉大家一个我的判断：当一个金融机构口口声声为客户服务却始终旱涝保收的时候，这可能才是高利贷。当中国中小企业大发展时，中国的银行业大赚钱，这是好事。可是过去几年，中国的中小企业都亏损时，中国的银行业却更赚钱，不能与企业和消费者共存亡，这还不是高利贷吗？

第三，金融创新与监管服务。

30年前的改革需要一批有视野能担当的精英们高层设计，依靠改革政策推动基层的变化。现在，市场经济已经发展起来了，不能依靠自上而下的推动，还是要自下而上的发动，市场智慧远比政府智慧更重要。温州问题只能依靠市场智慧，不能依靠政府救济。市场上有更多的变通，例如担保、租赁、抵押、保理等中间业务应当凝聚力量，实现集团化和跨域化经营。民间金融不能始终停留在做生意的阶段，要学习做公司，有长期经营战略、公司治理和财务透明度。

股权投资是一个重要的转型机会，可以帮助民间金融从地下走到地上，通过公司运作的方式进行投资。不是简单的集合资本炒楼盘、炒棉花、炒大蒜等，或者炒股权，而是从赌上市机会到赌公司的经营。

第四，呼吁监管的改善。

温州目前需要一个良好的舆论和政策环境，希望学者、传媒和主流金融业不要妖魔化温州，下来看看，给予支持。希望政府不要忽悠大家，提出空洞口号和政策，这只能是透支政府的权威和老百姓的信任。例如当年提出的支持中小企业的36条，过了5年又提出新的36条，我仍然看不出来有什么机会实现，也许过几年又要出新的36条了。

应该提出具体措施，例如给中小企业减税政策。另外，建立重组基金来支持重组公司。中央可以给四大银行注资，帮助重组，民间企业没有这个条件，但可以在地方政府层面上建立一些重组基金。公司有了头寸问题，只要不是破产就应该给机会重组，而不是逼迫它破产清算通过强制执法来清算这些有问题的公司，因为这样实际上是再次剥夺。特别是公检法系统应该保持距离，别越位执法或非法介入清算。从报纸上得知许多跑掉躲债的商人这几天又回来了，这是好的现象。至少比起当年清算德隆集团的时候大有进步。另外，能不能允许建立中小企业银行，例如给温州一个实验的机会，让它建立十个小银行与大银行竞争试试。

温州不需要被救，温州可以自己渡过难关，而且，如果温州能有机会依靠市场的力量来战胜危机，给全国中小企业一个模式，那就不是全国救温州，而是温州救中国了。谢谢大家！

第八章

制造并购

并购的江湖

并购交易是供求双方讨论出来的，买方与卖方有需求，彼此有交易的利益，这是并购市场的初级阶段。更多的并购交易是制造出来的，由专业的并购顾问和投资银行等中介机构根据市场需求而设计出来的，他们会游说企业家从事并购交易，发现企业的最大价值。

投资银行和并购顾问到底在做什么？他们的贡献在哪些地方？企业家如何选择并购顾问？如何应对"尽职调查"这类工作？这就是本章的内容。

设计与创造交易

当年在美国留学期间，有两个金融机构的经典广告令我印象深刻。一个是化学银行（后来与大通银行合并了）的广告——The Financial Edge, The Human Touch（可以译为：金融利刃，人性关怀）。另一个是美林证券公司的标识——牛在狂奔：You Make Dust or You Eat Dust（译为：或在前面弄尘，或在后面吃灰）。从几十年的经验中我体会到，争先恐后的创新精神和体贴入微的人情世故，始终是推动创业者、企业家和金融家成长的动力，也是社会商业、金融与经济得以发展的基础。

截至 2022 年 4 月，在中国内地上市的公司大约在 5 000 多家，主要在上海、深圳和北京的三个证券交易所挂牌。中国企业在境外上市的有 1 600 多家，主要在中国香港、美国和新加坡等地挂牌。每年还有几千家公司在竞争上市的机会，有几万家企业在选择与上市公司合作，将优质资产注入上市公司。更有无数的天使投资、创业投资和各种股权投资基金、并购基金等在全国各地搜寻目标，培养下一个"独角兽"企业。与30年前相比，中国资本市场的发达与成熟成为全球市场的一个奇迹，全面改造了中国企业结构、产业结构和经济结构。

中国经济制度的变革当然是第一推动力，这源自一代领导人的全球视野和坚定的改革决心。创业者、企业家和金融家在事业成就感和市场利益激励下前赴后继地创新发展和持续奋斗，真正构筑了坚实的改革与开放的时代根基。不过，所有冠冕堂皇的观念和政策都要落实在无数扎扎实实的企业运营中，特别是表达在无数讨价还价的企业交易中。如同没有商品交易就没有市场，社区生活就会陷于困境，就像疫情封城那样，没有企业交易，国民经济就会陷于停滞和萧条，而并购交易就是企业交易海洋中最为强劲的浪潮。

我们需要特别理解，并购交易不是追求存在的交易（Chasing Deals），而是需要你设计和创造出来。所谓现成的交易都是红海的竞争，几十万个来自券商、投资基金和银行的专业人士在争夺一批达到上市公司标准的企业或资产。恶性竞争导致市场价格被推高，企业股票很可能成为市场上的高价商品而很快被抛弃，跌破发行价。更恶劣的情形是，急功近利的交易可能形成虚假指标，构成商业诈骗而受到追索赔偿。

并购交易是制造交易（Making Deals），是从无到有。不同的投资银行机构和交易者都有不同的背景、资源和风格，选择交易领域和标的的标准也不同，没有什么统一的规则。但是，如前所述，对政策环境、市场变化、企业家的了解和人情世故的处理都是非常重要的因素。也许所有因素都处理好也并不能保证获得交易，但任何一项因素没有处理好就可能导致交易的失败。

基于商业的敏感性，写实战交易案例是困难的，太近的或太知名的案例可能给当事人带来不必要的麻烦，而如果脱离案例环境又会空洞无物，不能给读者以现场感。所以，我只好选择几个距今20年之久的案例做简单的说明。尽管时过境迁，但里面涉及的因素至今仍然发挥作用，仍然可以给我们带来启示。四个案例中，两个是成功的，两个是失败的。

案例一 新希望集团的并购上市

大约在 1997 年，我结识了新希望集团的创始人刘永好，那时他正在考虑集团扩展包括上市的机会。当时的公司上市还是额度审批制，上市机会主要是给中央部委和各地政府的国有企业，民营企业没有合适的渠道申请。新希望还是家族企业，上市后将有哪些变化会影响公司的权力结构和发展路径，大家心里都没有底。刘永好与各个不同的机构讨论，还在去台湾考察农业的飞机上专门邀请我陪同，一路讨论各种上市的方案。他原来准备将资产放入一家中央国有企业的上市计划内，我认为以他的全国政协委员身份和在全国工商联系统的影响力，企业应该有机会在四川省获得独立额度。三个小时的飞行讨论后，他决定还是自己独立上市。

不久后，一天他突然请我到成都见面，晚饭时大约有十几位当地有名的律师、会计师和管理顾问参加。饭后交谈时，我才意识到，大家都希望担任他的上市顾问，而且他们也都曾服务新希望集团多年。实际上，他们

2001 年 3 月，我与新希望刘永好董事长（右）在亚布力论坛上

所有的问题都非常犀利地指向我的专业资格与上市方案,这是一个"舌战群儒"的考试。考虑到他们各自专业特长、提前准备以及未来的配合,我并没有正面地回应许多问题,而是更多地放在重组新希望的故事上。我提出除了内部资产板块的重组外,还要吸收并购相关的国有企业,调整企业的资本结构等。而这些业务在当时都是创新的思路,许多局限于专业经验的顾问闻所未闻。晚饭时剑拔弩张的气氛,到夜半时已经是师生联谊相见恨晚的道别了。第二天,我们就正式签约担任了新希望集团的上市顾问。

案例二　寰岛集团的并购上市

寰岛集团的前身是隶属于公安系统的几个酒店,王福生董事长非常善于市场运营和社会人脉的维护。他多年来一直尝试与几个央企和地方国企联合上市,利用对方的额度指标,但都被拒绝了。1996年出现了股灾,许多股民拉帮结派到北京的中国证监会大厦闹事,经常需要当地派出所去维护秩序。我立即请王福生约了几位公安部主管领导,给他们普及了上市公司与资本市场的前景,建议公安部系统应该充分利用时机与中国证监会讨论合作,给予上市额度指标,维护社会稳定。很快,公安部成立工作小组,我们提出了几个利用资本市场的资金提升社会治安、消防救援和安全设备等方案,得到证监会支持。

寰岛集团就是将海南酒店和相关设施整体资产证券化的第一批成果,也是公安系统的第一家上市公司。我担任了上市和并购的财务顾问。后来寰岛集团陆续收购了各地酒店和足球队等文化项目,也是活跃一时的股票。

案例三　珠海仿真的失败

邓小平1992年视察南方时曾访问了一家当地企业——珠海仿真公司。这家企业的创始人是一位女士,早期海归学生,很有激情,了解资本市场。国家领导人与她握手的照片成为一个重要名片,企业发展也非常好。我担任珠海仿真的财务顾问，主要是推动其在各地收购同类企业，扩大规模达到上市的标准。同时，也参与寻求与各个部委的合作申请上市额度。几次失败后，她想到了全国妇联。妇联没有任何实体企业，当然从来没有被纳入当时负责审批的国家计委和证监会的额度名单里。

我陪她到全国妇联游说多次，最后妇联几位主要领导都出席了。还有两位老红军的夫人拄着拐杖来参加，非常重视。记得当时的主要问题是，上市是不是资本主义复辟了？面对如此时空穿越的话题，我简单解答后，语锋一转："毛主席说妇女能顶半边天，可是现在中国股市有几百家上市公司了，妇联居然一家都没有，问题真是太严重了。"几位老太太一听就急了，手杖敲得咚咚响："是可忍孰不可忍。"于是她们很快就浩浩荡荡地到证监会兴师问罪，加上证监会几位女主管的努力，很快一个特殊的上市额度批下来了。

我们非常兴奋，立刻喝酒庆祝，开始与几家企业正式签约加入上市公司。不过很快，就得到消息，额度的确下来了，但被另一家企业半路打劫了。这个企业赞助了妇联一个很大的项目，现实利益永远比预期利益更有意义。

案例四　成都红光的避祸

大约1997年秋，成都红光集团正在启动一个涉及十几亿资产的重组，邀请我担任财务顾问，希望同时并购其他相关资产，将不良资产部分民营化，卖给管理者。红光集团以电视组装为主导产品，在长虹集团的竞争压力下，产品市场日益困难，特别是国有企业的负担太重。原来，他们希望市里继续给政策维持经营，靠科技含量提高和市场营销发展。但他们的财务总监听到我的讲座，我提出的吸收战略投资和并购的概念，使他们耳目一新，特别是民营化（那时还没有管理者收购这个词）更是令人鼓舞。

当时，成都市政府已经安排了有中南海智囊背景的中兴托管公司担任财务顾问，负责解决与监管机构的协调工作，但他们没有企业重组专家和经验。红光集团与我们签约，由我们负责并购和股权重组事宜。但中兴公司迟迟不愿与我们交流资料，也不愿与我们一起工作。等我们提交重组方案后，中兴公司认为可以参考办理了，更不愿意与我们联系了。尽管红光集团的管理层多次要求我们现场办公，愿意额外提供费用。考虑到复杂的关系，我们最终还是放弃了。

1998年底，我们再次得到红光集团的消息时，已经是红光造假大案了。按证监会的说法，此案涉及：一、编造虚假利润，骗取上市资格。二、少报亏损，欺骗投资者。三、隐瞒重大事项。四、未履行重大事件的披露义务。五、挪用募集资金买卖股票。六、涉嫌犯罪。集团几位主要领导都入狱，中兴托管公司的顾问也被羁押了几个月，且被罚了巨款。多年后，我再次见到这位顾问同行，他已经洗手不干了。

能否得到一笔交易，或者制造出一个交易，除了资源、努力和判断力等因素外，也需要缘分。我见过很多的交易被非常拙劣的技巧糟蹋了，也见过许多平凡的交易被高手做得出神入化，这就是做并购的乐趣。有机会

1995年，在河内，我时任中国南方证券副总裁，与时任中国华夏证券总裁邵淳（右）一起到越南财政部协助筹备越南证券交易所

将自己的见识与能力发挥到极致,这种成就常常比财富更为重要。

客观而言,我在国有证券公司当领导时,主要是利用公司的品牌、资源和资本去争夺交易,还常常以为是自己的功劳和能力。记得我在辞职下海的 1997 年初,当时的国内上市公司大约 500 多家,我自己主导或参与签字的上市公司就有 35 家之多。当时的中国南方证券是中央银行体系产生的三大国有证券公司之一,当然会拿到远比地方证券公司更多的资源和上市指标。不过,可以让我自豪的是,南方证券是农业银行系统创建的证券公司,连续多年比华夏证券(源于工商银行系统)和国泰证券(源于建设银行系统)拿到了更多的上市交易,而后两家证券都在各个城市和各个产业中拥有更为雄厚的客户资源。

我自己创办了并购顾问公司后,失去了政府资源和资本资源,没有资格去做大家争夺的现成交易,不能在石油、钢铁、制造业等当时利润高的领域做生意了,只能在中小民营企业运营的领域去发现和创造交易,这也是我真正体会投资银行和并购业务的起点。没有了特权执照和垄断资本,你才真正有动力和能力去创造交易,提供最好的投资银行和并购服务。

我们需要"尽职调查"吗

错误的翻译

我曾担任上市公司中化国际的独立董事六年(2005—2011 年),负责提名委员会与公司治理委员会。其间我们曾邀请一家著名的国际咨询机构帮我们建立一套公司治理的标准,本来是一个小项目,但对方机构发来了一套厚厚的问卷,大约有几百个问题需要填报。我与对方讨论,大部分项目与本案无关,能否简单一点。不料对方非常傲慢地回应,只要是经过他们公司参与的项目,这是必需的程序,他们在中国的几百家客户都是如此。

那时中国刚刚加入 WTO,国内企业急于对接国际标准,在管理、融

2006年，我因主导推动中化国际的公司治理准则与国际接轨而获得最佳独立董事奖

资、上市、并购等各项业务上都与境外同行打交道，一个最常见的词汇就是尽职调查（Due Diligence），好像成了通行的路条。这个阶段我们有求于人，言听计从，也助长了对方的骄横之气，不断添加各种内容，甚至涉及企业的核心机密。

这家国际咨询公司整天颐指气使地要求各种资料，而且随意按自己的口径调整，曲解我们的职能，真是谬误百出，甚至其文件中将我和其他一位王姓董事的英文拼成"Wong"，我几次纠正，他们又改回去，声称这是香港的惯例。最后，我代表董事会正式与他们高层严肃交涉，明确了他们是我们高薪聘用的顾问，必须由我们决定工作方向、程序和结果，否则我们立刻改换其他公司。这家公司到中化集团做工作，但中化集团也明确不会干预上市公司的决定，他们只好更换了全部团队，重新与我们一起共事。我事后在中化国际董事会解释为什么不能用他们的所谓尽职调查清单，调侃一句："本来就是测个血压，居然让你脱裤子！"这句话在圈子里不胫而走，许多上市公司也开始与国外机构平等谈判了。

从英文原意上，Due Diligence 就是恪尽职守的意思，主要是指负责做工作的机构和个人必须谨慎行事，忠于客户委托的事务。但是翻译成"尽职调查"，在中文语境中就完全变味了，似乎给了负责机构一个调查的功能，而调查通常是上级对下级，或者公检法等机构对公民的权力。结果，一个错误翻译导致许多投资银行、律师事务所、会计师事务所等突然被附上光环，对雇主可以居高临下地审查和监督。我们经常看到许多中介机构动辄派出十几人甚至几百人的团队到雇主机构翻箱倒柜地折腾，以尽职调查的名义。

当然，按监管机构的要求，尽职调查是必需的程序，对于了解企业的真实状况非常必要，也有利于提升公司治理和运营水平。但企业应该了解真正的功能，中介机构应该首先承担他们尽职的责任，不是指企业有被"调查"的义务。双方应该围绕企业真正的需求做文章，共同调查历史和现实，达到监管和公众知情的要求。

尽职调查的清单

尽职调查有许多文本，根据企业的不同需求而设计出不同的内容。中国的上市公司监管严格，相关监管机构不断补充监管规则，也会要求上市公司提供新的资料。负责尽职调查的中介机构一般都以上市公司的尽职调查清单为基础。从网上可以轻松下载很多文本。因内容太多，我只是节选部分，提供一个样本。

尽职调查报告模板[①]

【公司简介】

◎ 公司成立背景及情况介绍；

◎ 公司历史沿革；

◎ 公司成立以来股权结构的变化及增资和资产重组情况；

---

① 参见百度文库。

- ◎ 公司成立以来主要发展阶段，及每一阶段变化发展的原因；
- ◎ 公司成立以来业务发展、生产能力、赢利能力、销售数量、产品结构的主要变化情况；
- ◎ 公司对外投资情况，包括投资金额、投资比例、投资性质、投资收益等情况和被投资主要单位情况介绍；
- ◎ 公司员工状况，包括年龄结构、受教育程度结构、岗位分布结构和技术职称分布结构；
- ◎ 董事、监事及高级管理人员的简历；
- ◎ 公司股利发放情况和公司的股利分配政策；
- ◎ 公司实施高级管理人员和职工持股计划情况。

【公司组织结构】

- ◎ 公司建立的组织管理结构；
- ◎ 公司章程；
- ◎ 公司董事会的构成，董事、高级管理人员和监事会成员在外兼职情况；
- ◎ 公司股东结构，主要股东情况介绍，包括背景情况、股权比例、主要业务、注册资本、资产状况、盈利状况、经营范围和法定代表人等；
- ◎ 公司和上述主要股东业务往来情况（如原材料供应、合作研究开发产品、专利技术和知识产权共同使用、销售代理等）、资金往来情况，有无关联交易合同规范上述业务和资金往来及交易；
- ◎ 公司主要股东对公司业务发展有哪些支持，包括资金、市场开拓、研究开发、技术投入等；
- ◎ 公司附属公司（厂）的有关资料，包括名称、业务、资产状况、财务状及收入和盈利状况、对外业务往来情况；
- ◎ 控股子公司的有关资料，包括名称、业务、资产状况、财务状况及收入和盈利状况、对外业务往来情况；

- ◎ 公司与上述全资附属公司（厂）、控股子公司在行政上、销售上、材料供应上、人事上如何统一进行管理；
- ◎ 主要参股公司情况介绍。

【供应】
- ◎ 公司在业务中所需的原材料种类及其他辅料，包括用途及在原材料需求中的比重；
- ◎ 上述原材料主要供应商的情况，公司有无与有关供应商签订长期供货合同，若有，请说明合同的主要条款；
- ◎ 请列出各供应商所提供的原材料在公司总采购中所占的比例；
- ◎ 公司主要外协厂商名单及基本情况，外协部件明细，外协模具明细及分布情况，各外协件价格及供货周期，外协厂商资质认证情况；
- ◎ 公司有无进口原材料，若有，该进口原材料的比重，国家对进口该原材料有无政策上的限制；
- ◎ 公司与原材料供应商交易的结算方式、有无信用交易；
- ◎ 公司对主要能源的消耗情况。

【业务和产品】
- ◎ 公司所从事的主要业务及业务描述，各业务在整个业务收入中的重要性；
- ◎ 主要业务所处行业的该行业背景资料；
- ◎ 该业务的发展前景；
- ◎ 主要业务增长情况，包括销量、收入、市场份额、销售价格走势，各类产品在公司销售收入及利润中各自的比重；
- ◎ 公司产品系列，产品零部件构成细分及明细；
- ◎ 公司产品结构，分类介绍公司所生产主要产品情况和销售情况，产品需求状况；
- ◎ 上述产品的产品质量、技术含量、功能和用途、应用的主要技术、技术性能指标、产品的竞争力等情况。针对的特定消费群体；

- ◎ 公司是否有专利产品，若有，公司有哪些保护措施；
- ◎ 公司产品使用何种商标进行销售，上述商标是否为公司注册独家使用；
- ◎ 上述产品所获得的主要奖励和荣誉称号；
- ◎ 公司对提高产品质量、提升产品档次、增强产品竞争力等方面将采取哪些措施；
- ◎ 公司新产品开发情况。

【销售】

- ◎ 简述公司产品国内外销售市场开拓及销售网络的建立历程；
- ◎ 公司主要客户有哪些，并介绍主要客户的有关情况，主要客户在公司销售总额中的比重，公司主要客户的地域分布状况；
- ◎ 公司产品国内主要销售地域，销售管理及销售网络分布情况；
- ◎ 公司产品国内外销售比例，外销主要国家和地区分布结构及比例；
- ◎ 公司是否有长期固定价格销售合同；
- ◎ 公司扩大销售的主要措施和营销手段；
- ◎ 销售人员的结构情况，包括人数、学历、工作经验、分工等；
- ◎ 公司对销售人员的主要激励措施；
- ◎ 公司的广告策略如何，广告的主要媒体及在每一媒体上广告费用支出比例，公司每年广告费用总支出数额及增长情况，广告费用总支出占公司费用总支出的比例；
- ◎ 请列出公司在国内外市场上主要竞争对手名单及主要竞争对手主要资料，公司和主要竞争对手在国内外市场上各自所占的市场比例；
- ◎ 公司为消费者提供哪些售后服务，具体怎样安排；
- ◎ 公司的赊销期限一般多长，赊销部分占销售总额的比例多大，历史上是否发生过坏账，每年实际坏账金额占应收账款的比例如何，主要赊销客户的情况及信誉；
- ◎ 公司是否拥有进出口权，若无，公司主要委托哪家外贸公司代理，该外贸公司主要情况介绍。

【研究与开发】

◎ 请详细介绍公司研究所的情况，包括成立的时间、研究开发实力、已经取得的研究开发成果、主要研究设备、研究开发手段、研究开发程序、研究开发组织管理结构等情况；

◎ 公司技术开发人员的结构，工程师和主要技术开发人员的简历；

◎ 与公司合作的主要研究开发机构名单及合作开发情况，合作单位主要情况介绍；

◎ 公司自主拥有的主要专利技术、自主知识产权、专利情况，包括名称、用途、应用情况、获奖情况；

◎ 公司每年投入的研究开发费用及占公司营业收入比例；

◎ 公司目前正在研究开发的新技术及新产品有哪些；

◎ 公司新产品的开发周期；

◎ 未来计划研究开发的新技术和新产品。

【固定资产】

◎ 公司主要固定资产的构成情况，包括主要设备名称、原值、净值、数量、使用及折旧情况、技术先进程度；

◎ 按生产经营用途、辅助生产经营用途、非生产经营用途、办公用途、运输用途和其他用途分类，固定资产分布情况；

◎ 公司所拥有的房屋建筑物等物业设施情况，包括建筑面积、占地面积、原值、净值、折旧情况以及取得方式；

◎ 公司主要在建工程情况，包括名称、投资计划、建设周期、开工日期、竣工日期、进展情况和是否得到政府部门的许可；

◎ 公司所拥有的土地的性质、面积、市场价格、取得方式和当时购买价格（租赁价格）。

【公司财务】

◎ 公司收入、利润来源及构成；

◎ 公司主营业务成本构成情况，公司管理费用构成情况；

◎ 公司销售费用构成情况；

◎ 主营业务收入占总收入的比例；

◎ 公司主要支出的构成情况；

◎ 公司前三年应收账款周转率、存货周转率、流动比率、速动比率、净资产收益率、毛利率、资产负债比率等财务指标；

◎ 公司前三年资产负债表、利润及利润分配表；

◎ 对公司未来主要收入和支出有重大影响的因素有哪些；

◎ 公司执行的各种税率情况。

【债权和债务】

◎ 公司主要有哪些债权，该债权形成的原因；

◎ 公司主要的银行贷款，该贷款的金额、利率、期限、到期日及是否有逾期贷款；

◎ 公司对关联人（股东、员工、控股子公司）的借款情况；

◎ 公司对主要股东和其他公司及企业的借款进行担保及抵押情况。

【投资项目】

◎ 本次募集资金投资项目的主要情况介绍，包括项目可行性、立项情况、用途、投资总额、计划开工日期、项目背景资料、投资回收期、财务收益率、达产后每年销售收入和盈利情况；

◎ 投资项目的技术含量，技术先进程度，未来市场发展前景和对整个公司发展的影响；

◎ 公司已经完成主要投资项目有哪些，完成的主要投向项目情况介绍。

【其他信息】

◎ 公司所使用技术和生产工艺的先进程度、成熟程度、特点、性能和优势；
- ◎ 与同行业竞争对手相比，公司主要的经营优势、管理优势、竞争优势、市场优势和技术优势；
- ◎ 公司、公司主要股东和公司董事、高级管理人员是否涉及法律诉讼，如有，对公司影响如何。

【行业背景资料】
- ◎ 行业发展的情况；
- ◎ 国家对该行业的有关产业政策，管理措施，及未来可能发生的政策变化；
- ◎ 该行业的市场竞争程度，并介绍同行业主要竞争对手的情况，包括年生产能力、年实际产量、年销售数量、销售收入、市场份额、在国内的市场地位；
- ◎ 国外该行业的发展情况；
- ◎ 国家现行相关政策对该行业的影响；
- ◎ 全国市场情况介绍，包括年需求量、年供给量、地域需求分布、地域供给分布、生产企业数量、是否受同类进口产品的竞争。

客观地说，这个表还是一个初级的调查清单，中规中矩。为应对这样一个清单，企业需要付出大量的人力物力，通常需要几个月才能达到要求。是否所有企业都需要做这样一个尽职调查？这个调查是否超越了某个特定的项目需求？是否涉及企业的敏感信息？是否会成为中介机构或无关企业对企业未来业务挟持的抓手？尽职调查是否从商业需求变成一个监管需求？这是一个值得关注的问题。

我的三张表

我的并购生涯中接触的大部分企业有三类：一是传统产业的中小企业，需要改制、融资、并购和上市；二是国有企业，需要改制、重组、并购和上市；三是外资企业，需要并购中国企业而本土化成长。这三类企业也是代表了世纪之交大约 30 年的中国并购市场的典型样本。

尽职调查都是参与并购交易的一个基本前提，只是详尽程度不同，都是一个让人不舒服的过程。一般的尽职调查清单都是上百个不同问题，需要很多人的长时间参与，劳民伤财。涉及国有企业更是需要层层审批，时间拖得很久。但是，如果不涉及近期的上市或其他必须披露的监管要求，并购交易的尽职调查其实非常简单，根本不需要企业大费周章地提供无意义的信息。

根据多年的经验，我每次只是向企业家要求填三个表，这也成为我们尽职调查的基本模式。简单实用，而且有效。

第一张：连续三年的现金流表。现金流最能反映公司的成长能力和并购能力，根据市场利率水平和行业竞争格局，我们几分钟就可以大体判断出公司的市场价值区间。我不太关心这张表是否真实，连续三年的报表，即便是假的也能判断出与真实报表的差异程度。

第二张：公司股权结构与持股公司矩阵。这可以判断股东的真实意图，了解不同股东的位势，分析并购方向。将复杂的几十个甚至上百个持股公司大体处理为更为简洁的矩阵图，有助于理清并购操作的思路、路径与抓手。

第三张：老板的年初工作报告和上一年度工作总结报告。在年初报告和年度总结的文字上，企业老板必须考虑管理团队、员工和当地监管机构的不同立场，用大家都能接受的语言和节奏表达他的战略和战术。无论老板内心想法或与顾问私下讨论的意见如何，真正操作起来必须顾及各方利益和社会环境，要做出许多必要的妥协。

三张表看上去很简单，但理解三张表并不容易。三张表需要互相比照才能看清楚、看懂。现金流、公司管理矩阵和公司战略是三个不同维度的内容，企业不可能在三个方向上同时提供假资料，而且三张表的匹配和对比会让我们准确理解老板对公司的把握程度和诚信程度，了解公司的生存能力。

上面的三张表都是企业可以随时提供的，不需要更多的精力和时间。根据这三张表，我们就要做详尽的分析和整理，当然也会做出许多额外的调查和分析。这才是尽职调查的真正意义。我们需要对客户尽职负责，我们来做大量的调查工作，而不是简单地把问题推给企业。其实，做尽职调查的过程也是了解企业并逐渐形成并购战略的过程，我们也有能力在并购完成后继续参与企业的并购整合。

投资银行在做什么

当年我一次去吉林见一位领导，他问我在做什么。我告知，是做投资银行业务。他问，投资什么项目？我回应，不做投资。那你贷款吗？我回应，也不贷款。他立即说，你不做投资，也不贷款，还叫什么投资银行？我一时语塞，从此，我再也不提投资银行了，只是说做顾问业务。

投资银行（Investment Banking）是英文直译过来的词汇，它的本意是从欧洲的商人银行（Merchant Bank）演变过来的。几百年前，欧洲的商业银行主要是从事流动资金的借贷，商人银行负责中长期的资本融通，发行政府和商业的债券等。后来，发展到美国的华尔街后，商人银行被称为投资银行，专门负责长期资本的募集、承销上市等。早期只是证券公司、信托公司和投资公司使用投资银行业务，后来并购顾问、律师、会计师等从事长期资本服务的中介机构也统称投资银行机构。

的确，投资银行既不投资，也不贷款，只是做中介业务，帮助投资者寻找好的投资项目，帮助好的企业寻找投资者。如同谈恋爱一样，资本与企业的相遇不是一件容易的事，见面后还有很多磨合，需要中间人来协助沟通。如果沟通顺利，两人最终步入婚姻殿堂，双方大概率会忘记中间人的贡献。如果不顺利而最终分道扬镳了，中间人一定是被谴责的对象。所以，这门生意不好做。如同介绍恋爱一样，好了，好两个人；坏了，坏三个人。

简单地讲，投资银行只做三件事：讲故事、给故事定价、卖掉这个故事。

讲故事。看到一个好项目，听到一个好概念，见到一位能干的创业者，投资银行就会亢奋起来，同时要能想到可能的利益空间和未来的发展前景，并且能用激情的语言，用简易的逻辑，让投资者也兴奋起来，把钱掏出来投资。讲故事的能力非常重要，需要大视野和丰富的阅历，首先自己要相信这个故事，才能感染别人。写出的文件就是"招股书"，将有许多不同的版本：对产业投资人，讲产业发展的故事；对金融投资人，谈上市和并购的价值故事；对公众和监管者，讲技术进步、财富发展、社会安全与责任感的故事。

给故事定价。故事讲好了，大家也感兴趣了，接下来是要确定这个故事到底值多少钱。不同的投资银行有不同的视野和风格，自然定价的模式也不同。而且，如果定价偏低，参与承销的投资银行未来就有更大的利益。如果定价太高，卖不出去，就要砸在自己手里了。这就是投资银行通常也作为承销商的意义，你需要用自己的资本与品牌加持这个故事。

卖掉这个故事。是不是一个好故事，最终取决于能否按好的价格卖出去，让投资者接受。这至少需要几个条件。一是历史业绩和行业的影响力，有长期的成功经验和良好声誉。二是有广泛的销售渠道和合作网络，保证在较短时期内完成向特定投资者的推销。三是有灵活的激励机制，给自己的团队和长期客户一个利益共享的空间。

但是在中国证券市场的初期，投资银行这些职能并不能得到真正的发挥。

一是没有资格讲故事。无论多么好的故事，必须根据国家相关部门的批文程序立项，早期是各个产业部委、体改委、纪委等，现在是发改委和证监会等。科技创新和产业创新等项目能够让一系列负责报批和审批的官员理解远远比让投资机构和股民理解更为要紧，他们听不懂这个故事，就是没有意义的概念炒作甚至恶意诈骗。可以想象，没有股权和资产抵押，没有地方政府背书，没有过往的业绩，当年的微软与苹果的计算机故事，雅虎和亚马逊的互联网故事，今天的推特和罗布乐思（Roblox）这种平台和元宇宙公司能够有机会在中国获得投资吗？中国的腾讯、阿里巴巴和百度等新兴产业巨头也是首先获得了国际资本的认可。

二是无权定价。早期的国内上市公司股票定价原则上与投资银行无关，与投资者的意愿无关，最终由相关的监管机构确定。根据当时国内经济需求和资本市场的走势，证监会有一个指导性的市盈率区间。同一个公司在经济上升期可能用 50 倍市盈率定价，碰到下行期就只能用 15 倍市盈率。即便发展到今天，允许拟上市公司采用询价制和竞价制，投资银行的自主空间仍然受到很多约束。

三是不需要推销。中国证券市场刚刚起步，需求远远大于供给。在严格控制上市公司发行节奏和没有上市公司退市的安排制度下，上市公司的壳本身就是极有价值的资源，上市公司的资产质量再差也可以生存甚至通过市值管理而发展。只要拿到上市公司的批准函，就可以在内部销售或机构配售市场上销售一空，因此并不需要认真地推销。

因此，市场初期的所谓投资银行靠金融执照获得特权，为客户提供"填表业务"和"通道业务"，并没有多少真正地讲故事、定价和销售故事的服务。我算是第一批国有证券公司的参与者，有切身体会。大部分时间是在陪客户吃饭、打球、去歌厅等联络感情，与地方政府和各个部委建立合作关系，接待各地企业老板的拜访和考察邀请。证券公司的主要收入来源是房地产投资、股票自营投资和为客户提供各种融资贷款的高利贷业务。真正的投资银行技能可以说是武功自废。当年深圳的一家杂志《新财富》有个封面报道，调查了许多企业了解中国投资银行的能力，最重要的指标就是与证监会的关系如何，远远大于其他技术指标。这是投资银行业的悲哀，谈不上是监管机构的光荣。

我做了几十年的投资银行业务，在国有证券公司时高高在上，趾高气扬，有金融执照和行业特权支撑，到任何地方都有高层领导接待、企业老板全程陪同，部下也是骄兵悍将，把所有该干的业务甚至招股说明书都推给企业去做。每天的工作就是根据监管部门的规定编制各种文件，协调与各部门的关系，对企业经营和市场了解不够，也谈不上提升专业能力。后来下海创业了，没有金融执照和各种政府资源了，光环不再，需要从头做起。这时你才有机会真正体验到什么是服务，什么是金融服务。你有特权时，你不需要提供服务。

当然，经过几十年的学习和市场创新发展，今天的中国投资银行业已经有了巨大的变化，与全球接轨，为中国企业全球化服务，为全球企业在中国的本地化服务，完全不是我30年前刚刚加入这个行业的局面了。但是，讲故事、给故事定价和卖掉这个故事这三个基本职能依然没能充分体现，也仍然在国家政策和监管规则的约束之下。

当然，随着市场的深化和产品的丰富，今天的投资银行除了上市承销和交易外，还有一系列的职能机构支持主营业务。如建立投资部门，做自己的投资或代理投资；建立基金管理部门，进行私募或公募融资和投资管理；建立财富管理或家族办公室做信托业务；与境外市场有联系的还会建立外汇与衍生产品部门；建立处理政府监管、与投资者关系和传媒关系的财经公关部门，以及专门的市场研究部门，等等。

如何选择财务顾问

我在证券公司工作过，在并购顾问公司工作过，也负责过并购基金，给很多企业提供顾问咨询，也请过许多顾问公司为我并购企业服务。一个最常见的问题是，到底如何选择财务顾问？这是一个看似简单的问题，其实非常不容易。

一般地，成功的企业家都会比较自负，对自己的行业和企业非常熟悉，如数家珍，不到特殊的时刻，不会花钱找财务顾问。所谓特殊时刻，或者是上市要求，或者是投资额太大，或者是出现严重困难。因此，当企业家主动来寻求顾问帮忙的时候，必须了解其真实的背景和意图。

以我的经验，企业家来咨询的时候，往往会非常诚恳地告知企业出现了困难，提出几个经营上或财务上的问题请教。你需要以专业的态度回应这些问题，但不必纠缠过多，而是以其他企业的经验为托词指出另外几个他内心真正想问的问题。没有人第一次见面就会坦诚相见，需要根据他提供的信息、他的表达方式和表情，判断出他内心焦虑之处。他往往会提五个问题，可能三个是假的，两个是真的。你要判断出哪个真哪个假，另外，你就算判断得出来，应该以什么语言和语气跟他沟通？没有一个老板愿意你表现得比他更聪明、更透彻。如果你直说了，老板会说"听君一席话、胜读十年书"，客气地请你走，然后就没有下文了。

再进一步，你还要继续介绍你与其他客户打交道的相关经验，暗示他的企业将会遇到的几个新问题。尽管他之前没有考虑到，但他有能力预感到后面一定会碰到这些问题，这才能让老板茅塞顿开。我们与企业打交道时，双方老板的讨论经常是心照不宣地交流，两边下属也许都听不懂其中的奥秘，但最终双方就签约了。

从并购顾问如何理解企业家的角度，我们反过来就可以更好地讨论企业家如何选择并购顾问。先谈几个静态的指标。

行业品牌与业绩

将一个涉及巨额资金的项目交给一个并购顾问，当然要关注其影响力。重要的是，要了解他对并购标的相关行业的熟悉程度，而不是泛泛地了解。业绩不仅是成功的案例，还要包括对失败的考察。所有顾问都有失足的地方，从挫折中才能真正了解顾问的能力与潜力。有些证券公司在某一个领域做了几个著名的案例，形成了一定的行业品牌。一些拟上市的企业通过各种渠道希望得到上市服务。当市场火热时，客户非常多，证券公司就会考虑维护自己的最大利益和成功业绩，将资源放到几个客户身上。同时，用各种借口安抚并拖延甚至抛弃其他客户。从市场竞争的角度看，这是可以理解的。企业不能简单地埋怨中介机构，将所有机会都赌在单一渠道上。

操作团队的考察

公司的品牌有意义，但真正起作用的是执行团队和个人。顾问协议上一定要明确真正操盘的团队成员，而且要考察其个人资质和团队的综合资源能力。我们经常看到非常炫目的业绩简历，有的人列出参与过几十个项目，实际上这是非常可疑的。看过，参与过，不等于操盘过。另外，团队必须有创新思维和解决问题的能力。许多投资银行机构仅仅推出几个通过监管机构专业考试的保荐人，只能解读监管规定，大部分企业上报资料都是企业自己在写，这种以特权执照而形成的消极怠工相当常见。

多年前，有一个并购的客户在上市程序上被卡了很久，听说负责的券商总经理曾是我的部下，就请我帮忙疏通一下。我已经十多年没有联系他了，他在电话里非常客气，告知我他非常了解这个企业，举出几点难以上报的原因。我很欣慰，他管理了几千人的公司，仍然关注客户的细节，但同时也不客气地指出："如果都合规，我找你干什么？"他立即就明白了，马上组织个小组处理。一周后，这个企业就正式上报了。投资银行的工作是解决问题，不是发现问题。

我也曾遇到过这样一个会计师事务所，负责人给一家上市公司以一个很低的价格担任顾问，进入企业后查阅了大量机密资料，然后提出几倍加价，如果企业拒绝，就直接向监管机构举报问题。而且，这家公司多年来就是以这种商业讹诈的方式生存下来的，收益不菲。企业敢怒不敢言，只能吃哑巴亏。同样，也有律师事务所不断给企业家制造焦虑和恐慌来获得生意。尽管这些机构不会成为优秀的投资银行，但他们仍然有非常大的生存空间，这是需要企业家特别警惕的。

操作团队与同行的合作

一个并购项目会牵涉到许多领域和复杂关系，企业往往会同时聘用不同的顾问参与，甚至在同一领域内同时聘用彼此竞争的顾问。顾问之间能否以客户利益最大的立场达成合作至关重要。例如一个行业并购的项目，并购方邀请了国内几家著名的律师事务所分别处理并购标的重组方案。因为两个律师对重组方案的处理模式不同，双方又都是国内一线大所，彼此谈不拢，互不妥协，结果双方都表达宁愿免费也不能让对方方案实现，甚至到了互相举报的地步。我作为并购顾问，与两个律师都比较熟悉，结果从中协调了多次，说服双方以客户的立场为基础，放弃争面子的心态，最终他们达成和解，一方退出，另一方支付部分费用。尽管项目最终完成，企业并购却耽误了几个月，而且企业还支付了更多的费用。

充分考虑政府与监管机构的态度

理论上政府或监管机构并不参与并购操作的过程，只是提供一个公平和规范的政策与社会环境。不过，鉴于许多并购项目的规模与区域影响力，当地政府和监管机构会通过各种方式表达自己的倾向，甚至直接推荐中介机构。这对于并购主导企业是一个非常复杂的选择，有可能利用资源优势顺利推进项目，也有可能大大提升市场操作的成本，需要谨慎处理。我经历的并购交易中，多数情况下都有政府的介入，需要提前做好预案，因势利导，利用政治资源推动进程，同时有效降低外部干预的副作用。

设计竞争机制

这是最重要的安排。重要的并购交易一定要有后备方案，防止意外情况发生。同样，选择中介机构也要设计一个有效的竞争机制。对于企业家而言，并购不是熟悉的领域，以企业家自己的立场来选择并购顾问也是非常困难的。如同一个非常自信的小学生选择导师，面对中学生、大学生、硕士、博士等不同素质的人选，他往往会选择一位中学生做导师。两人认知水平接近，语言彼此理解，能够很好地玩到一起。我见过太多这样的现实案例，企业家只能选择自己能够听得懂的专家，不是选择最好的专家，而且，专家又非常顽固地坚持己见，如果企业家听任所谓的专家操控并购交易，那么将最终导致失败。

我通常的建议就是，企业要先聘请一位具有业界影响力的财务顾问，然后委托这个顾问代表企业去选择专业机构担任顾问。面对真正的专家，中介机构必须表达出应有的专业水平和职业态度，竞争上岗。然后，始终保持两个顾问之间彼此监督和合作的机制。一旦有问题，企业可以随时调整顾问的排序位置。而且，财务顾问的费用不会因此提高，反而大大降低。当年，一个重庆企业拟到香港上市，香港顾问要价近2 000万港币。在支付了四分之一的费用后，工作进展缓慢，对方还要提价。我们介入后，接手了主要工作，同时与香港监管机构和行业协会联络，应对其提价。两个月后，香港顾问同意不再提价，而且整体降价三分之一，还同意支付给我们费用，最终企业顺利完成上市。

还有一件有趣的事。神州数码的郭为董事长是我的老朋友，也是客户。他有一天突然致电我，约我赶回北京参加第二天与外资投资银行的重要谈判。我立即从南京连夜赶回来。结果，他电话关机了，也没有人联系我。当晚，他专门请我吃饭，表达歉意，告诉我会谈已经结束了。外方主谈的一位高管原来是我的一位学生，看到议程上有我的名字，就建议我不出席谈判。郭总非常明确告知他："我的财务顾问必须参与这次谈判。"对方与郭总商量，能否请我事后参与意见，只是不到现场。原因很简单，老师在场，他心里有障碍，担心不能充分发挥才能。

第九章

并购的整合

并购的江湖

什么是并购的整合？并购需要什么样的整合，或者，并购真的需要整合吗？整合是错误的翻译，并购整合并不是并购交易的核心，更多是掩盖并购失败的托词。

笔者以在中国最有影响力的两个整合案例——国美并购和达娃并购，来讨论并购交易中的文化整合。当时社会的争议一直延续到当下，也会继续延伸到未来。我们讨论的也许不仅是并购整合，更是商业文化与全球价值观的问题。

并购整合是个伪问题

现代金融和市场的概念都是从西方引进的，翻译的过程会改变或增加许多具有中国特定含义的内容。之前，我们讨论过"尽职调查"这个词，整合也是一样。从并购整合的翻译谈起，英文的"Integration"原意是两个或多个不同机构合并后融为一体，包括组织结构、财务、管理和公司文化，这是一个需要时间的过程，并不是一个动作。但我们翻译成"整合"这样一个生硬词汇后，自然带来一种强制性的意义。

并购整合被许多企业家，特别是收购他人企业的老板经常挂在嘴边，居高临下地发号施令。我熟悉的一位老板收购了两个企业后，立即组织骨干去现场核查资产和资料，印制了大量标语挂在被收购企业的办公室和厂房，每天安排人带领新员工做早训和朗诵公司文化。仿佛不"整"几下，就不能"合"起来。其实，许多收购企业都有这样的心态，而被收购的企业也是灰头土脸地等待被整合。对一个词语的理解会造成巨大的心态误差。

其实，商业并购的环境中，英文"Integration"是一个非常平和而优雅的词，两个公司的合并也有非常复杂、非常微妙的处理方式。尽管原来两个公司没有联系甚至是竞争对手，但形成新的主体后，共同的价值观和商业利益体自然会在大的格局上达到一致，然后自上而下地慢慢磨合，直到合为一体。这个过程涉及许多部门的努力，包括法务、财务、人事和管理层等，董事长和总裁的工作风格也是重要因素。两家企业需要时间，需要磨合，需要沟通，更需要对公司战略的理解和达成共识。

并购一定需要整合吗？特别是，许多公司的并购只是系列收购的一个部分，这单完成了，下一个公司就成了新目标。上一个公司整合还没有开始，新的公司又加入了整合名单。而且，还有可能，新的并购过程中，刚刚收购的公司又需要被剥离出去，或者用这家公司去整合新公司。这就引发了新的问题，用谁的文化去整合？随着并购市场的发达，并购交易越来越频繁和复杂，太多的现实案例表明，整合并非并购的必要阶段。许多公司甚至根本不考虑整合这件事。

整合往往是一个并购失败的托词。并购成功了，企业家在媒体上夸夸其谈，声称判断得当，估值精准，收购措施有力，因此得到各界支持，实现收购。显然，无论如何挑剔，企业家本人的才能是显而易见的。如果并购失败了，成熟的企业家不会攻击对手，自然也不会否定自己的判断眼光、定价智慧和操盘能力，因此最常见的说法是：两个企业的文化差异很大，并购整合有困难。问题是，企业文化的差异并不是并购之后产生的。所以，并购整合成了最大的难点。懂行的人都可以理解画外音，就是对方有问题。如同离婚一样，分手后都会大度地谈是因为性格不合，掩盖了真实的原因。

以我多年的经验，导致并购失败的因素非常多，但将并购失败归结于整合，是最常见的，也最不公平。如同一件衬衫，上面的几个扣子系错了，最下面的扣子无论如何也不会好看的。真正高明的并购者总是将重心放到前期的战略讨论上。

我曾参与过一个重要的并购——神州数码与思特齐。神州数码是当年从联想集团中分拆出来的计算机系统的销售体系,希望开拓新的业务领域,思特齐则是为电信通信提供服务的创新企业,希望在品牌和更大的平台上获得资本支持,最终实现独立上市。神州数码的郭为董事长宽厚包容,行动果断。思特齐的吴飞舟董事长善于学习,市场能力强。两位创始人都非常有视野和格局,而且善于妥协,我担任并购交易的财务顾问。

双方合作更是在资本、市场和品牌上的协同作战,运行上各种独立运行,交叉为客户服务。神州数码提升了市场规模、跨业服务,积累了多行业管理经验,发展迅猛,现在已经拥有了三家上市公司,已成为中国金融科技和数字金融的行业领袖。思特齐也渡过资金困境,获得有力的资源支

2015年2月,亚布力论坛的部分企业家朋友。第一排从左至右分别为:武克钢、我、陈东升、郭为和吴鹰

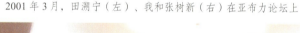

持，专注技术服务，后来也上市成功。在两个公司的合并方案初期，我们就根据两位企业家的个性和预期，设计了一个财务、市场和品牌整合但独立运营的方案，同时也预留了未来条件成熟后再次分拆上市的出口，皆大欢喜。

这里也讨论另一个非常遗憾的并购失败案例。

著名的海归创业家张树新女士创建了北京的瀛海威，这是中国互联网的鼻祖企业。1996年，北京中关村竖起了一块具有冲击力的广告牌：中国人离信息高速公路有多远——向北1 500米，这是瀛海威的办公室。当时，国内主流资本完全不理解网络，投资互联网的都是海外资本。时任中兴发信托投资的董事长梁冶萍女士很有眼光，与张树新一拍即合，投资几千万人民币并购了瀛海威，这在当时是一笔引起全国瞩目的大交易。当时的国有企业控股要求全面整合，将一个有创新活力的互联网公司管理成国有企业，从战略投资、财务管理到领导风格都要一致。当然，也给了创业者一个不切实际的幻觉，进一步推动了瀛海威这样一家创业企业参与中国互联

2001年3月，田溯宁（左）、我和张树新（右）在亚布力论坛上

网的基础设施建设。

不久,双方各种矛盾层出不穷,从机制磨合到个人冲突,最终,管理团队骨干集体出局,瀛海威失去了行业领先的地位。中兴发信托接下了一个烂摊子,最终宣告破产。当时的并购交易并没有聘请专业顾问这个说法,只是双方负责人讨论后邀请律师和会计师协助技术细节。双方冲突时,我分别与张树新和梁冶萍两位女士都讨论过几次,双方都高度认可对方的视野与能力,但在国企与市场企业的机制冲突上无法调和,只能无可奈何地将问题归结到个人品质上。

企业文化能够被整合吗?这又是一个似是而非的话术。企业文化是创业中形成的企业基因,与创业环境、创业者个人风格和创业团队的合作与妥协息息相关,是一个自我演化的生态。两个或更多的企业文化彼此交融会产生更为复杂的生态,当然可以在一定时间内形成完全可以包容原有生态的新生态,但需要彼此深入的理解,经历冲突和妥协的过程,不是一个我们通常理解的整合行为,至少是一个彼此整合的过程。过于强调企业文化的整合,会毫无必要地将许多细碎的技术与情感融合大而化之地提升到战略和管理的冲突层面,激化矛盾,形成更加深刻而长久的裂痕。

美国的大通银行(The Chase Manhattan)是从一系列大小银行合并成长起来的,其中包括曾经是全球百强当中的汉诺威银行(Hanover Bank)和化学银行(Chemical Bank)等。这些银行都有近百年的历史,当然有非常独特和丰富的企业文化。他们的合并当时都引起全球的关注,尽管合并后立即换上了新的机构标识和公司推广语言,但管理团队、客户资源和办公环境长期不变,从内部基层并没有多少大的改革,保证了银行整体运行的稳定。日本的第一劝业银行也是由日本第一银行和日本劝业银行两家大银行合并而成的,几十年后,银行内部仍然有两个老银行文化的独立烙印,并没有影响整体银行的运作。

总而言之,尽管大部分关于并购的研究和论坛都是以并购整合为题目,但整合只是并购过程的一个部分,对传媒和研究领域的意义远远大于对企业运营本身的意义。考虑失败和退出的方案是从事并购交易的一个基本前提，在战略阶段就要有充分考量。

国美股权之争超越文化整合

2010年8月爆出的中国家电行业巨头国美集团的股权之争，成为这个时期本土企业并购整合的典型案例。当年8月底，我参加了在云南大理举办的亚布力企业家论坛，一百多位来自各个不同领域的行业领袖们甩开了既定的主题，白天晚上都在为国美集团的股权纷争较劲，各自站队，吵得面红耳赤。关于国美的讨论已经演化成一个商界立场的分水岭和试金石。国美董事长黄光裕与国美总裁陈晓之间的股权争夺战，远远超过两家企业合并之后产生的所谓企业文化整合问题，而是涉及公司治理和商业契约等更为深刻的普遍企业文化。我专门为此写了一篇文字，得到广泛的传播，形成了一定影响。现在看来，这代表了一代企业家的思维生态与商业道德资源，至今依然有现实意义。

首先，我简单介绍一下国美之争的背景。来自广东的创业者黄光裕1987年创办了国美电器，2004年在香港上市，成为大陆首富。2007年先后收购上海永乐家电和北京的大中电器。2008年以430亿资产再次成为大陆首富，当年以操纵股价的罪名被拘捕入狱。2010年被判刑14年。来自上海的创业者陈晓1996年创办了上海永乐家电，2005年在香港上市。

2006年国美集团以53亿港币收购了永乐家电，黄光裕邀请陈晓担任国美电器总裁。2009年，黄光裕入狱后，陈晓担任国美集团主席兼总裁。2009年陈晓宣布引进18亿港币的贝恩资本，同时给高管增发7亿的股权激励计划。2010年8月，黄光裕在狱中发函要求罢免陈晓，限制股东增发股份摊薄大股东的利益。经过激烈对抗后，陈晓留任，但黄光裕的大股东地位也没有改变。2011年，陈晓离任，黄光裕太太杜鹃掌控国美。2021年黄光裕出狱，回归国美。

国美的股权之争引发广泛的社会关注。黄光裕入狱后,陈晓未经大股东同意,以引入外部股东同时给管理层利益激励的方式,架空大股东,试图控制公司管理和拿到最终控股权。黄光裕则困兽犹斗力挽狂澜,最终双方各有成败达成妥协。国美股权之争足可以成就一部经典的商战电视连续剧,可以从公司治理、契约伦理、资本并购等多个角度切入。值得注意的是,黄光裕与陈晓两位创业者合并之初也是充满感性,信心满满地站在中国行业领袖的地位上要整合两家文化的。双方互相引为知音,惺惺相惜。①不过这个整合在黄光裕入狱后就演变成了一系列"背叛"和"提升"。我将当年的文字做了节选,附后。

附录　我们关注的是国美之争吗(节选)②

我认为,大家讨论的不只是国美之争,而是中国企业转型到现代公司的基本架构和核心要素,更是中国工商企业文明进化过程的阵痛。

有五种力量制约着国美之争的观察框架:大股东、管理层、基金股东、市场规则、传媒与公众,这也是现代公众公司的运行结构框架。黄陈之争不仅是老板与经理人之争,也是大股东与小股东之争。同样,贝恩资本与黄光裕之争是也股东之争。这是基本的事实,也有现成的解决争端的法律和财务平台,特别是香港的市场规则久经考验,并不需要我们为之大动干戈。问题在于,传媒和公众这个维度是最难协调把握的,立场不一致,当然观点不同,争论自然要提升到道德层面,这在全世界任何角落里也是同理。这次国美之争之所以如此被关注,恰恰是在中国的价值信仰体系早已坍

---

① 参见:https://baijiahao.baidu.com/s?id=1606676600898501643&wfr=spider&for=pc。
② 参见:http://finance.sina.com.cn/review/observe/20100925/09218701881.shtml。

塌的格局下，我们无所适从，无所顾忌，因此也无所寄托，只能各自建立自己的道德制高点，而道德的混战在市场上却是无解的。因而，我们需要提升视野，才能更好地梳理我们的思路。

其一，是非判断与利害分析。计划经济或者管制经济的思维习惯是泾渭分明，步调一致，大是大非的价值判断与所谓"敌我友"的选择，始终是"革命"的首要问题。但是在市场经济下，真正的问题是商业利害的比较和选择，是非判断并不重要，妥协才是发展的动力。只有将是非判断调整为利害分析，现代公司的生存价值体系才能形成。试想一下，商业历史上哪有什么大是大非的事情呢，后人否认前人的事情还不是层出不穷吗？我想，这也是当局号召我们要与时俱进的真正含义。所以，情理分析暂时还是放在一边，让我们既存的法规优先吧。如果法规不符合大多数人的情理原则，也要按照程序来修正法规。

其二，公司治理的理解。股东无论大小，经理人无论强弱，都倾向于以自己的利益单元来约束公司的运行。东家们千方百计地防范他人将"我的公司"偷走，掌柜们则小心翼翼（弱时）或明目张胆（强时）地建立特殊规则控制"我的公司"，而大多数小股东或员工则无意也无力参与实践自己应有的权利，只好坐山观虎斗，不时地表演自己的受害者地位。我们的政府监管部门常常以自己的裁判地位进场改变规则，以公司治理名义操控公司按符合当政者利益的方向发展。在最少干预的情况下，也会派一些独立董事们进场监督办事。这次国美之争中，陈晓给管理层分股权，办了黄光裕该办的事情，黄光裕否决基金董事，董事会再否定股东会决议，这个连环交易都是以公司治理的名义大张挞伐，同时也的确限定了对方的动作范围，客观上提升了公司治理的地位，给所有围观者上了惊心动魄的公司治理实战课。还是别拿公司治理说事儿，关注环境变化中，各方博弈的真正动作吧。

其三，创业者与管理者的双重心态。中国这一代企业家都是同时具有两种心态。作为创业者，他们需要不断地打破规则网罗，顶着进法院和监狱的风险前行。这个变革的社会没有提供一个安全制度，这导致他们多疑和善变,也造成了无数的韬略和阴谋。同时,作为管理者,他们又要不断在自己把控的空间内建立各种纪律和规则,甚至要借杰克·韦尔奇和德鲁克等大师来讲管理的故事。这就是最重要的中国国情,不断地破坏规则,还要不断地建立壁垒。与其妖魔化企业家们,动辄谴责创业者的阴谋和管理者的背叛,不如更关注如何建立一个商业秩序的稳定性、可预测性,即安全性。

其四,市场制度的考验。市场的制度是在参与各方利益的不断冲突中建立起来的,不是在精英官员的设计里实现的,更不是知识分子(或者说"知道分子")的道德说教中实现的。市场的成长当然不是一帆风顺的,有成功和失败的过程,监管当局和社会公众都应该给市场博弈者必要的空间自我调整,允许当事人的各种作为,即便是失败之举。我们能不能不必如此理性和聪明,给市场制度一个基本空间?这次政府没有干预是非常大的进步,也许是因为国美是香港上市公司的缘故吧。市场制度不是一个空洞的方向和观念,而是技术细节和动作,我们要关注黄光裕在狱之身,能否得到作为企业家的基本待遇,要关注贝恩资本是否公正履行对基金股东的承诺和对国美公司股东的承诺,要关注陈晓团队作为受托人是否公正地给自己一份市场报酬和股东回报,要关注中小股东如何在香港市场规则下表达自己的取舍,要关注冲突双方对国美公司在目前竞争格局下如何建立和实施自己的发展战略,要关注在违背自己意愿的判决结果下,双方下一步的动作为何等。不应用道德谴责和伦理批评来干扰市场制度的自组织运作,不应动辄鼓励行政的干预,或者煽动商业环境中的民粹主义情绪。

其五,契约精神的考验。这次讨论中最常见的一个词语就是"背叛",这是指违约,而且是不道德的违约。以制度经济学角度看,一个契约维系的商业社会便是一个稳定的商业社会,只要这个契约不是在暴力和特权下制造出来的。遗憾的是,我们有太多的契约不是平等商业谈判和市场博弈构成的,而是人为勾兑、特权压迫、资源控制等复杂因素下形成的,甚至国际资本也会利用自己的独特优势获得更有利于自己的契约。但是,这是商业进步的代价,不能以暴易暴,还是要坚守契约,即使在一定时段内是不平等、不公正的。在国美之争上，契约是解决问题的底线，也是唯一的标准。当然，如果双方达成契约之外的妥协，那也是市场力量博弈的结果，而不应当是简单的撕毁契约。

最后，传媒和公众的关注。相对于当年的德隆集团、格林柯尔集团、华源集团乃至南德集团等这些曾高调出没于资本市场，最后突然销声匿迹的公司，国美集团应当是非常幸运的，它一直被置于社会公众和传媒舆论的聚光灯下。即使黄光裕身在囹圄，黄光裕作为股东和创业者的基本职能仍然能够得到正常发挥。政府也没有下钳口令，或者超越权限的乱作为。这就成就了国美之争的公演，让所有人都有机会围观并讨论、受教育以及展现自己教育别人的才华。只有在传媒和公众的关注监督下，争论双方才能不得不勉为其难地寻找自己利益的依托，寻求法律的支持。也正是在传媒和公众的持续关注下，市场制度和商业规则得以成为比政府介入更为公正有效的平台。因此，我们应当感谢所有参与讨论的评论家、分析家、媒体和公众，他们是市场的重要参与者，也是市场进步不可或缺的重要力量。国美之争是中国企业文明进化的重要里程碑，值得关注和研究。

（2010年9月4日）

从达娃之争看契约精神

改革开放之初，国际资本进入中国市场都是通过所谓的"三资企业"方式实现的。三资企业即在中国境内设立的中外合资经营企业、中外合作经营企业、外商独资经营企业三类外商投资企业。一方面外资急需中国的本土合作伙伴以降低在中国的运营成本和各种商业、社会或政治风险；另一方面，中国企业也急需外国合作者的资金、技术和市场网络来提升自己的能力。

中国加入 WTO 后，许多早期合资企业已经有了十几年的运营历史和经验，在新的经营环境下纷纷做出新的战略调整，或者收购国内企业变成独资或控股公司，或者国内企业收购外方资本而独立运营，或者重新调整合作伙伴，这也是并购交易最为活跃的时期。当然，调整的过程有皆大欢喜的，也有激烈冲突的，这都是司空见惯的商业交易。不过，在当时乃至现在的意识形态环境下，许多商业冲突都会被提升到社会和政治的层面，引发广泛的社会关注。对这些典型案例的关注与讨论，也真正提升了中国企业界和社会公众的现代市场意识和契约精神。

达娃之争是一个长达两年的股权争夺战，值得回顾。

娃哈哈集团创建于 1987 年，从校办企业的食品厂迅速成为中国饮料行业的领袖。1996 年娃哈哈与世界著名的食品和饮料集团达能集团（Danone）成立合资公司，达能出资 4 500 万美元加 5 000 万人民币商标转让款，占合资公司 51% 股份，娃哈哈集团占有 49% 的股份。双方合作十多年来，公司效益非常好，达能先后从合资公司里分得了 30 多亿元的利润。同时，娃哈哈也连续 9 年位居中国饮料行业首位，2006 年，公司实现营业收入 187 亿元。

2006 年，达能发现娃哈哈在合资公司之外建立一系列同样使用娃哈哈品牌的非合资公司，这些也为娃哈哈创始人团队带来丰厚的利润。达能认为这些非合资公司的存在是违反当初合资协议的，拿走了本应由合资公司享有的市场和利润，因此要求用 40 亿人民币收购非合资公司 51% 的股权。娃哈哈拒绝了达能的收购请求。2007 年 12 月—2008 年 4 月在两国政府协调下，双方中止了法律程序进行和谈。达能要求以约 200 亿人民币的价格将在合资公司的股权反售给娃哈哈，被娃哈哈拒绝。2007 年 5 月，达能正式启动对娃哈哈的法律诉讼。此后，双方进行了数十起国内外官司战。

达能和娃哈哈集团 2009 年 9 月宣布，双方已达成友好和解，达能同意将其在各家达能 – 娃哈哈合资公司中的 51% 的股权以 30 亿元价格出售给中方合资伙伴。一个达能收购娃哈哈非合资公司的商业诉求，演变成了娃哈哈的反收购结局。

达娃之争引发了广泛的社会讨论。许多本土企业创始人在自己成长壮大之后，重新审视当初的商业协议，希望能够重新调整，提升自己的利益，这是合理的动议，多数都是通过商业谈判来解决。但是娃哈哈集团作为中国饮料产业的领袖与全球企业达能正面对抗，将商业谈判推到社会层面讨论，动员民众和政府力量介入，而且在舆论上大量使用民族主义和爱国主义的词汇，自然别开生面。

我当时在接受电视台采访时还是比较含蓄地谈及，希望争议双方能够在原来协议的基础上讨论可以妥协的方案，即便通过法律诉讼，也不应延伸到民族情绪和国家安全这个领域。不过，许多专家则明确反对。其中，我的老朋友，同是全联并购公会的创始人之一的李肃更是公开在《竞争力》杂志上洋洋洒洒写了万字长文批评我。当时的媒体报道称"关于达能娃哈哈之争，李肃站出来与全国工商联并购公会王巍会长商榷。8月20日，李肃奋笔洋洋洒洒万言书，他反对王巍将'达娃之争'引入单纯的契约之争，而是推导出'跨国公司强权论'。李肃称，希望通过与王巍的讨论，推动全社会走出跨国公司崇拜、跨国公司政治、跨国公司迷信与跨国公司恐惧的阴影"。①

在另一场由前外贸部副部长龙永图主持的电视节目中，有专家认为达娃之战是"国际资本与中国企业家的冲突"，代表一代被剥削和压迫的创业者终于站起来了。我当场就表示，这是非常复杂的谈判手段和妥协过程，不必上纲上线，激发矛盾。如果非要二分法讨论，这并不是国际资本与中国企业家的冲突，我更认为是"规则企业家"与"江湖企业家"的冲突，更应该从契约精神和市场精神的角度思考。

《中国企业家》杂志当时发表了我的一篇文字，"宗庆后提及当年签署的合同追悔莫及，'由于本人的无知与失职，给娃哈哈的品牌发展带来了麻

---

① 参见：http://finance.sina.com.cn/leadership/mmjzl/20070831/18033936936.shtml。

烦与障碍，现在再不亡羊补牢进行补救，将会有罪于企业和国家！'我看到了娃哈哈的两个老板，一个是希望调动社会情绪给自己毁约创造条件的小商人形象，一个是忧心忡忡关注经济安全的大企业家形象。前者不惜将达能代表的跨国公司群体在中国的经营统统打上掠夺财富的印记，过河拆桥，从根本上抹杀全球化对中国经济能力和民众福祉带来的巨大好处。后者则希望代表正在崛起的本土企业家群体要求全球化中正当的权利。当两种形象集结在一位企业家身上时，我便深感不安了。我们毕竟是全球化的环境，能不能用商业的语言讨论商业问题，能不能用尊重历史的态度和谈判的态度解决问题，是值得思考的。"①

《融资中国》对我做了一次专门采访。我从达娃之争谈到了中国企业需要契约精神，也引起当时广泛的报道。考虑到与并购整合这个大题目息息相关，我节选如下。

商业与市场是多元因素在其中起作用进行交易与交换的一个过程，这个交换的过程要达到大家可以计算、判断和衡量，就需要存在一种最基本的约定，这个约定就是契约。契约精神是维持任何一个社会中人们进行理性判断、预测以及比较的基础，实际上，契约精神恰恰是一个商业社会最基本的文化，是基因，而我们中国向来缺乏这种文化，缺少这种基因。士农工商，商一向在社会中处于最底层，所以认为这种基因并不重要，使命更重要，其实基因是同样重要的，所谓这种基因就是商业契约精神。

商业契约精神实际上很简单，就是说话算数，一旦做出了承诺必须执行，而且是不打任何折扣的执行。我们在经济改革早期过程中都有使命感，走到今天使命感已经不够了，要靠所有能够活跃市场经济的细胞，但这些细胞我们又严重缺乏。我们经常看到的都是不履约，从个人不履约、企业不履约到政府不履约，不履约带来的结果完全是破坏性的。作为政府更要履约。不管外国人怎么不对或是影响国家经济安全，但是毕竟他们是按照

---

① 王巍.民族主义与契约精神［J］.中国企业家，2007（4）.

中国的程序走下来的，按照所有中国的合同程序办的，不能因为感情问题，或是带来所谓的经济安全问题，就可以推翻契约。可能这个契约我们亏了，那么可以在下个契约中重新考虑，这是很简单的。

关于娃哈哈我看到了一些采访，虽然实质上的东西我了解得不是非常清楚，但是从语言上看是煽动民意，用"八国联军"这样的词汇来绑架人们的感觉，好像娃哈哈怎么样了，中国人民就会被损害了。这就是个大问题了。在商不言商，谈政治、谈民族、谈感情，这就错了。最让我惊讶的是宗庆后在公开地这样表示的同时，娃哈哈的全体职工代表发表声明，有组织地进行抗议、请愿，甚至有些地方政府写信介入企业之间的纠纷，这是一个完全的倒退。但我现在还没有看到哪个媒体在批判这件事情，至少要批评政府没事别掺和。这里政府所关注的，估计就是娃哈哈在当地设厂能解决当地就业，说达能不支持西部开发。但是达能为什么要支持西部开发？西部开发是中国的大事，达能作为一家外国公司没有这方面的义务。还有说达能当初设置了骗局，坑了娃哈哈。这些语言都是非常恶劣的。10年前，如果没有达能，娃哈哈能走到今天吗？这叫什么？这叫过河拆桥、背信弃义。中国如此著名的企业家这样做，让我觉得非常震惊。虽然我们也非常注重国家经济安全，但是用国家经济安全这样一个伟大的口号，煽动民意是很危险的。这几年来，我们能看到不少类似娃哈哈达能的事件。

中国加入全球化的过程中，不仅需要资源、资金和经济实力，更需要商业精神，这是市场最基本的因素。之所以现在缺乏契约精神，不讲规则，这和我们的整个文化有很大的关系。比如说田忌赛马的故事，我们会觉得中国人聪明，其实田忌赛马是违约的，赛马是有规则的，上马对上马、中马对中马、下马对下马，但是田忌却使用了下马对上马、上马对中马、中马对下马。假使将这种赛马方式放到讲规则的市场经济中就是不讲规则。在与外国企业进行收购的过程中，我们宣传中国人如何聪明、智慧，但是聪明和智慧并不是最重要的，商业契约精神才是最重要的，这是底线。拥有了商业契约精神之后再去研究智慧，不能整天研究怎么耍小手段，不讲规则、讲聪明智慧，这是很阴暗的。

契约不是教育出来的，是在市场竞争博弈过程中逐渐形成的。一个人不履约不是道德问题，企业不履约就会使经济上遭受损失，就会出局，所以从道德上教育人是没有用的，需要经济上的制裁。还有舆论也要转型。我们的主流媒体强调加入全球化，都说得很雄伟，要具有社会责任感，要建立公民企业社会，要做全球500强，目标都很宏伟，但是我倒觉得我们应该把这些目标都放下来，不要谈这么大的目标，谈些遵守规则的基本问题。

中国人只有遵守规则，才能进入国际。全世界投资者进入中国市场，最怕中国朝令夕改、朝三暮四、不断变化、不可测、不透明，中国现在在世界上的形象就是这样。不可预测、不透明、话不说透，说话含糊、搞深沉，这些为今后毁约创造余地。为什么要深沉啊，因为要给自己留出不断变通的余地。中国人太能变通了，不断变通，这个变通的结果就是没有规则。

我们现在经常谈到中国经济发展很快，都感觉很厉害，但是，要知道有家喻户晓的"金砖四国"，我们只是其中一国而已，而世界范围内又岂止"金砖四国"在发展，大家都在发展，各个国家的状态都很好。其实是中国自己在夜郎自大，觉得咱们中国经济发展很快了。去年（2006年）出了个电视大片叫《大国崛起》，我看了以后感觉很失望，因为没有谈商业精神，没有这些市场制度中国怎么能够崛起呢？看完这部片子会让人产生一种廉价的感觉，就是觉得关于崛起的所有条件中国都具备了，我们该崛起了。我认为，没有民主精神，没有真正的市场经济精神，这个大国还是发展不起来，全球经济在中国这个地方崛起不等于中国的崛起。大家去年（2006年）争议我们并购公会搞的一个工商联提案，很多人都说我们工商联提案是打击外资，因为我们谈的是国家经济安全底线，中国经济必须加入全球化才能安全；政府应当大力扶植本土全球化公司，而不是垄断国企；国家安全不是政府的判断，而是市场和政府的共同判断，是双方博弈，不是政府自己说了算。过去很多做法都是完全违反市场经济和全球化的。所以，我们强调的国家经济安全，并不是打击外资、打击全球化，我们是要拥抱全球化，要把国家安全放在市场、放在全球化基础上、放在共同博弈的基础上，而不是泛泛的，以国家经济安全为口实，行巩固垄断、保护落后之实。这是一个大的背景。

（2007年8月17日）

第十章

MBO，管理者收购

并购的江湖

管理者收购的核心是给予管理者长期激励的股权，这触动了中国企业家群体的神经。在资源、资本、技术和人力等生产要素都在市场交易中获得自己的收益和确定产权后，企业家和管理者的创新与管理能力同样成为重要的生产要素。管理者能获得股权，这是公有制经济体系的一个重要突破。

　　21世纪第一个十年正是中国企业界盛行管理者收购的时期，也是大批国有企业改制成混合经济的时期，笔者以自己的操作经验和思考对这个敏感问题加以分析，讨论如何将管理者收购从阴谋走向阳谋，更为市场化和透明化。

　　笔者也特别附上了当年在《读书》杂志的讨论会上与知识分子讨论这个问题的过程，也可以体现学术观念与商业操作的不同立场。

MBO，管理者收购

四通 MBO 的启动

　　1999年7月，北京最早的科技创业企业四通集团突然提出用管理者收购（Management Buyout，简称 MBO）的方式解决困扰多年的所有者缺位的历史问题，邀请了同样著名的中国证券市场研究设计中心（联办）担任顾问和融资协调人。一时间，各大媒体纷纷报道，具有广泛影响力的四通集团通过这种高调的改制方式引发了社会的强烈关注。

　　中国企业界已经在政策不明朗的"摸着石头过河"状态中低调探索所

有制改革许多年，模式五花八门，各显神通。广东、江浙一带大量私人企业出现都是由国有企业和集体企业改制形成的，都是与当地政府讨价还价的结果。出于意识形态和招商引资等条件的约束，很少有人拿出正规的支持性文件或政策，而是边走边看。北京企业家就不一样了，希望做大事，高屋建瓴，将事情摆到桌面上，判定是非，甚至成为全国的样板。于是，四通的MBO就成为千禧年中国企业和经济圈非常重要的事件，从更深刻的背景上看，也是中国即将加入WTO时面对的企业家所有权制度与国际标准的看齐。

北京四通集团是1984年由中国科学院的7名科技人员以2万元人民币的借款起家，到1999年已经拥有15亿净资产和几十个联营企业，是中国科技创新的领袖企业。尽管创业当年便归还了贷款，但因挂靠政府而成为公有制企业，享受一些优惠政策。早期的产权不清，有利于企业自主经营，不受政府干预。但因产权始终不清晰，导致股东属性、利益分配、对外开拓特别是与国际资本对接等都是障碍重重。四通管理层试图通过香港上市和公司股份赠予等多种方式解决这个问题，但国内政策对于公有制资产的分配要严格界定，无法突破。

1999年5月，四通职工持股会正式成立，同时成立北京四通投资有限公司（新四通），这个公司由管理层出资51%而控股。管理层股本出资和收购原有公司，如资本不足，可以通过外部融资协调人安排市场贷款。根据新四通发展计划，管理层将按市价逐步收购包括香港上市公司在内的公司资产，然后重组和发展业务，进一步私募融资，最后整体上市。这样一种模式是利用国际通行规则，用购买的方式解决历史遗留股权争议，使得公司在发展中保持公有制产权的利益有增值。这个方案得到北京市政府的批准，于是轰轰烈烈地开展起来。

四通集团MBO的发动者是创业元老段永基，这是一位驰骋商界几十年的江湖大佬，长于谋划和组织，对政治与社会动向观察透彻。大约在2003年，我在亚布力企业家论坛上主持了柳传志、段永基和张维迎几位的对话，特别提到了这次MBO的影响力。两位企业家谈得热火朝天，我当场

第十章　MBO，管理者收购

提出一个建议请两位换位思考一下，如果是对方的老板，将如何定位企业的战略发展。结果，两位企业家都回避对对方企业的评价，只是表达自己的战略风格。柳总重申了他的"绕大弯"理论，定了长期目标后，不急于求成，要讲政治，因势利导。而段总则斩钉截铁地强调，市场变化太大，不能等待，有想法就要立竿见影，用最终效果决定战略。事实上，这个对话还是表现出了中国的管理者有强烈的创业者痕迹，对管理的理解有很大的不同，企业自然也具有个人风格，不可能像成熟市场一样，管理者可以互相交换岗位。

管理者应该有一个市场，优秀的管理人换了环境依然可以表现出色，这样股东才能安心做股东的事情，不是动辄冲到前台指手画脚。许多企业中出现管理者与股东的冲突，固然有性格和专业的因素，但双方都没有一个可以退却的流动市场，不得不背水一战也是一个重要因素。尽管新四通的总裁在不久就离职它去，但四通MBO的模式已经完成，四通的模式事实上引发了各地一大批公有制企业的仿效，始终是中国企业市场化改制的重要里程碑。

2020年5月20日，几位老朋友一起回忆当年的四通创业过程。从左到右分别为：霍学文、王洪章、段永基、王波明和我

为什么在中国提倡管理者收购

四通 MBO 消息出台后,我接到大量企业咨询,于是就邀请著名法律专家李曙光教授一起主编了一本《MBO 管理者收购:从经理到股东》[①],人民大学出版社立即在两个月后出版,邀请了当时很有影响力的几位学者如张维迎、刘伟和曹思源等座谈,这本书立即成为商业畅销书,接连再版,还获得当年的国家图书奖。

2000 年初,我在上海参加了一个高端内部论坛,原上海市委书记汪道涵和中欧国际工商学院院长刘吉等参加,我专门介绍了 MBO 和在国内的一些尝试,大体内容如下。

第一,中国走向全球化和市场化大势所趋,不可逆转。企业所有权必须清晰而且可以交易。经营不好的国有企业的所有权应该卖出去。

第二,卖给谁?像苏联那样卖给有权势的政府官员,将导致贪污腐败,甚至社会动乱,也不是我们的社会制度允许的。卖给个体工商户,理论上可以但现实很难,他们没有钱,更没有管理大企业的经验。即使我们让他们慢慢学习发展,但西方跨国公司不会给我们这个时间,他们会攻城略地大规模收购国有企业。

第三,应该卖给国有企业的管理者。首先,他们都是党和国家几十年来培养的干部,政治可靠,与企业同心同德;其次,他们有改革开放的视野和信念,向前走,参与市场经济和全球化;最后,他们最熟悉自己的企业,改造起来也得心应手,顺理成章。这就是我们应该在中国提倡管理者收购的原因。

之后,我数次被邀请到上海给几个产业部门讲课,也接到许多企业的邀请参与相关业务。

---

① 王巍,李曙光等. MBO,管理者收购——从经理到股东 [M]. 北京:中国人民大学出版社,1999.

第十章　MBO，管理者收购

盼盼的公开标购

大约 1997 年初，我在沈阳的一次讲演之后，辽宁营口市的一位领导专门给我介绍了一位当地的企业家韩兆善来见我，匆匆交谈后，看到他满脸狐疑的样子，我顺手在地图上画了一个圈，告知在沈阳大连附近我曾主导了 7 个企业改制最后上市，建议他先向这些企业了解一下，有机会我们再交流。大约两个月后，他和儿子两人到我北京的办公室来找我，用一个手提箱装了大量现金，执意请我做财务顾问。

韩董事长创办的辽宁盼盼集团原来是濒临破产的营口防撬门厂，是镇的集体所有制企业。1993 年韩董与镇政府签约了 10 年的承包协议，专注防盗门的制造与推广。在 5 年时间里，盼盼集团迅速从一个乡镇小企业发展成为收入 3 个亿，占了全国市场 20% 的辽宁大企业，也成了业界知名品牌。盼盼集团股权的复杂性在于它的"红帽子"，仍然是集体所有制。我们决定先从改制入手。在其后的一年多时间里，我们反复与各级政府沟通，与集体股东谈判，收集了近 20 年间辽宁省、大石桥市到村镇的各种政策，终于在几个律师所的协助下，通过个人承包、集体改制、个人收购等几个不同阶段的演变，将盼盼集团股权的来龙去脉厘清了，实现了脱掉"红帽子"的改制。

我们介入后，特别考虑当时辽宁省还没有公有制企业改制的先例，就特别设定了几个步骤：

第一，与乡镇政府谈判，提前支付 10 年承包利润，同时承担政府的其他负债，这样将企业彻底改造成为私人企业。同时，吸收几个合作企业成为投资人，将公司设立为股份制公司，为未来上市做准备。

第二，在 1998 年，正规的"红帽子"改制，也就是管理者收购，还是凤毛麟角，没有样板可以参考。我们特地在北京举办了盼盼集团改制的签约仪式。统战部副部长胡德平、辽宁省一位副省长以及全国知名专家等一大批人都参加了这个仪式。本来，传媒界希望能够大力宣传，成为经典案例。考虑再三，我们取消了宣传计划。代之以一个赞助中国著名画家赵无极画展的活动，将其命名为"大道无门"，在当时的艺术界非常轰动。

第三，我们随后策划了盼盼集团面向全国的"公开标购"大会，这不过是将国外的标购（Tender Offer）移花接木而已。不过，通过传媒向全国同行发出加盟邀约，效果非常显著。许多企业成为盼盼的分公司或代理机构，盼盼一下成为全国知名品牌。辽宁省主要领导两次约我和韩董见面给予鼓励。

盼盼的改制得到辽宁省政府的支持和推广，之后十几个类似企业都以盼盼的模板顺利进行了改制，盼盼摘掉"红帽子"的故事也得到全国主流媒体的广泛推广，成为当时一个重要的里程碑。

MBO 从"阴谋"走向"阳谋"

与一般的并购交易不同，管理者收购的重心在于完成交易的同时要实现管理者持股的长期激励，或者首要的目标在于管理者持股。管理者是生产要素，与资本要素、资源要素和技术要素不同，管理者的价值是体现在人的观念和行为上，不能被简单地标准化或规则化。每个企业不同，每个管理团队不同，而且在不同时期，不同区域和不同的政策环境下，同一个企业，同一个团队，做出的选择也全然不同。因此，用一般并购交易的战略、定价、操作和整合等流程是不能简单套用在管理者收购交易上的。简言之，管理者收购更是艺术，而非规则。

21世纪的第一个十年，中国企业界盛行管理者收购和员工持股计划（ESOP），基于我主编的这个领域的第一本书的影响力，我的公司也接到了大量的相关顾问业务，我们参与的几个项目也成为一时的参考样本。《中国企业家》杂志主编牛文文专门邀请我做了一个很长的对话——《MBO从"阴谋"走向"阳谋"——关于管理者收购的对话》。全文发表后，也被各大商业媒体转载或改编，被称为"触及中国企业家群体心照不宣的一根神经"。现在回顾起来，许多观点体现了这个阶段企业家的心理状态和操作模式，这是与国外经典案例和教科书上迥然不同的。我据此加以简要概括。

管理也是生产要素，要形成产权

媒体更多渲染的是冲突的感情色彩。往往是拿拥有资本的投资方和拥有知识的管理者进行比较，到底谁是强权，强权就是公理。这种公众性的情感宣泄使得人们有资本战胜了知识的感觉。实际上不是那么简单，资本也代表知识，控制资本的人往往也是知识分子，毋宁说这也是一种知识冲突，不能说资本就代表为富不仁，没钱的管理者就一定要受不公正的待遇。要把资本和管理作为一种生产要素来讨论，这种生产要素在公司要落实到产权上。如果大家都折换成产权这种共同的语言了，那就是产权冲突了，是股本谁大谁小的问题，是有法律规则可约束的，没有那么多的感情色彩在内。

管理要素和资本要素在公司中的作用是不成比例的，当管理因素、知识因素、思想等在新经济中起了重大作用之后，社会认可才会提高，它的比例也会逐渐提高，但是这需要一系列的法律架构来配合。先进的生产力一定是以科技、以管理为主体的知识型生产力，这种导向应该使得知识的分量越来越高，管理层的价值越来越高。管理者收购也能师出有名，深入人心。

管理者持股是渐进的过程

我们讲的管理者收购与国外讲的是不一样的，我们讲的是中国管理者收购。国外的是通过金融操作方式控制企业，管理者可能是外部的，也可能是内部的。而中国的管理者收购只能是渐进的过程，只能是在企业发展过程中分享企业的增长利益，在这个过程中盘活存量，分享增量。从不承认管理作为生产要素到承认管理者的价值，从不承认管理者应该拥有股权到现在承认管理者有可能控股企业，这本身就是重大的社会经济变革。即使管理者只是拥有3%~5%的股权，我们也将其视为趋向于管理者收购的大趋势。中国是从管理者持股开始就已经进入了管理者收购的过程。

"分、卖、赏"不是市场交易

过去中国国企改革基本上是三个方式：一个叫作分，一个叫作卖，一个叫作赏。"分"就是股份制改造，"卖"就是抓大放小，"赏"就是给点股权、期权。这三种方式已经走到头了，对国有企业内部实行自上而下的改革这三条道早已经走完了。现在要靠市场来引导体制改革，市场引导的体制改革主要是靠金融市场或者是并购市场这样的股权的横向交易，所以就要鼓励市场交易，完成政府所不能完成的未竟事业。

要确认管理资源是生产要素。管理不是一个人的想法，而是一个生产要素，是生产产品，是构造一个产业的最基本的东西，而且随着社会发展到今天，高科技和管理的贡献越来越大，这是应得的，并不是谁赏赐的。我们一定要正视这个问题。这个问题要靠理论家来宣传，为管理者和股权地位正名。但是更多的理论家关注的是从提高经济效益或激励管理者的角度上（"赏"的角度）来讨论国有体制改革，而不是为管理者争权益。这种角度使得大家对管理要素的贡献研究不足，特别是如何量化没有研究。

管理者创造价值，应该拥有分配权

公司的管理者是企业家，企业家的收入是什么呢？企业家的收入就应当是整个企业价值增值的一部分。因此，除了他们作为管理者该得的工资以外还应该体现他作为企业家的贡献，他投入管理，投入知识，因此管理者拿企业的分红是天经地义的，理直气壮的，而且是可以量化的。利息拿多少，地租拿多少，工资拿多少，这些都是有规则的，剩下的就可以考虑用来实现管理者作为企业家的分配权了。要明白管理者真正的价值所在，管理者的生产要素分红是天经地义的，不是需要谁来赏的，这是一个很重要的心态。

第十章 MBO，管理者收购

管理者要守商业规则

各种生产要素一到位，就把管理者股权先拿走，这客观上也导致投资者对管理者的不信任。这就像1和0的关系，管理者是1，其他各种要素是0。再伟大的1也需要有0，单有0肯定不行，单有一个0也不行，加上一个1才可以构成很大的数。管理者是企业的船长，船沉的时候应该在最后才走，而许多管理者从上船那天起就带一个救生圈，而且整天背着救生圈到处晃，随时准备弃船逃生。这种状态怎么能让别人对你有信心呢？谈判时往往都是说你当年给我50万，我现在给你挣到6 000万，我能拿多少？从商业规则而言，无论你今天赚了多少，你都要按照当年的协议来分配。有一些管理者突然成功了，企业赚了钱，他就自己将钱转移到个人账户，心理上觉得良心上是对得起投资者了。但在这里不是应该讲良心安慰的，这是商业伦理和法律问题。

投资者与管理者可以不断调整契约

你可以找出管理层的弱势，也可以找出资本方的弱势，谈判优势是根据不同的条件不断地转换的。如果你一开始谈判就处于弱势，一般情形下，只是表明你本身就是弱势。为什么弱势还谈判呢，因为对你有好处，只是后来企业发展了，价值变化了，你没有重新谈判。重新谈判是商业规则，是正常的。双方就应该不断地沟通，往重一点说是谈判，再往重一点说是双方讨价还价。分分合合是企业行为，这是企业交易问题，是利益问题，不能用道德评价企业发展。像硅谷的发展，如果没有这么多的裂变就不会有今天的硅谷。如果大家都抱团走到今天，企业永远是这一批人，那这个企业就有大危机了。企业不断地分裂才可能淘汰一些生产要素，淘汰出来的不一定是渣子，淘汰出来的人可能在这个企业不合适，换到另一个企业就可能是精英。

管理者收购需要创新

政府的政策是几十年来经常变化的，而且很多是全局性的，不可能针对某个企业。如果大家都等政策，结果会把市场机会耽误掉了。我觉得在中国只要保个底线——合法，很多地方都可以变通。我经常举一个例子，大家很多人走到胡同里，看到对面是一面墙，路被堵住了，95%的人直接转身就走了，大概3%的人会走过去，走近一点看确实是面墙，然后转身走了，只有2%的人上前一摸，发现原来是纸糊的，结果就走过去了。没有做不到的事情，只要你合法，而且用比较好的技术去做，就都能做到。所以不要等，不要靠，国家政策也是在总结下面的实践经验中促成的。而且我们等不及了，WTO来了，竞争压力很大，我觉得要通过各种创新手段去形成有中国特色的MBO方式。

中国MBO的几个特色

第一，中国的MBO是潜移默化的，最明显的就是江浙的企业。企业没变、经理没变、产品没变，而产权却从当年国家集体的变成现在的私人的，这叫"春雨润物细无声"。所以千万不要轰轰烈烈，想一挥而就。要举重若轻，"小荷才露尖尖角"，本来应该是蜻蜓上去，亭亭玉立，很有味道。如果上去一只青蛙，那一下子就把"小荷"压死了。第二，中国的交易方式，更多的融资手段是通过非金融化的手段支持，没有金融支持，所以很多情况下是利用一些准金融和内部融资的形式。第三，中国MBO的定价是桌上交易和桌下勾兑结合起来，这是初级阶段的一个方式。第四，中国的MBO几乎不需要财务顾问介入和不需要外来者介入，连律师的法律文件都是两个人一块儿写，更不用说财务评估、市场定价。这就是中国特色的MBO。

MBO最大的风险是内部人交易

内部人交易就是管理者为了获得最大利益而利用自己获得的信息，利用对自己企业架构的控制权，利用自己选择中介机构职务的便利，利用自己在董事会上的话语权，做出一个对自己有利的企业定价。然后将企业在缺乏社会监督、缺乏竞争机制的情况下，不适当地把资产转移到自己的部门。我们看到很多类似案例，觉得里面有很多的隐患。

MBO 应该采用竞争机制，公开透明

作为管理者，要思考管理者收购的目的，第一目的应该是企业长期发展，然后获得自己的正当利益，而不是倒过来，先获得自己的利益然后再发展。企业的交易过程、定价过程等所有过程应该重视两个方面。一个是社会的公开透明度，通过什么方式买，通过什么价格买，最基本的要约应该向社会公布。公布之后应该允许别人竞标，这些东西在中国都是闻所未闻的，大家都觉得是新鲜事。我卖内部企业和你们有什么关系？那不叫管理者收购，那叫"分"。很多打着管理者收购的牌子实际上还是"分、卖、赏"，凡是"分、卖、赏"的都不是 MBO，那是内部人的行为，是内部控制，一旦打上 MBO 的旗号了就必须要公开。在这种交易中有没有不合道德甚至不合法的行为，不打开黑箱就不知道。降低风险的一个方法就是公开竞标，不能说我们一高兴就把这个值 100 万的企业以 50 万卖给自己的兄弟了。进行这种关联交易并不违法，但是不能不公开，而且要有一段时间允许别人竞标，这种 MBO 才是比较规范的。这个方向是应当鼓励的，特别是上市公司管理者收购更应该公开化。

MBO 也是一个公司治理的问题

公司治理是 20 世纪 90 年代中期从国外传到中国来的，现在在中国已经成为显学了。我觉得中国内部重大的改革与其说是内部的调整，不如说是外部压力促成的。进入 WTO 后，国门打开了，因此中国的公司治理结构一定要符合国际标准，一定要和国际接轨。因为全球化当中主导生产要素配置、资源配置的是公司治理结构。中国的公司很多像是一个个小小的黑

箱。我觉得管理者持有股权是趋近于国际化、全球化的重大举措。过去搞股份制主要是通过外部来调控，从外部使得产权多元化。现在搞MBO是从内部保证生产要素物有所值，得到管理者该得的产权地位。我觉得这都是公司治理的问题。

MBO也是保护国有资产增值的重要措施

这里我要特别谈的是WTO给我们的最大压力是对人才的争夺。因为未来社会人才是最大的资本，现在外国企业给更多的工资或者是更高的待遇，特别是用股权来吸引人才。如果中国的企业没有相应的手段留住人才，这将是很大的损失。我们谈到国有资产不能流失，而国有资产当中很大一部分是管理者，不实行MBO使人才离开，这也是国有资产流失。要把MBO提到这样的高度：实行国有企业的MBO是保护国有资产增值的一个重要措施。

管理者收购是一个金融工程，不是一场群众运动

千万不要把管理者收购高调炒作，变成群众运动。高调炒作有很多的风险因素，中国的新闻界往往是未审先判，在这个时候低调是必要的，但这种低调并不是逃脱社会监督，而是说在有规则的条件下，经过专业圈的人的竞标、监督，而不是说八竿子打不着的，整个社会的人士都来评价这个事情。我高度评价"四通"这个案例，这个案例的策划者和推动者最早把这个问题推到社会的关注点上，由于这个案例引发了全国的企业家、所有者、经营者的思索和财务顾问的介入，这是具有重大意义的事件。《中国企业家》杂志探讨这个问题时说它"触到所有中国企业家心照不宣的一根神经"，事实上，触动一下它是非常有影响的。这是一个关乎社会脉搏的问题，肯定是有误诊的时候，但是误诊也是摸到脉搏了。

（2003年4月22日）

第十章 MBO，管理者收购

新天钢并购与混合经济

河北出身的创业家丁立国从钢材贸易起步，连续收购地方小钢铁厂，迅速成为一家具有全国竞争力的民营钢铁企业——德龙集团。2008年前，他曾与几家国际钢铁巨头谈判并购交易，其中俄罗斯人以18亿美元确定收购德龙。因政府审批程序的拖延，正赶上2006年全球次贷危机，结果未能成交。这次并购事件引发了业界的关注，我也有机会在中国企业家亚布力论坛上结识丁立国。德龙钢铁除了因连续在海内外的钢铁产业并购交易出名之外，在生态环保和环境处理上也建立了卓越的声誉。丁立国担任了许多社会公职，在推动中国钢铁业的全球化和碳中和等领域具有广泛影响力。

德龙钢铁在2019年1月正式并购天津的已经破产的渤海钢铁集团。渤海钢铁集团成立于2010年7月，是由天津钢管集团、天津钢铁集团、天津天铁冶金集团和天津冶金集团四家国有钢铁企业整合重组而成，曾经是全球500强企业。2015年，国内经济逐渐放缓，钢铁行业开始陷入低迷，国有企业机制未能及时调整市场结构和管理结构，债务达到2 000亿，内部资产被低价出卖，贪腐盛行，最后由盛转衰。2018年，渤海钢铁正式破产。2019年1月，天津市高级人民法院裁定批准重整计划，渤海钢铁进入重组阶段。

根据2022年的新闻报道，"渤海钢铁并购项目主要从员工、变革、管理等几个方面进行了全面重整，历时几年重整之后，渤海钢铁集团改名为新天钢，丁立国任董事长。重整期间，在变革方面，德龙通过技术改造，把产能优势发挥出来；管理方面，德龙采取了增产增效，集中采购等方法，并重组资产600亿；员工方面，德龙积极促进两方员工融合，并对渤海钢铁之前的5.5万职工给予妥善安置。重整之后新天钢的钢铁产量达到了3 300万吨，进入了全国前五，全球前十，实现了民企对国企的成功重组。"

欢愉的新闻报道掩盖了太多艰难曲折甚至血腥的故事，丁立国董事长

2018年3月,丁立国董事长(左)参观天津金融博物馆,与我在门前的金融牛雕塑处拍照留念

面临的不仅是涉及几十位局级领导和几万员工的体制转型问题,几百家关联客户和上千家内部企业之间的利益格局与捆绑问题,长期监管空白与贪污腐败问题,退休与转岗人员的安置问题,技术改造、市场调整与产品转型升级的运营问题,外部融资与市场价格波动问题,还有更为复杂的社区利益与政治安定问题,甚至多次出现几百位警察进场维持秩序等场面。丁立国将全部身家投入,多次在朋友圈内动容流泪。这种复杂程度远非传媒可以表述,参考吉林通化钢厂收购后,入驻总经理被打死的事件就可以体会。

2003年,党的十六届三中全会通过的《中共中央关于完善社会主义市场经济体制若干问题的决定》明确指出:发展混合所有制经济,是我国在市场经济条件下发展社会生产力、搞好国有经济、巩固和发展公有制经济的重要战略部署。"要适应经济市场化不断发展的趋势,进一步增强公有制经济的活力,大力发展国有资本、集体资本和非公有资本等参股的混合所有制经济,实现投资主体多元化,使股份制成为公有制的主要实现形式。"

混合经济成为近 20 年来最为活跃的并购交易目标。

混合经济看上去不复杂,就是几个不同所有制的合作,而且成为一体。但是,真正实现却非常不容易。同一经济体制下的企业整合就很难做到,不同体制的企业整合就更难有所成就。以笔者的经验,混合经济的核心就是用同一体制彻底改造不同体制的企业,无论是国企、民企还是外资企业都一样,管理必须统一,才可能有所作为。丁立国和新天钢的成功最重要的因素就是用民营企业的模式改造了国有企业。当然,从政府支持、金融资源提供、管理团队和员工的贡献以及社区的友善营商环境来考虑,这也是多种体制的共同努力,也是混合经济的成就。

尽管混合经济正式提出来是在 20 年前,事实上这个概念与改革开放以来 40 年的产权制度改革一脉相承,大家最为熟悉的就是所谓的"国退民进"或"国进民退"之争,无论混合的模式是什么,国有体制的主导本质不能改变,这是中国特色的社会经济制度所决定的。笔者在本书的前面将"国有资产流失"观念作为妨碍市场化并购的重要思维资源,这里我再引用当年一篇讨论这个问题的文字,它曾被广泛传播,至今仍然有积极的参考意义。

与企业重组并购活动相关的一个著名的提法,便是所谓的"国有资产流失"问题。从事公司重组和并购的人都知道这个说法,谁也说不清它的来龙去脉,也没有法律上的明确界定,甚至也不清楚到底是谁有资格来衡量来定性,但是我们都不得不生存在这个氛围中。比如,国企的资产卖价低了,是流失;卖错对象了,是流失;卖得不合程序了,也是流失;卖的时间不对了,同样是流失;该卖不卖,更是流失。真是动辄得咎。我相信,这个问题的产生是基于保障国有资产的安全和增值,防范交易过程中故意侵吞资产或变相掠夺公共财富的犯罪动机和行为。但是,放着已经相当完整的法律制约体系不用,不断用行政的渠道强调一个"国有资产流失"的概念,在各级各类的机构复杂的动机驱使下不断扩大威胁效应,这对于正在成熟的交易市场却是一个大隐患。逻辑上很有可能导致相反的效果,即:

国有资产的真正流失。

众所周知，中国经济现在已经不再是纯粹由国有资产构成的了。同时存在着私人资产、公众资产、外资资产等。何以偏偏宣传国有资产不得流失呢？国资委以出资人的身份以铁律要求国有企业的资产交易底线是可以理解的，但必须有一套同样明确的技术规则来约束。我们常常发现国资委在以政府管理机关的身份向交易双方或向公众宣示这一原则，大有以"家规"代替"国法"的嫌疑，不免让社会上非国有资产的所有者不满。民营企业家可不可以整天向社会呼吁私人资产不能被剥夺呢？作为占社会主导地位的国有资产主体竟如此信心不足，何以让其他经济成分安心呢？以我看来，泛泛地强调国有资产不能流失有悖于"立党为公，执政为民"的大原则。

而市场交易本身就是一个不同利益主体的博弈过程，交易双方总会有得有失。如果其中一方始终有一个交易之外的力量来保证它只赚不赔，这还会是个市场么？这样的市场还能维持下去么？国家、个人、股份制企业在交易市场上都应该处于平等地位，只有在市场上平等交易才能有公允价格的产生。之所以用行政的力量来保护某一方利益，一定是资源配置的原动力与行政取向发生了冲突。换个角度看，资源从一个无效的经济系统中转换到一个有效的经济系统中，对整个社会可能是一件好事。从这个意义上说，国有资产的流失就一定是坏事么？

并且，企业的价值一定是与时俱进的，应由市场决定。基于技术进步、管理进步、市场需求、企业家的进步等种种因素，国有资产一定会发生价值的变化，可能升值，也可能贬值。如果政府靠行政手段来维护某种价格，比如所谓的要按照成本或者净资产来确定它的售价，企业的重组就不能按照市场价值链进行，而是按政府的行政能力、控制能力进行，这样重组的越多，离市场越远，越失败。在市场各种力量的博弈当中"国有资产流失"可以说是一个自然或必然的过程。实际上"国有资产流失"这个词本身体现了一种伦理评价标准，在经营实践中是一个含混不清的词，并无意义。

由于中国处于特殊的市场经济形态之中，有秩序地推进国企重组，保护国家经济命脉是非常重要的。但在实际执行中由于现行体制和观念的作用，产生出与市场化对抗的现象，体制僵化、固守某一具体的指标（比如净资产）阻碍了交易的进行，使资源重新配置的时间无限制地延长，这恰恰在实际运作中导致国有资产更加流失。加入 WTO 之后，全球公司都在中国争夺战略资源，控制市场份额，建立产业标准，而我们的国有资产如果在面向历史寻求所谓公正，而不是面向未来寻求增值，这应当真正引起管理部门的重视。

《读书》杂志的 MBO 讨论

2004 年 8 月，郎咸平教授在复旦大学发表了名为《格林柯尔：在"国退民进"的盛宴中狂欢》的演讲，内容直指时任科龙电器董事长顾雏军，认为其先后收购了科龙、美菱、亚星客车以及 ST 襄轴等四家公司，号称投资 41 亿元，但实际只投入 3 亿多元。顾雏军公开回应郎咸平的指责。随后经过媒体报道的发酵，郎顾之争演变为国企改革之争。2005 年，顾雏军等 9 名高管因涉嫌虚假出资、虚假财务报表、挪用资产和职务侵占等罪名被警方正式拘捕。

2004 年 9 月，著名经济学家周其仁教授发表长文批驳郎咸平的论点，认为郎咸平用煽情语言和乱扣帽子的模式否定改革开放以来中国产权制度的市场化进程，无视历史环境和时代进步，要改变国家政策方向，这是非常危险的信号。周其仁教授是最早跳出学界象牙塔，警示中国改革者和企业家关注民粹主义思潮泛滥和政策转向风险的经济学家。周其仁和张维迎两位学者参与国资改革的论战提升了社会影响力，这个争论一直延续至今。

2021 年 11 月，著名媒体人司马南连续 6 次发布视频指责联想集团和著名企业家柳传志董事长在当年国企改制和科技发展战略等方面的问题，再次引发一轮广泛的关于国有企业的改制历史和未来走向的社会讨论。

从历史上看，欧洲和日韩等国都长期存在着国有化和民营化的争论，至今不绝。但争论一般都局限在学术和政策层面，很少成为公众话题。但是最近10年来，因互联网的发展和社会财富差距急剧扩大，特别是2008年全球次贷危机后，民粹主义影响广泛，美国的"占领华尔街"运动，英国的"脱欧运动"和西欧的"反难民运动"等都明确将产权制度和财富分配制度改革作为最为重要的目标。经过长达30年的高速成长后，中国社会也进入主张共同富裕的阶段，对产权改革历史的追溯与重新评价自然也得到关注。

历史的事件和观念应当重置于历史环境才能中肯地理解和评价。我们这一代有机会亲历改革与开放这个伟大时代。我们坚定信念，充满激情，披荆斩棘，兢兢业业，在不同领域做出了许多局部贡献，成为夯实当代中国经济基础的一部分。我们的观念和操作都自然带有强烈的时代痕迹，是非功过，每一代人都会有不同的认知。这里，我特别援引一段当时我在新浪博客上写的文字，讲述了2004年10月在三联书店的《读书》杂志编辑部参加的一次关于管理者收购（MBO）的讨论会。

当天上午，主持人邀请了许多当时非常著名的学者评论管理者收购和国企改革，讨论郎咸平对格林柯尔的挑战。知识分子们的主要观点比较一致，认为企业界基于利益立场，巧取豪夺了公众利益，社会严重不公平，国家政策应该转向。邀请来的几位企业家都没有发言，也没有坚持听到下午。于是，我作为当时唯一的一个商人代表，必须有所表示。我做了一个现场发言，气氛还是很不错的。但是，我发现，《读书》杂志在此后发表的会议纪要文字时，其他学者的文字都是在我发言后他们自己或编辑做了修正，而我的发言只是简单摘了几句刊出，也没有经过我的确认。我立即向当时的主编提出抗议，要求刊出我的全文。大约我不是一个学者吧，他们舍不得拿出版面来，只是两次给我做了解释和道歉。我将发言整理后，发到新浪博客上。

王巍：对于国企改造的问题，今天大家是用不同的语言谈同一件事情，

第十章 MBO，管理者收购

立场不一样，想法就不一样。在这个多元化的社会，大家有不同的理解，我觉得是好的事情，是进步。一般来说，知识分子更倾向于强调自己的话语权，更喜欢用自己的语言去统一别人。他们总是固执地认为自己这一套东西是对的，其他的几乎都是旁门左道。他们就要坚持这套体系，不仅不妥协，而且习惯强加于别人。我听了刚才诸位评价国企改革的这些语言后，第一，我感受到一种道德激情和正义感，而且用词激烈，对我来说是久违了。我很坦率，刚才你们叫作"强盗社会、强盗道德"啊，"掠夺的分赃同盟"啊，等等，不太像严肃的学者的讨论语言。我觉得仅仅用这样一种语言就不太容易与企业界沟通。在企业家的圈子里会有抵触，企业家首先就会在心里感觉，这完全是居高临下的道德审判，甚至是"文化大革命"的语言。第二，笼统地进行谴责是不能割裂历史的进展的。我们都是过来人，经济改革的历史绝不是几句大而化之的口号就可以涵盖的。第三，平等地讨论问题，首先要准确理解对方的观点。我听了一上午大家的想法，也希望表达一点商人的看法，供你们批评。

刚才许多人对MBO十分不满，我实际上在业界是最早宣传管理者收购（MBO）的，这大概也是约我来的缘由吧。第一本书就是我写的，5年前出版，叫《MBO管理者收购》，当年还获得出版界的一个什么奖。当时我还送左大培一本，大培过了一年出版了他的代表作《混乱的经济学》，有一章专门批判MBO。（左大培插话：我不是针对你的，我有我的理论体系）。大培在这方面的批评远远早于郎咸平。

现在大家都在谈MBO，网上也在大骂，许多经济学家也避之不及，让我不理解。在我看来，MBO不过是个金融工具，它就跟锤子一样呀！看你什么人使，如何使用。不能因为使用的问题，就说是MBO这个工具的问题。MBO是很普遍的，全球包括美国都在用它，它仅仅是一种正常的普通工具。你拿这个工具做什么事情，在中国形成什么效果，那又是另一回事。我是匆匆赶来，并不知道讨论的主题，所以只是谈谈感觉。

网上有人说，郎咸平是个学术流氓，迎合媒体，反复无常。我不希望有人格攻击,即便其的是学术流氓,他只要提出好问题,你就不能不认真对待。显然,不与无耻的人讨论问题,也不够学者的风度。我个人觉得这是一个非常好的社会大讨论,国企改革走了这么多年,各界该有这么一个讨论了。这不存在着谁对、谁错,通过这样一个过程,大家重新审视,从理性的角度再来"洗个澡",这是件好事儿,对双方都有好处。立场不一样,就有不同看法,不能搞学术霸权,也不能强求统一,消灭异己思想。

郎咸平对我来说是个戏剧人物,他是一个立场很不一致的经济学家。在三年前,他是强烈反对国企的,迎合市场。现在他捕捉形势,也改变了立场。个人善于表演,这没什么错,社会也是需要媒体经济学家的。没有他这样的人,这件事就不会产生这么大的影响,我们应当感谢他。当然,在座的诸位对他也不满,刚才不断重申自己的观点要早于郎咸平,置疑他的学术影响力。我看这是知识分子的毛病,在这样大是大非的问题面前,更关心名誉、发明权和影响力,这是大可不必的。

由于迎合了关心弱势群体,郎咸平的这个观点一出来,就获得社会各个群体的广泛关注。

我认为这个讨论之所以走到今天这个程度,是因为未来很多大的政策将建立在这次讨论的基础上。一定要高度重视这次讨论,这不是知识分子的意气之争,也不是简单的不同社会阶层的积怨释放,而是有更深的制度转换背景,特别是所谓的执政能力问题。知识分子们总是感觉太好了,以为自己启发了社会良知,帮老百姓明断了是非。果真如此,我们倒是要庆祝进入知识经济的社会了。

我对郎咸平感觉不好的一点,他是经济学家,也是所谓的知识分子,但太过聪明地见风使舵。对于国企改革中出现的国有资产流失问题,他是理解其中的复杂性的,但他刻意地将全部板子打到企业家身上了。企业家仅仅有十几年的历史,他们是从无到有,在一个非常困难的环境下创业出来的。在一个如此强大的公有体制下,他们有多大的本领来用"强盗逻辑""掠夺国家资产"呢?如果刚才诸位所说的过去这么多年的改革是导致

第十章 MBO，管理者收购

"国有资产全面流失"的逻辑成立的话，谁的责任更大？刚才有人称是企业界与政府结成了瓜分大众利益的同盟，那郎咸平你怎么不批评政府呢？可是这么多针对企业家的波涛汹涌的批评，有几个把矛头指向了始作俑者呢？

大家认为张维迎是企业家群体的代言人，我与他是老朋友了，其实他也并没有多了解企业。我经常当着这些教授的面说："你们的胆子很大！"他们连一份真正的财务报表都看不懂。别说企业，自己的助教都管理不好，结果能到几百、上千名企业领导人的课堂上大谈管理、谈财务，没有心理障碍，这个胆气就很大！但我非常欣赏张维迎在大是大非问题上的胆气，敢于为企业家执言，坚持他的信念和理论，这也是经济学者的道德勇气！

有人插言：张维迎有个最大的优点，他讲东西很简练，一般的人听了很明确，这是他的优点，一般老百姓都接受……

王巍：应该说效率和公正是经济发展史上的两个永恒的主题了。企业家的圈子一定永远是以效益和发展的名义，去做所有的经营活动。这个经营的结果在当下评价和历史评价也许是两回事，由谁来评价更为合理？同样，知识分子，特别是公共知识分子，一定是以道德、正义、公正的角度来观察和批评社会，历来如此。我认为在当下的语境中，所有的公共知识分子基本上都是处在社会边缘状态的，全世界都一样，美国知识分子也是被边缘化的，不得志的。但在历史的观念上，他们有可能大有作为。公共知识分子往往在当下要做出牺牲，从而才有可能在历史上影响主流观念，这就是知识分子的责任和道德。大家尊重知识分子，也许就因为他们从不趋炎附势，安贫而乐道吧。在座的许多人不喜欢张维迎，也许就是他本来可以像公共知识分子一样安于边缘，但他没有，而是同时还要参与主流，为所谓的强势群体代言。同时担任两种角色很难。

我一向主张商业经济学家和经济学家完全是两类人。前者始终站在企业家的角度去解决问题、安排效率。他是站在企业的利益上，帮助企业赚钱。而经济学家就要站在公众利益的立场上，解决公平的问题，实现帕累托状态。例如，经济学家原则上要反对垄断，公平对待消费者。商业经济学家则主张制造垄断，保护创新的利益，不垄断怎么赚钱呢？你不可能鱼和熊掌二者兼得，你不可能"通吃"。在大家基本立场都不说清楚的情况下，真正的对话就不会实现，只能自拉自唱。另外，胡鞍刚方才提出的处理国有资产的几大原则在道德上值得高度肯定，但在操作中很难实现。全民的参与和分享是如何进行的，高度透明也是不可能的。你也有同样的道德理由要求中国政府运作的透明度和全民的分享权力，是吧？我认为，社会的批评和监管是非常必要的，但对于计划经济向市场经济转换这样一个伟大的过程，仅仅有道德正义是不够的，还要历史地观察和逻辑的论证。

所有的社会转型都是痛苦的，美国20世纪30年代至50年代的经济转换和产业整合同样面临大量商业道德和腐败问题，还是在发展中解决，当然也会产生新的问题。现在有多种声音是好事情，一定不要强求统一，没有必要统一，统一是坏事儿。诸位今天在这个场合谈的，你不可能指望企业家去接受这个批评；企业家谈的东西，也从来没有希望你们去接受他。你可以用"掠夺"这种语言来谈问题，来评价道德，企业家不会怪你，因为他知道你就是这样。企业家也有道德，也有他的良心呀！没有这些企业家的奋斗，中国如何能在短短十几年里实现市场化和国际化呢？中国的崛起成为世界有目共睹的事实，这是企业家靠掠夺国有资产就可以实现的结果么？中国的企业家使多少沉睡中死亡的国有企业，重新激活起来了。看看这个历史事实，如果不是意气用事，我看张维迎呼吁要善待企业家群体应当是可以理解的吧。即使是郎咸平攻击的顾雏军也是应当被公正对待的。我看许多网上的攻击者，是不尊重企业家的经营智慧，这什么心态呢？"早知道你玩儿这个，我本来也可以玩儿嘛。"须知，只有顾雏军这样的资本运作者会激活市场和经营界，他以小博大，整个业界就全活起来了。如果没有这批人，还是一池死水。即使他是坏人，他也有他的用处！市场经营是商业道德，不是我们传统文化道德所能简单判断的。

众人插话：你能不能给我们一个MBO的实例，你做过的？你不说，就是有鬼，我看就不要为难王总了，许多事是不能端上台面的。

王巍：诸位看看对面的楼，几乎所有的窗户都是关上的。为什么？一定有鬼，可能有男盗女娼的勾当！这是知识分子看问题的角度么？我们把自己变为街谈巷议的老百姓了吧？每个企业都有隐私，就像人一样，但有隐私不等于违法和有鬼，对吧？我不愿意讨论案例，这是职业道德的问题，许多业界不愿意参与这次大讨论，各有自己的兴趣和原因。企业家也许没有公共知识分子的使命感，非要参与大是大非的辩论，对他们来说，生存和发展更是头等大事，他们更愿意善意地理解，公共知识分子们会历史地客观地总结企业家们的贡献的。

（2004年10月29日《读书》杂志编辑部讨论会）

第十一章

重组与产业整合

并购的江湖

重组资产就是提升资产质量和效益。"不良资产"这个词是一个错误的翻译，应该是"困境资产"。误译会导致许多认知问题，正本清源能创造许多机遇。笔者通过三个亲身参与的重组案例，体现在一个时代背景下，重组是超越金融技术的复杂操作。

企业重组在更高的层面上就是产业整合，中国在加入WTO后，在全球竞争与合作中所有产业经历了一次大整合，再造了当代中国的经济制度和体系。其中，中国的宏观调控与西方的商业周期一样，制约着产业整合的节奏。中国的并购与企业重组都是在宏观调控的背景下进行的，不了解这一点，就会有致命的失败。

不良资产与困境资产

1999年，国家为了处置四大银行的不良资产，分别成立了东方、长城、华融和信达四家资产管理公司（AMC），由财政部为四家公司分别提供资本金，由央行提供再贷款，用于收购四大行的不良资产。当时，财政部给四家资产管理公司预设的年限是10年存续期，以消除银行的不良资产为唯一使命，这使得四家机构成立之初就有一种悲壮的气氛，很多员工也是从四家银行中转岗过来，自然情绪不高。

我曾在中国建设银行工作过，许多同事都从中国建设银行转到信达资产管理公司，其中有同事担任高层领导，就邀请我去给信达公司做一次处理不良资产的业务讲座，当时还是全国系统电话会议，规格很高。我讲的具体内容已经记不清楚了，但对不良资产的分析给信达同事很深的印象，多年以后，还有很多人记得。我后来也在商学院和各种论坛上不断重复这些观点，形成了我对不良资产的基本判断。要点如下。

"不良资产"是错误的翻译。英文原文是 Non Performing Assets 或者是 Distressed Assets，翻译成"不良资产"就产生了很多歧义和误解。"不良"在汉语中是道德评价，如不良少年、不良举止等，放在资产前面，就潜在地把资产道德化贬低。从财务报表上，可以用优良资产和不良资产作为技术分类，后者是没有产生效益或作为坏账处理的资产。一旦超越财务分析而放大为一个社会性词汇时，不良资产就是坏资产，在当时环境下，从事不良资产处理的公司和人就成了次等机构和人才了。

更为准确的翻译应该是"困境资产"，暂时不能产生效益，或者在目前的场景下不能产生效益。这意味着，需要对困境资产做重组处理。这正是创建四大资产管理公司的本意，通过重组将困境资产变为优秀的资产。举一个简单的例子，一家转型企业需要淘汰一个热处理全套设备，这是它的不良资产或困境资产。但同时，在另一个地区正好有一家企业需要增加热处理设备，于是困境资产就成为两家企业的有效资产或优良资产，卖出的企业得到了现金收益。

产生不良资产的原因被误判。在当时的主流媒体和正规的政府文件上，提到导致不良资产的原因，往往是归咎到几个因素上。

◎ 首先，是国有体制造成的。因效益不是目标，管理人也没有利益机制，所以乱投资，也没有管理，结果导致一堆烂账；

◎ 其次，国家政策多变，一会儿要加大投资促进经济总量，一会儿要宏观调控，许多项目被迫下马，"首长项目""面子工程"等都造成巨大浪费；

◎ 最后，官员的贪污腐败，个人中饱私囊导致国家项目损失，等等。

当然，上述因素的确导致了大量不良资产的产生，不过，究其根本，这都不是主要原因。我认为，导致中国甚至世界的大量不良资产的核心因素至少有这样几条。

◎ 首先，技术进步。Pentium（奔腾）芯片一出来，286、386和486的芯片自然就是不良资产了。电动汽车一旦普及了，一大批燃油汽车就成了不良资产了。任何体制下，只要技术有重大进步，都必定会产生一些不良资产。而且，技术进步越快、越广泛，不良资产一定越多、越普遍，这是常识。

◎ 其次，市场竞争。同一产品有10家企业竞争，1家成功了，其他9家企业被淘汰，自然就成为不良资产了。一个全新的行业如互联网发展起来了，许多传统行业如邮电局、传真机和固定电话等就被淘汰了，自然也是不良资产。竞争就是优胜劣汰，有成功者就有失败者，有竞争就有不良资产，这也是常识。

◎ 最后，时尚变化。流行文化和时尚变化也会导致大量的不良资产。新款手机出来了，旧款没有任何损坏以及功能残缺，人们还是排着长队去买新款。今年流行红裙子，其他颜色的裙子立刻成为不良资产了。看看我们家里的衣柜就可以看到多少买来的衣服根本没有穿过就被遗弃在角落里了，显然，家里人不会贪污腐败，也有充分的发展激励，但不良资产依然层出不穷。

当然，还有很多的因素会导致不良资产的产生，但以上三个因素就足以表明不良资产的产生是不以人的意志为转移的客观必然，不良资产是人类走向进步和文明的"伴侣"。

这里特别需要强调的是，如果像主流媒体和官方文件那样动辄将不良资产归咎于制度、政策和人性，将产生更为严重的后果。人人自危，不敢担当责任，就不会有创新和做事的动力了。所以我们要正本清源，恢复困境资产应有之意，它是社会进步的伴生品，是常态，因此做困境资产生意也是一个长期的事情。

困境资产是创造财富和财富管理的金矿。理解了上面的分析后，我们就可以有柳暗花明的视野，看到困境资产的巨大生机和潜力。同样的困境资产可以在不同区域、不同时间和不同场景下有不同的价值。而且，困境资产经过资本结构、产品结构和市场结构的不同重组又可以改变自己的性能和效益。这就是投资银行的工作，通过各种资本运营的技术手段和交易方式将困境资产变为有效资产。这恰恰是投资银行家、并购家和创业者最应该关注的领域。它考验你的视野，你能看到别人看不到的东西；考验你的才干，你能处理别人做不到的事情；更重要的是它还是艺术，因为没有规则，所以不是科学，是艺术，就像庖丁解牛。处理困境资产是培养一代投资银行家、一代创业家和并购交易师最重要的平台，是琢玉的磨床，炼钢的炉。所以我们应该拥抱困境资产。

事实上，过去20年里，四大资产管理公司正是这样在困境资产的市场上将自己定位为投资银行，在有效处理从银行买来的困境资产的同时，也向更为广阔的资本市场营销投资银行的手段，接受更多的困境资产。随着业务不断扩大，"十年之期"已经烟消云散了。而且，2021年开始，银河资产管理公司获得了第五张全国牌照，此外还有大约60多家地方运营的资产管理公司。

困境资产的下一个方向。我们过去习惯的是政府资源，四大银行、四大资产管理公司等各种资源。在未来，最大的变化就是数字经济、大数据、云计算、人工智能等将在传统的困境资产市场中发挥作用。一大批"90后"进入这个行业，因此如何用人工智能、区块链的方式去确权、认证、解决不良困境资产的溯源问题，如何进行技术分割使得成千上万的东西变成三五百块钱就可以处理，这是巨大的市场，也恰恰是我们能够利用未来新技术的领域。

2020年10月31日，第六届中国并购基金年会在苏州召开，主题为"双循环格局中的困境资产重组"，四大资产管理公司的领导悉数到场，还有几十个地方资产管理公司的负责人。我做了一个大会的闭幕演讲，题目是《困境资产也有春天》，结尾如下：

150年前，马克思、恩格斯提出"全世界的无产者，联合起来"。某种意义上，无产者不就是"困境资产"吗？这些无产者联合起来，一起奋斗，就拿下了新中国，成为最有价值的资产。马克思还说过，大家一起奋斗，"失去的只是锁链，而得到的是整个世界"。我们希望大家联合起来，共同参与困境资产市场的建设，来创造一个新世界。今天大会很严肃，需要一个轻松的结尾。我刚才下载了一段歌词，稍改了一下作为今天大会的结语：仿佛一场梦，我们如此短暂的相逢，你像一阵春风轻轻柔柔吹入我心中，就算你留恋开放在水中娇艳的水仙，别忘了山谷里寂寞的角落里，困境资产也有春天。

我参与的三个重组案例

企业重组在理论上可以表达得优美而简洁，但在现实操作中都是非常粗糙有力。我参与过大大小小几十个不同企业的重组，许多企业今天已经是行业领袖了，许多当事人也是业界名流。好汉不提当年勇，重新翻出青涩岁月的往事可能有损当下的形象。我选择了三个当年的案例，相关企业和当事人也都已经发生变化或离开商界了，可以从中体会企业重组在特定时期内的不同形态，我认为至今依然有参考意义。当然，故事本事有非常多的曲折，我只是简洁地描绘一个大概而已。

苏州期货大厦的重组

苏州期货大厦是 20 世纪 90 年代中期在苏州市中心地带启动的一个 48 层高的大楼，以筹备中的苏州期货交易所牵头，动员了几十家会员机构参与投资。待到大楼封顶时，中央监管政策有变化，有国务院领导批评期货市场发展无序，要求调整。于是，期货大厦建设停顿下来，许多后续投资不能到位，一些期货公司破产了，在建工程的资产也被各地法院封存。停业多年的苏州期货大厦留下一个巨大的空壳在苏州市中心矗立，它的旁边就是市政府。每当重要的会议在苏州召开时，政府不得不安排大领导们在夜间参观城市园林，避免家丑外扬。

牵头大厦建设的唐总也是债务官司缠身，到处去融资都没有效果。核心问题是整个大厦被三十多个不同的债权人分割了，而且大部分被抵押、被法院查封，这个问题不处理，没有新的投资人或贷款人介入。中国期货行业的创始人田源博士将我介绍给唐总和苏州市政府。我做了一场资本重组的报告，时任市长带领一批官员在场聆听。事后，市长邀请我担任政府顾问，同时特别请我重点解决期货大厦这个老大难问题。

我们认真研究了几十个债权人的情况和大楼整体对几个主要银行的负债，设计了一个利用政府资源解封债务链的方案。大体如下：

成立期货大厦重组小组，市政府主管秘书长担任组长，我担任副组长，邀请苏州公检法三家和两家主要债权银行加入。这样就将政府具体处置债务的相关部门与债权方在同一利益立场上联系起来，我作为顾问也有了持续的官方支持。

然后，通过报纸发布重组小组的公告，拟整体拆除大厦，要求所有股权和债权方与我们联系处理善后，三个月内不联系，视为放弃权益。这是事实上将所有股权和债权统一移交到小组管理的重要一步，我们可以与投资方和贷款方讨论新的交易。

接下来，与所有债权人重新确定偿债方案。因大厦整体拆除的前景，我们很快分别与所有债权方确定了非常有利的方案。整体将大厦债权债务成本降低到30%，而且延长还款期到三年之后。

最后，邀请新的银行按相当于之前30%的资产价格申请新贷款，立即启动装修大楼。结果原来的债权银行立即提供了新贷款，而且大楼在不到一年半内全部装修完成。为整体或部分出售提供了条件。

整个大厦的重组工作顺利完成。苏州政府在期货大厦广场上专门安排了一个烟火晚会。《苏州日报》还专门为我们刊发了一篇大幅报道。作为苏州十几个烂尾楼的第一个项目，我们的重组经验成为后续项目的样板。

案例经验：充分利用地方政府的资源和行政威慑力，建立统一的谈判力量，各个击破，降低成本，重新讲述发展的故事，获得新的支持，用未来流动性置换历史资产，完成重组。

锦州星汇园项目的重组

锦州的星汇园是新加坡地产集团在辽宁投资的一个高档地产项目，第一期非常成功，成为当地高端人士的居所。第二期项目启动时，当地负责人王某就擅自募集资金做表外投资。不过，项目进展不顺利，导致公众上访而形成非法集资的局面。当地政府和金融监管机构都介入，新加坡地产集团在中国的资产正准备加入上市公司，这也成为一个重大隐患。更大的问题是，王某长期体外运营，利用外资的资金和品牌培育了广泛的社会资源，形成了当地势力，完全不理会新加坡地产集团的指挥，甚至威胁进入当地公司的管理者。新加坡地产集团和中国当地其他负责人已经没有能力制约锦州公司了。

我作为新加坡地产集团的财务顾问，再次被邀请救火。我第一次到现场考察时就被十几个坐轮椅的老人围住，要求还钱。同时也接到几个恐吓电话，不得在锦州停留。看上去这个公司已经失控，而且非法集资的事情如果爆发也会由新加坡地产集团承担责任。根据我们的观察，这个公司在当地的品牌很好，资产也不错。只是王某的体外运营非常复杂，而且盘根错节，无法短期内摸清深浅。

我通过沈阳的朋友帮忙安排与这位王某见面喝酒，初步了解了他的情况。他已经体外运营多年，形成了一定的利益集团。尽管他自信可以独立运营，但新加坡地产集团的品牌依然具有影响力，在未来开发地块时也需要政府的支持，并不愿意与新加坡方面撕破脸。我与新加坡地产集团负责人讨论多次，新加坡地产集团不可能给予管理层较大的股权利益，且绝不可能与下属谈判实行割据。

于是，我们设计了一个重组方案。

我们用一个壳公司先与新加坡地产集团谈判，以承债加少量现金的方式收购了整个锦州公司的业务。新加坡地产集团地产集团方面立即甩掉了一个大包袱和定时炸弹，可以轻装上阵安排其他资产的上市工作。我们以新股东的身份管理锦州资产。

而后，我们邀请了在锦州当地有影响力的公司建立战略合作关系，聘请他们加入公司管理并安排在锦州的人入驻公司。尽管出现几次社会人士的捣乱和干扰，毕竟江湖上有江湖的规矩，大体维持了公司运营的稳定。

我们与王某经过几轮谈判，原则上确定利益格局。他将非法集资开发的新楼盘和全部债务接过去，将十几个体外资产留给他的公司。然后，他将已经完成的一期楼盘与物业，以及新加坡地产集团品牌等全部归还我们，同时支付一定现金和几台车等。未来开发楼盘，我们的新公司会协助王某支付新加坡地产集团品牌相关使用费用或提供其他必要的政府资源。

我们再与新加坡地产集团交易，将锦州业务、品牌和资产回售给新加坡地产集团，我们留下顾问费用和双方认可的交易费用。

整个重组交易在几个月内就完成了，尽管王某和新加坡地产集团方面都非常清楚我们的全部交易，但毕竟通过第三者，双方都达到了各自目的，也保留了面子，心照不宣，皆大欢喜。蹊跷的是，我们交易完成后不久，这位锦州老板傍晚散步时突然被来路不明的汽车撞飞而死，他的公司又经历了许多倒腾，不过与我们和新加坡地产集团已经没有任何干系了。

案例经验：重组不仅是商业利益的调整，也是社会资源和政府资源的调动。充分理解双方或多方的利益诉求，搭建可以协调的平台，设计利益分配的方案，可以将死局做活。

上市公司股票全流通改革

在中国证券市场的发展初期，基于政策与观念的局限，上市公司中的国有股部分没有流通，只是面向公众发行的部分流通，大体占股份总额的25%~35%左右。在上市公司成长壮大以后，这个股东权益分裂的局面成为公司发展的严重制约和隐患。同股不同权，同股不同利，对不能在市场上流通的大股东没有分红激励，而交易和公司并购，流通股东也难以参与公司决策过程。重要的是，整个市场三分之二的股份不能流通，证券市场是偏瘫的状态，无法为整体经济的发展提供更有效的资本创造功能，容纳上市公司的能力也被长期限制。中国证券市场与全球各国证券市场无法同步接轨。

2001 年，国务院发布政策，希望通过上市公司国有股减持的方式套现一部分资金补充社保基金。因不流通的国有股成本远比通过公开发行而持有的公众流通股成本低，这种高价套现严重不公平，导致市场信心下降，股市波动严重。国有股减持方式失败。

2004 年，国务院再次发布《国务院关于推进资本市场改革开放和稳定发展的若干意见》，明确提出"积极稳妥解决股权分置问题"。有了之前的经验和教训，这次改革采取了尊重市场的做法，规则公平统一、方案协商选择，即由上市公司股东自主决定解决方案。方案的核心是对价的支付，即非流通股股东向流通股股东支付一定的对价，以获得其所持有股票的流通权。"对价"指非流通股股东为取得流通权，向流通股股东支付的相应的代价，对价可以采用股票、现金等共同认可的形式。首批试点的四家上市公司都选择了送股或加送现金的方案，得到了多数流通股东的肯定。

将全流通的实现手段从国家强制统一的规则改变为双方的市场对价谈判，这是一个重大的转折，也是将市场结构的错配进行全面重组，而且将重组权力交还给市场。这个重组持续了两三年，最终中国证券市场上所有上市公司实现了股份全流通，上市公司股价提高，市场规模急剧扩大，这是又一次证券市场的重大变革。

鉴于国家股东与公众股东之间对价谈判的需求，独立董事成为重要的协调人。我当时作为中化国际、上海医药和中体产业等三家上市公司的独立董事和专业委员会主席，深入参与并在一定程度上主导了这些公司的全流通对价过程。特别是中化国际作为第二排试点上市公司得到了社会的广泛关注。曾有报道称，"中化国际股权分置改革的 57 种方案让人眼花缭乱"。这是指中化国际就派现（8 种方案）、送股（3 种方案）、权证（7 种方案）和以上这 3 类方案可以两两组合的模式向投资者征求意见。

2004年，参与主导中化国际全流通谈判的几位独立董事：李若山教授（左）、我和史建三律师（右）

对价的谈判过程就是一个复杂的重组过程，通过投资者恳谈会、媒体说明会、网上路演、走访机构投资者、发放征求意见函等多种方式，组织非流通股股东与流通股股东进行沟通和协商。根据规定，改革方案要在股东大会通过，必须满足两个"2/3"，即参加表决的股东所持表决权的2/3以上通过，参加表决的流通股股东所持表决权的2/3以上通过。这一规定赋予了流通股股东很大的话语权。

尽管市场上有四家试点公司的经验和监管部门的原则意见，但毕竟中化国际作为行业领袖的国有企业，一举一动都成为后面几百家企业的样板，我们压力巨大。我当时担任中化国际全流通小组的负责人，先要站在流通股东的立场上与大股东讨论可能的让利底线，然后要分别与代表流通股东的基金和机构投资者讨论可能授权的空间，反复多次达成共识后，还要与通过媒体及电话热线等渠道表达强烈对抗意识的小股东讨论妥协方法。几个月时间，在中化管理团队和全体股东的共同努力下，终于完成对价，获得高投票支持率，得到国资委系统的高度认可。我在2006年被《董事会》杂志评为最具影响力的独立董事，2007年又被上海证券交易所聘为公司治理咨询委员会成员，并连续就任十几年。

案例经验：不仅企业需要重组，行业和市场也需要重组。重组才能激

第十一章 重组与产业整合

发活力和潜力，重组要考虑政策环境和制度约束，也需要市场力量的博弈，这样的重组才能长治久安。

产业整合与商业周期

加入WTO后的产业整合特点

大约是 2006 年，中国并购公会将几位当年的十大并购人物请到年会上。摩托罗拉的中国区董事长赞助了年会几十部手机，希望能在主桌上与获奖的中国移动董事长王建宙先生坐在一起。但中国移动方面建议不要与相关供应商离得太近，我便将这个老外放在同时获奖的马云一旁。不料，这个老外非常不高兴，坚持要求换个位置，认为将阿里巴巴公司排在当时如日中天的摩托罗拉旁边是个"insult"（侮辱）。不到 10 年的工夫，阿里巴巴市值已经大大超过了中国移动，而摩托罗拉几乎被人遗忘了。

阿里巴巴是一个创新的故事，也是一个并购的故事，更是一个全新的商业生态颠覆和整合传统产业的故事。能够在 10 年前看到今天阿里巴巴全景的人寥寥无几，即便马云自己也难以想象。技术革命和创新就是这样突如其来，势不可挡地洗涤我们熟悉的一切，用新规则来取代传统，甚至如当年经济学家许小年所言，要推倒重来。我们今天就站在这个产业整合的前沿上，问题是谁来整合，整合什么，如何整合？

这是我在《2015：产业整合的中国动力》一书的序言开头写的两段话。在并购交易和企业重组被各个行业和地区广泛应用后，推动产业整合已经成为当时最流行的政策措施了。全球化对标和科技进步直接激发了大企业在全国范围内重组资产和重新确定定位战略，而中小企业也自然加入产业价值链和区域经济生态再造的过程。这也是中国企业与行业加入WTO 10 年后调整自身资本结构、市场结构和产品结构的一项大的重组，从更高的维度看，是一次适应全球化的产业整合。

在 21 世纪第一个十年后启动的产业整合主要有几个重要特点。

第一，企业的全球化定位。中国加入 WTO 后，全球经济急剧扩容，中国市场与制造能力迅速纳入全球主流市场要素。市场和贸易开放后，中国企业的原料、成本、价格、管理、市场和产品价值链都重新调整和布局，成本下降、效率提高、利润上升，陆续成为全球经济中不同产业的重要节点甚至核心基地，这是以企业竞争力为本位的产业整合过程。

第二，金融的市场化定位。企业在产业整合中的重组与集聚要求多种资本结构和来源，传统的中国金融体系迅速在加入 WTO 压力下进行了自身的大重组。几乎所有大型国有银行陆续在海内外资本市场上市成为公众公司，摆脱了地方政府的约束。上海和深圳的两个交易所迅速扩容了几千家上市公司，同时，上千家内地公司在中国香港、美国和新加坡等上市。各种金融机构、地方信托和大量基金也爆发式成长起来。这是以资本服务为本位的产业整合过程。

第三，产业的开放与集聚。加入 WTO 后，许多包括资源、交通、港口、通信、金融等禁入产业陆续开放，培育了一大批具有国际竞争力的企业集团。同时，国内地方经济割据的情况也在招商引资竞争和中央统一管理等因素下得以缓解，一大批中小企业特别是民营企业也通过重组与并购手段迅速壮大起来，甚至可以进入国际市场。这是以制度改革为本位的产业整合过程。

第四，互联网、通信与金融科技领域领先。中国改革开放后收益最大的是科技创新领域，大批海外留学专家归国创业，引进观念与技术，在计算机、互联网、大数据几个前沿领域获得突出成就。中国的人口规模和消费市场的巨大，加以中国政府对科技创新的强力推动，一大批创新基金、创新产业园和创新科技公司成为最近十几年支配社会经济增长的主力军。这是以科技创新为本位的产业整合过程。

第五，中国经济的依存与独立。在中国经济日益加入全球化，形成互相依存关系的同时，中国经济也提升了自己的独立性。这里有很多复杂的原因，包括经济地理效益上的价值链布局、国际生态圈的竞争格局、国家风险的考虑、中国社会制度与传统文化习惯等。这种独立性也成为近年来提倡的"经济双循环"和自主发展政策的一个客观基础。这是以经济安全和独立为本位的产业整合。

产业整合一般都是以国家制定的经济政策的方式来推动，这个方面最典型的是苏联、日本和中国。当然，美国在二战时期推行的罗斯福新政也是同样的指导思想。不过，近半个世纪以来，各国的市场经济已经高度发达，全球经济也融为一体，产业政策的作用受到限制，产业整合最重要的动力来自企业家的创新观念与能力。企业家的视野与创新能力需要有资本支持，有政策支持，有商业环境的支持。

2015年，全联并购公会将中国并购年会的主题定为"产业整合"，并专门主编了一本书《2015：产业整合的中国动力》，受到广泛关注。当年，日本出版商也出版了同名的日文版。两年后，公会再次修订出版2017年版。

商业周期与宏观调控

讨论产业整合的书籍和课程很多。除了我们谈到的政府政策、技术创新和企业家能力外，一个经常被忽视但非常重要的因素是商业周期。商业周期在西方经济学中是一个经典课题，产生了很多大师和理论。但是在中国经济环境中，很少谈到商业周期，更多是用宏观经济调控来表述。而所谓的宏观经济调控本身就是否定市场自身的调整能力，似乎用政府的政策就可以抵御商业周期。

近年来，我们的政府和经济学家们不断地用权威的商业周期指标如就业、收入、产出、消费等来推导中国经济的运行模式，并据此制定宏观政策或解读变化。在令人眼花缭乱的各类图表和统计数字的包围下，我们的企业界也渐渐地习惯了运用这一套理念和指标来推测政策变化，制定企业的战略。显然，我们应当寻求商业周期之外的因素，或者说决定中国商业周期的真正力量。

人人都了解，中国经济是从中央政府的计划走向民间的市场经营，企业也是在20多年的时间中演化的。虽然我们有了巨大的进步，但主流的资源支配方式仍然是非市场的。几乎所有的专家都至少在私下承认，中国的商业周期是不能用西方的指标体系和调整手段简单处理的。但是，在公开场合，主流的声音仍然自拉自唱地将突如其来的宏观调控演绎为正常的商业周期。须知，在一个大国经济的各种需求要素如消费能力、市场容量、产业升级等正在迅速走向市场化配置，而与此同时最重要的供给要素如金融、土地资源和审批制度等仍然牢牢地控制在政府手中的时候，我们不得不面对要素需求与要素供给之间巨大的冲突，两者公开的或私下的博弈将形成经济增长中最大的制度成本。宏观调控经常性地成为政府须臾不可离开的拐杖，而这个拐杖也事实上绑架了政府。①

所谓宏观调控本质上是基于市场配置的要素需求与服膺于政府意志的要素供给之间矛盾加剧而又难于调和的结果。中央政府希望控制产业增长节奏和维护经济整体环境的平稳，但其政策措施常常被地方或产业利益集团不动声色地化解。例如，当中央政府提出警惕钢铁行业过度扩张时，各地纷纷加快了钢铁行业的扩张；当中央政府提出控制能源及有色金属产业的速度时，各地的铝电、能源、煤炭等项目进一步发展；当中央政府呼吁房地产行业的冷静甚至发布限价规则时，这个文件很快就会被另一个政府部门事实上予以否定；当中央政府高度关注国退民进实施中国有资产的"流失"时，地方政府加快了将国有企业产权卖给民营和外资的速度，甚至还规定了时限。

各种特殊政治经济的利益集团的暗中博弈常常严重地威胁了中央政府的管理能力和政治公信力，中央政府的政策范围和效力被边缘化。特别是个别产业或区域的经济发展特殊需求汇集成为庞杂无序的合力足以挟裹中

---

① 节选自笔者2004年所写的文章《决定中国商业周期的力量》，原文刊载于《南风窗》2004年第10期70-72页。

央政府的政策指向时，保证政治稳定的宏观调控已经是不可避免了。企业家和从事并购交易的机构必须了解这种周期性的宏观调控节奏，理解背后的制约因素。笔者认为，以下几方面决定了中国经济中的宏观调控政策也就是商业周期背后的力量。

第一，政治权力的经济发展观。与西方总统换届所形成的政治周期影响不同，中国的政府换届通常会带来全新的战略与目标，往往改变经济政策的轨迹。随着执政地位的巩固，这些战略又与时俱进地调整，甚至是"退一步，进两步"。而且，目标和战略的表述需要大家反复揣摩，体会弦外之音。把握中央政府的真正意图和分寸是考验地方政治家素质和国有企业领导人能力的最重要指标，而地方政府和千千万万个国有企业仍然是中国经济的基本构件和骨架，这也是中国经济体系的运作高度依赖于中央政府的政治发展观的根本原因。

第二，市场化的基础。40年的经济改革毕竟创造了一大片市场空间。中国企业家群体的崛起以及其政治智慧和市场经验保证了市场化进程的不可逆转性和坚韧性。"野火烧不尽，春风吹又生"。不断加速蔓延的市场化空间大大限制了政府政策的效力范围和深度。以长江三角洲和珠江三角洲为主体的产业链在历次宏观调控中受到强大压力的同时也产生了强劲的反弹，市场的意志和能量对宏观调控的实际效果和延续时间形成了不可忽视的制约力量。

第三，全球化的影响。中国经济已经成为全球经济的一个主要部分，也成为全球产业价值链延伸和重组的主要市场。全球公司的战略动向和能量必须成为中央政府制定国内政策的考量指标。在中国严厉限制钢铁业扩张的同时，几个全球钢铁公司立即大举进入中国市场，试图低价购买受到资金困扰的中小企业钢铁项目。华尔街的经济学家无视中央政府的警告，高调对中国经济的增长预测。全球公司的乘虚而入将对国家经济构成安全威胁，中央政府不得不有所顾忌。

第四，政府治理的水平。在广泛宣传公司治理的同时，地方政府的治理水平却没有多少进步。地方政府各自为政、朝三暮四、缺乏信誉和执行能力低一直困扰着中央政府。任何一项政策都可能在各种复杂利益集团的作用下产生全然不同的效果甚至初衷被根本推翻。当年的"国有股减持"方案之反复便是例证。至于基于争夺部门话事权而竞相出台的互相冲突的法规在各个产业都是屡见不鲜，客观上使得所有的规则都成为各部门和各级地方政府维护各自利益而相机抉择的工具，中央政府的执政能力进一步被架空。落后的政府治理造成商业周期的无常和紊乱，不仅使得学者的指标体系形同虚设，更使政府旨在调整商业周期的各种工具武功自废。

第十二章

并购市场与并购公会

一个成熟的并购市场需要政府监管、企业创新和行业组织三个方面的努力，形成三足鼎立的格局。除了大量的并购交易实践，笔者花费了更多的心血推动行业组织的建立。全联并购公会（2015前被称为"中国并购公会"，以下简称"并购公会"）是目前全国工商联领导下的全国性并购专业协会，已经有20年历史。它的成长过程就是一个中国并购市场形成的过程。

这一章重点介绍并购公会的创新发展历史以及在业界建立行业标准的一些尝试，通过一些案例表达并购生态的创新与丰富过程。

并购市场的创建与发展

西方传统的证券市场主流交易产品是股票和债券，从20世纪50年代开始，出现了新的投资产品和模式，如股权投资、地产投资、对冲基金、外汇投资和期权投资等，被称为"另类投资"（Alternative Investment），这也是科技进步和金融技术进步的新阶段。并购投资在20世纪80年代也成为发展最快的另类投资市场。

另类投资市场的创新性非常强，结构复杂，监管不易，进入门槛较高。一般都是面向合格投资人，私募为主，标准化程度低，流动性很低，但是，对投资管理者的要求非常高，因此，这个市场属于专业性的高端投资与财富管理领域。在主流的股权与债权市场基础上，可以形成不同的专业产品市场。和外汇、黄金、艺术、对冲、地产、基金、保险等一样，并购也是一个高端而新锐的专业市场。中国的并购市场也是这样逐步与主流市场一起发展，具有相对独立的特征和领域，我们本章就集中讨论中国并购市场的发展，尽管还是非常初级的阶段。

并购市场有进入公众视野的"水面上"的交易，就是在各个交易所挂牌的上市公司从事的并购交易，必须公开透明，执行标准规则，这是公众上市公司的要求，并购统计也基本是在这个体系上形成的。但是更多的并购则是发生在"水面以下的海洋深处"，大多数企业家并不会主动披露并购交易，因为这涉及企业的核心机密。这个市场长期存在，缺乏统计，也很难进入监管范围，只是公司之间的契约和商业道德约束。不过，这个原始的市场多是散兵游勇状态，效率不高，交易成本也大，重要的是，无法得到专业基金和投资机构的支持，更不能得到公众投资者的关注，所以，"水下"的并购交易总是希望有机会探出水面的。

于是，在正式的证券交易所之外，创建各种有效的并购交易市场就成为并购交易者的一个重要使命了。在海外市场上，这个使命主要是由民间行业协会牵头，或者是重要的业界领袖机构。美国、中国、德国和韩国等各国的并购协会都在推动这个市场，我们后面会陆续讨论。中国的独特市场制度下，政府则是最重要的推动力量。自20世纪90年代初期上海和深圳两个证券交易所创建以来，中国各地政府和相关部委始终在尝试推动创立新的交易所，几乎每个重要的省市都有自己管辖区域内的产权交易所，这也是涉及并购交易的平台。同时，几个重要区域中心城市长期孜孜以求地希望推动地方交易所成为全国交易所，如北京、天津、武汉、重庆、沈阳、郑州和西安等地，只有北京经过30年的长跑，终于修成正果，在2022年正式得到批准成立了北京证券交易所。

尽管上海、深圳和北京的三个交易所总是有自己独特的定位和成长战略，不过在统一的监管制度和市场规范下，彼此差异不大。当然，我们看到许多诸如文化产权交易所、环境交易所、土地交易所、版权交易所等在地方政府或部委的支持下在特定条件下起到了推动投资和资本流通的作用，但距离真正实现资本交易的平台还相距甚远。这里，先从一件在10年前是石破天惊的陈年往事谈起。

工信部在 2009 年 10 月 21 日下发了《关于开展区域性中小企业产权交易市场试点工作的通知》，为贯彻落实《国务院关于进一步促进中小企业发展的若干意见》文件要求，多形式拓展中小企业融资渠道，缓解当前中小企业经营困难，选择北京产权交易所、上海联合产权交易所、重庆联合产权交易所、河南省技术产权交易所及广东南方联合产权交易中心这 5 家产权交易机构作为国家区域性中小企业产权交易市场试点工作单位。河南省政府专门成立工作指导委员会，两位副省长分别担任工作指导委员会的正副主任，河南省工业和信息化厅、发展改革委、科技厅等 22 个部门有关负责人担任成员，指导委员会办公室设在河南省工业和信息化厅。

2010 年 11 月 12 日，时任河南省省长和时任工信部部长共同启动了电子交易系统按钮，宣布河南中小企业产权交易市场开业。不过，10 天后，河南省工业和信息化厅发布公告称，决定自 11 月 22 日（星期一）起暂停市场交易及相关活动。在工信部发布的试点通知中包含了交易规则，探索建立中小企业股权交易做市商制度：选择做市商制度的企业在进行其股权挂牌转让过程中，至少应选择两家以上的做市商提供竞争性双边报价；企业股权交易实行竞价交易与指定交易相结合的混合交易制度，可应用电子交易系统进行连续竞价和撮合交易；试点机构应建立股权流通电子交易系统，充分满足登记托管、竞价买卖、结算交割等业务需求；股权交易的结算交割采用"T+1"制度；交易规则基本上与上海和深圳的交易规则类似。在短短的 6 个交易日里，该市场交易金额达 4.5 亿元。从开盘交易以来的情况看，开盘首日大部分挂牌企业的涨幅均在一倍以上。

有两位正部级领导站台的地方产权交易中心仅仅运行了一周便被叫停，这在当时是一个很大的新闻事件。原本以为可以在 1 个月后重新开业，结果，审查整顿的时间超过了 50 个月，直到 2015 年 2 月重新低调开业。不过，重新开业后的交易所与最初的设计定位迥然不同，"不得将任何权益拆分为均等份额公开发行和转让；不得以集合竞价、连续竞价、电子撮合、匿名交易、做市商等集中交易方式进行交易；不得将权益按照标准化交易单位持续挂牌交易；除法律、行政法规另有规定外，权益持有人累计不得超过200人；不得以集中交易方式进行标准化合约交易；大宗商品类交易场所要采取协议转让、单向竞价方式开展现货交易；要进一步加强风险防控，切实保护投资者合法权益。未经省政府批准，不得新增交易品种，不得变更交易方式"。

2010年12月15日，《创业家》杂志专门在停业的河南技术产权交易所邀请了挂牌企业负责人座谈，以《一群失败的人，两个失败的板》为题目报道了这个所谓的"中原纳斯达克"的昙花一现。我被邀请写了一篇短评。尽管是10年前写的，但核心观念至今一样有效，摘要如下：

河南的试验如此高端庄重，多位正部级领导参与。如此谨慎酝酿，历经几代交易人和投资银行的打磨；如此迎合需求，凝聚了无数创业家和企业家的注目，结果，这个关闭却是如此粗鲁霸道，连地方政府和其他兄弟部门的脸面都不给留一点儿。违规操作？了解中国证券市场历史的人都清楚，当年深交所和上交所早期运作远比河南的同行逊色了不知几个数量级，甚至监管当局直接参与对敲做局，州官放火仍在，何以百姓点灯则杀？历数下来，在上交所和深交所之外，各地"诸侯"真是屡败屡战、前赴后继，但是，除了京津沪三地硕果仅存的几个配红花的枯枝腐叶之外，我们能看到所谓的资本市场么？

各地产权交易中心，包括河南的试验，都是特定时期的市场化交易的突破者和相对于深交所和上交所的弃儿，尽管监管当局始终给予了一定的宽容和呵护，甚至设计了一个个可以钻出黑洞的小口子，希望三板等市场成为两个交易所的孵化器。但是，总的设计思路仍然是非市场化的：

第一，以低于深沪两个交易所的规范标准来吸收中小企业。

第二，以面向深沪或海外上市为终极目标和激励机制。

第三，利用地方或部委政府的权力来制衡监管部门，来捆绑中小企业入局。

第四，所有融资工具和交易规则仍然是单方向制约，没有交易（博弈）的空间。

在目前格局下，尽管这些尝试仍然不是市场化的，但毕竟是重要突破，我们一直积极推动，也乐观其成。但是，河南试验的挫折终于给我们一个机会来深思，用行政的力量与行政的力量博弈，能不能培育出市场的力量？即使河南的试验被允许进行下去，能不能提供一个千百万中小企业真正需求的资本市场？我们的突破方向是否正确？

在我看来，目前地方政府主持筹办的各种交易市场并不能指向真正的资本市场，如同小额贷款公司发展成为商业银行一样，只是外行人的一厢情愿而已。长期纠结在这样的商业模式和经营模式上，期待监管部门的小恩小惠，可能会贻误真正突破的机会。更为重要的是，当各地产权交易中心都依附在监管部门设计的中国特色资本市场结构上，只能进一步强化巩固这样的行政模式，反而压制了交易市场本身的市场化进程和金融创新。

什么是资本市场？简单回答，就是一种投融资制度的安排，投资者将资金源源不断地、稳定地提供给创业者，投资者和创业者共同承担价值创造过程的收益或者是风险。投资者和创业者在资本市场中也不断互换身份，彼此激励，推动商业社会建立规则和稳定发展。资本市场本身必须是市场化的，本身必须是可以创新的，本身必须是可以竞争的。这样的市场才能是创业家、企业家、金融家不断涌现的温床，也才能是真正监管者磨砺才华推动市场结构提升和全球化接轨的基础。

资本市场的成熟与否，主要看两个指标：渠道（Access）和成本（Cost）。资本融通的渠道要足够多，规模和结构要通畅得当，保证投资者和创业者彼此便利联通。同时，交易成本要足够低，与社会平均交易成本一致。别谈什么宏观大叙事，什么深化改革，保证渠道和成本，就是一个国家资本市场的核心竞争力。

政府的监管功能就是保证这个资本市场的两个指标能够实现。西方的监管是在市场成长过程中建立起来的，有一套博弈出来的规则，是助产士的身份，与市场其他参与者（创业家、企业家、金融家等）是平等的。我们的监管是要推动市场的建立和发展。简单地讲，一个有效进行股权资本交易的场所要有三个基本要素，即交易标的的信息公开通畅、交易的撮合实施、交易的结算。当三个要素结合在一个机构内，这就是交易所，无论是指股票债券还是指股权产权。交易所有多品种多层次，也有多结构多形式，如网络上交易、私募交易等。监管当然是必需的，但是不同的标的也必须是不同的监管，不能因为看不懂把握不了就不许尝试。

北京之后，能否有新的证券交易所跑出来，这是许多地方政府的期待。不过，从目前的监管体制以及三个交易所布局和业务结构观之，增加几个同类交易所对市场的意义不大。在今天互联网、大数据和人工智能高速发展的环境下，数字经济领域和第三代互联网平台上可能会有全新的商业机遇，我们后面会加以讨论。

并购公会是如何成长起来的

一个成熟的市场经济制度需要至少三个力量的支撑，即政府的推动与监管、企业的创新与成长、行业协会的协调与标准，三方会在彼此合作过程中建立稳定的市场秩序。强政府的市场下，企业创新能力和行业组织能力会受到限制；强企业的市场下，政府能力与社会公平会受到约束。正是在政府与企业的长期博弈中，行业协会得以创建与成长起来，可以说是三足鼎立的局面。

中国改革开放以来，行业协会也经历了不断创新和改革的过程。大体有三个来源。

一是政府将产业或区域主管的部分责任下放到政府主办的行业协会，通过协会制定产业或区域的发展战略，制定行业标准，实施监督指导。尽管通过市场招聘员工，但管理仍然纳入政府系列，经费也主要由政府安排。这类协会常常代表政府的意志，具有行政推动能力，常常被称为"二政府"。

二是外资企业进入中国后建立的以外商为主体的行业协会，重在行业交流和政策协调。主要参与市场调研、动态研究、厂商协作等，在重要的政策与事件发生后，会代表行业与政府讨论对应方案。鉴于这些协会与海外协会有密切合作，往往形成一致行动，因此得到政府的高度关注和预警。

三是由民间企业和人士发起的旨在建立行业交流和商业互助的协会。一般由同一产品或服务的厂商、同一区域的企业等发起，得到政府批准后，成为独立的法人组织。目前，大部分这类行业协会都在全国工商联系统登记并接受领导。我在20年前参与发起的全联并购公会就是其中一个较为活跃的协会。因大部分机构理事和成员都来源于金融业，也是目前全国工商联体系中带有金融属性的协会。

20年前，民间发起的行业协会还是新鲜事，而且，并购是一个职能，不是如医药、石油和五金家电一样可以看得见的商品，把职能做成一个行业协会在当时是让人匪夷所思的事情。特别是，我当时所在的并购顾问公司只有几十人，与并购行业里如日中天的巨型企业差距甚远，牵头发起这样一个协会，的确是困难重重。不过，少数人的信念，只要坚定不移扎扎实实地做，最终还是可以成就的。2012年，我在并购公会十周年之际，写了一篇回顾性的文章《并购公会是如何成长起来的》。这里选摘一部分，这也是从民间立场推动并购市场发展的一个案例。

2000年，笔者与业界几位关注并购市场的朋友编撰并出版了第一本并购年鉴，被出版方要求至少有部级以上机构的签章，才能称之为"年鉴"。于是，只好更名为《中国并购报告》。在征询的多位著名经济学家中，只有茅于轼先生欣然提笔为书写了两千字序言，给我们鼓励。多年后，在他八十高寿之日，我专门赶去将当年的序文装裱出来，称他为"中国并购业的吹鼓手"，他很高兴。

2001年，应时任中国社会科学院副院长刘吉先生的安排，我为国务院高层领导备课，讲解并购对全球经济的影响。因我身份是民营企业，被政审排除，换成一位在大学任教的学者将我准备的资料照本宣科地灌输给领导们了。受此刺激，我征得老友余永定所长的支持，在中国社科院世界经济与政治研究所下建立了"全球并购研究中心"，从此，长期编辑出版《中国并购报告》，一连10年，聚集了一大批专业人士，也广泛地影响了业界对并购市场的关注。

2002年，我与国务院发展研究中心金融研究所夏斌所长共同发起了一个中国并购联盟，由十几位并购专家组成。2003年4月20日，我们在上海的中欧国际工商学院召开了首届中国并购年会。上海市市长韩正和著名经济学家吴敬琏等均到场。可惜当天正是北京宣布"非典"的日子，所以不得不取消了两位在大会的致辞和讲演。

当时，国内的民间协会必须经过政府批准，而且还要挂靠在部级机构，否则便是非法机构，面临一系列信用与发展的困难。经过与商务部、中国证券业协会和全国工商联等部门的反复交流后，我们得到时任全国工商联主席黄孟复和党组书记胡德平的大力支持，终于成立了"全国工商联并购公会"，挂靠在全国工商联旗下运作。会员部部长刘红路和经济部部长欧阳晓明两位充满激情地积极推动。

10年前，很少有人理解并购是什么，如何运作，效果如何，正统的监管部门和传媒常常将它与非法集资、巧取豪夺和内线交易联系起来。有了相对合法的协会身份后，并购公会就进入了正轨运作的阶段。我们大体上沿着公会理念、公司治理和市场标准这样几个板块摸索前行。

第一，公会理念。公会是民间非营利机构，也是整合并购专业机构和人员的公共平台。这些理念都有具体的内容。我在给有关领导汇报时非常明确地说，并购公会的第一服务对象是我们自己的会员，帮助他们做大做好，维护正当权益。如果我们运作得不错，得到同行认可，我们才有能力努力建立一个行业标准，为并购市场做贡献。最后，政府如果认可我们的工作，放心给我们机会，我们当仁不让地协助政府做一些有益于社会的事情。这与当时政府主导协会的先服务政府、后行业秩序、再自律自己的次序正相反，不过，工商联领导理解并认可了我们的宗旨。

此外，公会本身坚持不营利、量出为入的财务收支原则，从不参与任何筹资、投资和商业经营活动，坚持中立立场。尽管财务实力不大，但全力支持会员赢利，避免了利益冲突。而且，公会坚持作为协调资源的平台，而不是建立一个管理机构，人员精简，成本不高。

2010 年我在上海举办的中国并购年会上提到并购公会的宗旨非常简单，就是"结党营私，聚众闹事"，被主流媒体原文刊出，引起广泛关注。所谓"营私"就是要推动中国并购行业和市场的发展，所谓"闹事"是要自下而上地制定规范市场的行为准则。一个文明社会需要有公民精神和市场架构，行业协会的存在形成了对政府权力和商业力量的制约。单纯只有政府是专制社会，政府和商业两方的博弈也会不时形成合谋侵害消费者和大众利益，协会的广泛发展应当是社会发展的必然方向，并购公会至少可以在专业领域做出积极贡献。

第二，公司治理。全国工商联原来对于下属协会主要领导实行任命制，考虑到公会的市场化和长期活力，我们试行了竞选制。会长、副会长和轮值主席都是差额竞选，自荐和推荐并行，提出施政纲领，发表竞选演讲。竞争激烈时还分头组织竞选班子，很热闹。曾有竞选失利者对选举程序有不同看法，公开要求说明，甚至表示要通过媒体公开揭露"并购公会的竞选黑幕"。这样一个公益机构没有一分钱薪水的职位争夺如此激烈，反映了这个机构的严肃性和成员的投入。我们通过建立监事会来处理这样的争议，效果很好。

并购公会还陆续建立了会员发展、规则制定、国际业务、会员权益等不同的专业委员会，也在北京、上海、浙江、辽宁和日本建立了并购俱乐部，均是由政府负责人担任名誉理事长，便利当地会员的联谊与商业交流活动。上海和北京的并购俱乐部定期举办的各种并购研讨会得到了社会的广泛关注，他们组建的网上并购俱乐部在全球有将近 1 万名参与者。

公司治理不是单纯的理念，更是彼此博弈形成的操作实践。企业有商业利益的考量，合则留，不合则去。协会是公益事业，所有参与者在自己机构均是领袖人物，合作的基础是信念、价值观和公共平台。立场和角度不同，冲突也很多，如何把握整体方向和立场妥协，这是公司治理的核心。规则之外，广泛的沟通和公开化运作是重要基础。

第三，市场标准。2001年以来我们主编的《中国并购报告》，连续稳定地记录了中国并购市场的重大事件和人物、政策和规则等的变化，形成这个时期最可靠的数据积累，成为研究中国并购历史和现实的重要参考资料。同时，我们也编撰了大量并购相关的书籍和报告，包括管理者收购、并购融资、垃圾债券和杠杆收购等概念都是由并购公会这个平台提出，得到全国业界的响应。

2000年起，我们在全球并购中心的基础上每年评选"中国十大并购事件"和"十大并购人物"，被广泛认可。三年后，并购中心加盟并购公会成为研究平台。这个评选也继承下来，直到今天。此外，从2007年起，并购公会还组建了并购专项奖委员会，每年评选几十个不同的专项并购奖，成为并购业的重要发展指标。

在具有持续的研究与传媒平台上，我们不断关注并购业重大事件和课题，发表看法和提案，推动政府政策的调整和社会舆论的导向。2005年起，并购公会每年都通过工商联系统的人大代表和政协委员向"两会"提出严肃提案，特别是有关国家经济安全、并购融资和中小企业融资市场等的提案都引起了广泛的社会关注。并购公会两次通过经合组织向全球并购界发出开放投资壁垒、合作发展的白皮书等，都得到国际金融组织和国务院领导的重视。

并购公会利用自己业内的网络不断参与国家部委和地方的并购相关论坛，推动全国并购市场的发展。特别是并购公会主导引进，与天津政府和美国企业成长协会联合举办的中国企业国际融资洽谈会（融洽会），连续举办了六年，开拓了中国股权投资基金产业，得到广泛认可和效仿。并购公会也与中国股权投资基金协会结成战略联盟，共同打造了股权基金和并购产业（PEMA）。

并购公会与发改委、商务部、中央银行、国资委、银保监会和证监会等部委密切合作，参与了大量并购相关的法规和政策的制定。在并购融资法律出台后，并购公会与银保监会密切合作，连续在上海、天津、北京和银保监会系统内举办讲座论坛，受到欢迎。中国证监会重组的并购咨询委员会中，特别邀请并购公会代表，其中三分之一委员都是并购公会理事机构成员。

第四，并购公会的挑战与应对。并购公会发轫于中国并购观念刚刚形成、在庞大的国有企业主导结构调整和竞争格局的阶段。并购公会更多的工作是普及并购教育和积聚并购中介机构的群体，不断在培育并购观念和并购市场上着力。作为民间公益机构，并购公会没有得到政府的任何资助，也没有来自商界的大笔资金投入，全部是依靠少量会费和论坛等活动获得发展经费。2012年，在得到中央银行、发改委和商务部三个部委的支持下，全国工商联与民政部共同确认了并购公会长达10年的发展过程，给予了民政部登记注册的身份。这是并购公会新的发展起点，也面临新的挑战。

首先，并购公会需要从中介机构为主的小圈子发展为更代表主流并购力量的全国协会。我们希望有更多的从事并购交易的企业集团、专业机构和并购创业者加盟公会，努力将并购公会的成员范围从北京、上海、深圳等发达城市扩展到各地各个产业，也扩展到海外，需要更加开放的发展，吸收更有视野和能力的企业加盟。并购公会过去为建立规则和稳健成长而提高的门槛需要调整。这涉及新老成员的理念融合和妥协，也需要更高水平的内部公司治理水平。

其次，并购公会需要提升自己的政策影响力和财务实力，从而为并购市场的蓬勃发展奠定基础制定规则，维护权益和给予权威指导。并购公会要更加密切地与政府相关监管机构合作，不断对影响并购市场的事件和趋势发表意见，献计献策，贡献民间智慧。除了一定的会费基础外，推动各地分会的发展，举办更多的培训、论坛、交易会等活动，推动并购基金的发起等，都是扩大影响和增加收入的渠道。

最后，中国的并购市场是全球并购市场中最有潜力和最有影响的部分，中国并购力量成长必须与全球并购大格局协调发展，并购公会的国际化是我们最重要的突破。2010年，并购公会推动了亚洲并购协会的筹备，我们期望接下来的两三年，并购公会在整合全球并购标准和并购市场上有重要表现。

中国并购公会是市场的产物，也是在飞速发展和不断变化的中国经济崛起基础上的产物，市场需求永远是并购公会发展的动力和方向。有战略、有组织、有治理是并购公会成长的经验，有调整、有追求、有激情更是并购公会能够走得更远的保证。我们期待市场的支持，也期待市场的检验。

我在2016年后不再担任并购公会会长职务，曾担任两届轮值主席的尉

2019年1月，全联并购公会会长尉立东和我与并购公会秘书处同人一起合影

立东接任会长，并购公会也正式更名为全联并购公会，在民政部注册，接受全国工商联的直接领导。全联并购公会在尉立东会长领导下有了更长足的发展，到2022年，已经有200多家机构理事和6 000多名由并购交易师组成的个人会员，成为具有全国影响力的专业协会。

最近10年来，中国的经济环境和市场发展已经与改革开放初期大不相同，中国已经成为具有全球影响力的大国，中国的并购交易也成为影响全球并购市场走向的核心力量。全联并购公会建立的品牌和商业资源成为全国工商联系统的重要抓手和平台，读者可以关注全国工商联和全联并购公会的网站了解最新的动态。笔者有机会与一批志同道合的民间朋友参与发起，得到了相关政府的全力支持，这是一个时代的机遇，感恩不尽。简要回顾最初十几年的创业过程，读者也可以从中侧面了解中国本土并购行业的成长轨迹。

丰富并购的生态

如前所述，一个正常的经济生态的形成需要三个力量的推动：政府、企业和行业协会。在不同时期，三个力量的强弱有所差异，但三足鼎立才能形成健康稳定的发展格局。并购的生态圈也是如此，政府通过鼓励政策和监管规则建立了并购生态的基本框架，企业家的竞争与合作形成并购成长的核心动力，行业协会则不断发声、制定规则、建立指标和推动启蒙培训来影响社会观念，协调多元博弈。我以并购顾问的身份参与了一些商业并购交易和并购基金投资，具有一定的江湖经验，但更多的精力是参与了并购公会的创建和发展，因而，这一节会更强调行业协会在建设和丰富并购生态圈的努力。

今天，并购观念已经深入人心，企业并购和产业整合已经成为经济圈所有机构的通用词汇和共同发展模式，我们提到的并购公会同人们的工作与贡献如今看起来似乎也很稀松平常，已经成为常识了。须知，仅仅20年前,"并购"还是一个创生出来的生僻词,企业交易还常常被视为投机倒把的巧取豪夺之举,并购参与者动辄被归咎于导致"国有资产流失"的罪魁祸首,产业整合还可能被认为是破坏安定团结的事,并购交易会产生社会不安定等后果。历史的进步就是从一大批创新者和企业家们点点滴滴、日积月累的努力实现的。

回顾并购公会的一段历史,也是观察中国改革开放进步的一个样本。

政策建言

2006 年,并购公会提交了《关于建立国家经济安全体系的建议》提案。2007 年,并购公会再次提交了《关于建立加入全球化的国家经济安全体系的提案》。两次提案在社会上引起强烈反响,得到广泛报道,也得到了国家有关部门的高度重视。证监会、发改委、人民银行等主管部门均对提案进行了书面回复。商务部条法司负责人和国家发改委财政金融司负责人到访并购公会,就提案征询意见。在 2006 年提案提交后不久,相关部门就出台了《关于外国投资者并购境内企业的规定》。2007 年 8 月,全国人大通过了《反垄断法》,其中明确规定了关于外资并购国内企业涉及国家安全的相关条文。同年 9 月,中国证监会公布六项涉及并购重组相关法规,将外资并购中的垄断行为纳入规制范围。

2006 年,并购公会受邀到中国人民银行参加有关规范民间金融发展的座谈会。会上,并购公会提出了要鼓励民间的金融创新、拓宽中小企业的融资途经、降低成本等问题。时任央行副行长的吴晓灵对此给予高度肯定,并鼓励进一步研究民间融资行为的合法化等问题,使民间金融最终实现阳光化操作。2009 年初,并购公会编制完成了《2008 年温州地区民间金融活动调研报告》。依托此次调研成果,《鼓励民间正当金融行为,加快培育中小企业银行》的提案在 2009 年正式提交,引发了社会各界的积极关注。

2007 年,并购公会提交了《关于完善我国企业并购融资制度的提案》。在 2008 年第六届中国并购年会上,中央银行副行长苏宁正式宣布支持并购贷款的实施，引起业界广泛关注。在广泛征集意见并经过长时间的论证与研究后，2008年12月，银监会正式出台《商业银行并购贷款风险管理指引》，开启了中国并购贷款的时代。随即，并购公会第一时间发布了《并购贷款图解2009》。众多金融机构和企业均将该书作为内部培训教材。

2008年，并购公会提交了《关于建立健全中小股东权益保障机制的提案》，引发了一轮保障中小股东权益的讨论热潮，而中小股东权益保障委员会等相关机构也在此期间相继诞生。

2009年，《关于支持国内企业加快实施跨国并购战略》提案由并购公会向"两会"提交。提案明确提出政府相关部门有必要出台配套政策措施，支持有实力的中国企业抓住机遇加大跨国并购的步伐。此提案对于之后一系列的跨国并购案例的成功实施起到了积极的促进作用。

2009年3月21日，并购公会向经合组织递交了《致经合组织并各国商会组织、跨国公司的公开信：呼吁全球企业抵制保护主义，实施负责任的全球商业行为》。经合组织秘书长古利亚亲自接受公开信，并表达希望与并购公会长期深入合作的愿望。这一公开信在中国国务院网站上发表，也通过经合组织传递到全球1 500多家商业协会。这是中国民间商会第一次正式向国际社会发出公开信。

2011年，中国证监会发布上市公司收购规则，并购公会对第一稿提出许多专业建议，得到证监会相关部门的高度重视。在修改第二稿时，证监会多次专门征求并购公会理事的建议，并且在公布时也强调并购公会的专业参与。时任中国证监会主席也对并购公会为"上市公司收购法案"所给予的协助做出了充分的肯定。

这里，我特别记录不久前的一次事件。

2018年8月30日，国家税务总局的一份检查工作指导意见引起市场的高度关注。在指导意见中，国家税务总局认为，各地方政府过去普遍实行的对有限合伙制基金征税的政策，违反了相关规定，应当予以纠正。而且，基金过去历年的税收也需按新标准追缴。按这一新的意见，股权投资基金行业将面临大幅提升的税负，甚至失去存在的商业逻辑。

我当时正在参加沈阳的一个东北并购论坛，看到这个信息，立即请公会秘书处写一个商榷文字出来。过了两天，几位博士写了一篇很长的论文体文章，完全不能用。我只好在回北京的飞机上匆匆写了一段文话，当晚就通过正式渠道上报，同时也通过自媒体发出。因考虑可能带来的负面反应，我作为责任人以"全球并购研究中心"名义发出。要点如下。

第一，我们很赞赏国家税务总局相关领导的担当精神，面对反复讨论十多年之久、涉及错综复杂的利益关系和具有连锁反应效应的重大事宜，能够如此果断、大刀阔斧地推进。辅以严格执行法治，履行必要程序，则尤幸甚矣。从市场反应和其他政府机构的对应活动观之，似乎这一可以颠覆行业结构和未来的重大举措并没有认真征求相关方面的意见，甚至与既定法规有所一致，未免操之过急，令人费解。

第二，我国的资本市场和创新投资正在面临内忧外患的复杂局面。在经济结构转型升级、防范系统性金融风险加上国际环境调整的大背景下，股权投资基金机构和创业者个人都在艰难的转型过程中，要面向实体经济、科技创新和金融稳定倾斜，需要更为宽松和从容的政策环境，真正打造现代金融这一"国家的核心竞争力"。国税总局的这一指导意见自然高屋建瓴，可以有效改善国家税收结构。不过，将大批已经充分市场化的股权投资与并购机构洗牌出局，是否会对中国的中小企业和具有全球竞争力的企业产生长远影响，还需要审慎考虑。至少，留得青山在，不愁没柴烧。

第三，全球各国都在大力减税，中国政府也一再要求减税，国家税务总局这么多年来也为这个目标千辛万苦努力着。这次突然倒行逆施，加税甚至追缴历史"欠税"，也许有很多民间不知晓的其他背景和信息。但毕竟需要从容实施，保持业界对权威话语的信任和合理预期为好。避免为渊驱鱼，让一大批过去为中国经济崛起和高科技实业企业发展做出巨大贡献的投资基金退出国内市场，跑到大洋彼岸效力，这就有些可惜了。

国威信重，业界当然依法自律。中国并购公会的200多家理事机构和上万名从事股权投资和并购的会员十几年来遵纪守法,全力参与市场运作,与国家一起成长。我们高度重视国家税务总局的指导意见,希望再次有机会拜访相关领导,准确领会中央精神,更好地贯彻执行法律和政策,一如既往地以市场参与者立场,配合政府相关部门共同推动中国资本市场的健康发展。

这篇文章立即引起业界轩然大波,四个部委领导都立即请我去进一步说明立场和背后的推动力量,我也做了到全国工商联检讨违反组织程序在自媒体发表不当言论的文字准备。不过,几天后,时任全国人大财经委副主任的吴晓灵大姐告诉我,她和几位部级领导被总理邀请讨论了我的公开信和相关税法,对此高度重视。信息传出后,更多的业界人士也纷纷表达了支持的观点。国税局有关领导也主动出面邀请我和专家一起讨论,这个指导意见也缓行了。我作为中国证券投资基金业协会私募与并购委员会的委员,在参加委员会的工作会议时,时任协会会长洪磊带领在场20多位嘉宾起立鼓掌,为我的建言站台助威,让我感受到行业协会和社会舆论对法规政策一定的影响力。

建立行业标准

一个行业的标准建立同样需要官方、民间和行业协会的共同努力。政府从建立规则和组织市场的运营与监管法规做起,民间则不断在前沿操作,形成无数推动市场进步的案例,而行业协会则需要贴近市场关注政策,不断创新观念并总结经验教训,通过多种措施来逐渐建立业界的标准。全联并购公会在这方面的工作,主要有以下几项。

主编出版并购相关书籍

2001年,我与中国社会科学院的康荣平主任一起主编了《中国并购报告》,之后每年出版一本,已经成为记录中国并购行业发展的经典参考书。《中国并购报告(2021)》一书由全联并购公会常务副会长担任执行主编,纳入蓝皮书系列,由社会科学文献出版社出版。我写序言的标题《20年并购史,天不负我辈!》表达了披荆斩棘、参与开辟并购行业的欣喜。

我们出版了在业界产生广泛影响的书如《百年中国的并购史》(2019)、《产业整合的中国动力》(2017,日文版2018)、《中国十大并购》、《中国产业地图》、《并购手册》等几十种,也出版了大量并购相关白皮书和《并购动态》《今日并购》等网络刊物,在不同时期都提升并推动了社会对并购的认知。

特别是,我们以民间行业协会的立场两次出版了《中国并购行业行为准则》(2017、2019),提出了中国并购行业的市场化原则、企业增值原则、公平交易原则、合规交易原则、自律原则和社会责任原则等重要指标,得到业界认可,也得到中国证监会相关部门的高度评价。

并购评选与颁奖

2000年起,我们每年都公布"中国十大并购事件"和"十大并购人物"

2018年12月10日,我与美国并购论坛主席、亚太并购协会联席主席大卫·弗格森(左)在上海并购博物馆广场的并购钟前合影

的名单，人约 200 个重人并购事件和 150 位并购人物成为铭刻中国并购行业成长的里程碑。同时，公会也连续十几年在中国并购年会上颁发具有行业影响力的并购专项奖，包括最佳并购交易、最佳并购律师、最佳并购财务等十几项业务成就奖。每次颁奖都是一次业界盛会，也鼓励和培育了一大批并购专家。

并购博物馆

2015 年，我们与上海市金融局和普陀区政府合作正式创建了全球第一个并购主题的公益博物馆。重点展示了全球并购的历史发展和中国并购市场的前沿动态，将有历史和现实影响力的重要并购观念、并购事件和并购人物梳理展现，定期邀请"十大并购人物"和并购专家举办讲座和培训活动。在博物馆附近的广场上矗立起一座并购鸣钟，为并购成功者庆祝。

年会与论坛

2003 年起，并购公会连续 20 年举办中国并购年会，陆续在北京、上海、天津、深圳、香港等城市举办，邀请业界专家和监管领导讲演与座谈，为并购从业人员颁发专项奖。同时，并购公会在全国组建了十几个省级工作委员会，举办了几百次相关的并购论坛活动，有效地推动了各地并购市场和生态圈的形成。

并购交易师培训

2013 年，并购公会在十几年推动并购启蒙和培训的基础上，创建了"并购交易师"（the Dealmaker）的概念，同时成立了并购交易师培训与认证中心。时任全国工商联党组书记胡德平和中国证监会原副主席高西庆为首批一百多位并购公会理事颁发了并购交易师证书。2015 年第一批来自台湾的 50 多位并购交易师加入，韩国并购协会也与并购公会签约，互相认证彼此协会的培训证书。到 2022 年，大约有 6 000 多位并购人士获得证书。

与地方政府合作,与全球同行合作

并购公会陆续与北京、上海、山东、辽宁等十几个省市的金融监管局签约合作,培育地方并购交易市场,推动产业整合。公会也陆续协助了上海、苏州、杭州等城市创建当地的并购集聚区或基金小镇。特别是在新冠肺炎疫情暴发后,公会参与了许多公会从创立之初就积极参与的与全球同行的合作,陆续参与创建亚洲并购协会和亚太并购协会等国际组织,组织了几十次海外并购之旅。下一章会展开论述。

2015 年 11 月 4 日,中国社科院前副院长、全联并购公会荣誉会长刘吉(左)将自己的 001 号并购交易师证书赠予并购博物馆(上海)

案例：从 ACG 到天津融洽会

并购市场是一个自下而上的民间交易市场，没有固定的经营场所和特许经营牌照。每个参与并购交易的机构和个人都是市场上的一个节点，大量的并购交易每天都在改变企业资本结构和价值，也在改变周边的商业生态环境。在中国的经济制度下，地方政府始终是主导并购市场的推手，通过地方产权交易中心或交易所等方式，希望将更多的并购交易纳入监管体系和纳税体系。民间的交易中心很难得到认可和授权，我从参与联办的 STAQ 系统开始，主导过四川、沈阳、北海、郑州等许多地方在 20 世纪 90 年代启动的地方产权交易中心，方案不断完善，但始终无法落地。不过，十几年前，我们在天津推动的中国企业国际融资博览会（融洽会）则是一个难得的成功案例。而且，这个模式被各地城市反复借鉴，成为一个特定的并购交易市场，因此，笔者对此做一个回顾整理。

2006 年 4 月中旬举行的第四届中国并购年会上，我与美国企业成长协会（Association for Corporate Growth，以下简称 ACG）的轮值主席赫雷（Patrick Hurley）在北京相识，他邀请我去美国参加即将举行的 ACG 年会。ACG 成立于 1954 年，是致力于企业成长、发展和并购的组织，当时有 1.2 万家会员，其中包括 700 多家资金规模在 2 亿~10 亿美元的私募股权投资基金（广义 PE，包括风险投资 VC）。我正巧受邀于 4 月下旬到美国耶鲁大学参加中国专题论坛，便顺路飞到佛罗里达州首府奥兰多，参加了为期三天的 ACG 并购交易年会，并做了一场演讲。

这次年会给我留下了深刻印象。我第一次见到了美国的"快速约会"（Speed Dating）：3 000 多企业代表云集奥兰多，上百家中小私募基金"现场摆摊"吸引各地的并购中介机构介绍项目。我当天做了一个关于中国并购市场的演讲，吸引了大批 ACG 会员，当天晚上回到酒店房间，发现从门缝里塞进来了 40 多张名片，希望与我见面。

一位来自丹佛的资深投资专家对我说，他的团队管理着一支7亿美元的家族基金，到目前是第四代了，基金的投资压力相当大。因为丹佛的市场很小，项目很少，大企业又瞧不上小基金。听到我说中国经济增长特别快，便急切地想来中国投资。临别前，他非常认真地问我："到底是中国管印度，还是印度管中国？"

尽管当时中国市场引进了大批重量级的产业资本和私募基金，然而大量的中小企业其实需要的资金量并不大，往往只有三四百万美元，中国缺的正是ACG下面那些中小规模的私募基金。我立刻向ACG建议，把ACG年会搬到中国来办。赫雷主席对此提议很感兴趣，当即委托我在中国物色合适的举办城市。

我一开始准备在苏州举办这个国际会议，邀请30家基金和200家中国企业在苏州来一次"资本约会"。我的师兄，也是国务院发展研究中心金融所所长夏斌把相关材料送交给天津的戴相龙市长。曾任中国人民银行行长的戴相龙非常敏锐地感觉到这一会议将给天津带来很大的现实和潜在价值，马上让副市长崔津渡带队前来北京约我见面。由于天津的全力争取，我原计划由并购公会主办论坛，只好把矛盾上交全国工商联，请全国工商联作为联合主办方决定会议主办地，并购公会也变为会议协办方。经过多方面的综合权衡，全国工商联最终选择了天津。

2006年11月中旬，赫雷主席一行考察访问了天津，戴相龙市长接见，表示天津正面临难得的发展机遇，希望通过美国企业成长协会的经验和渠道，引入更多的国际投资银行、基金管理公司和中介机构，共同参与滨海新区金融改革创新。全国工商联党组书记胡德平、戴相龙市长与赫雷主席代表三方正式签约，会议初步定名为"中国企业国际融资博览会（融洽会）"。2007年2月，来自全国工商联和天津市政府的代表团奔赴达拉斯，参加由ACG四个州分会联合举办的一次区域性会议，这次为期两天的区域会议就吸引了1 000多人到会。

2006年11月,全国工商联党组书记胡德平、天津市市长戴相龙和美国企业成长协会主席赫雷签约融洽会

    ACG每年都会召开一次年会,此外在全美还有53个分会,在举办企业与资本的快速约会和对接方面很有经验。所谓"资本对接"(Capital Connection),是指分别有融资和投资意向的企业及私募股权基金在大会安排的环境中面对面接触,使投融资双方都能有多元选择的机会。而"快速约会",则是会议组织机构在事先预约登记的基础上,将资本供求双方在封闭环境中安排约15分钟或45分钟的面谈,在保护企业商业机密的同时降低双方的信息成本。这两种会议形式在美国已经有50多年的历史,被证明是一个高效的投融资平台。

    2007年3月20日,国务院正式批准天津举办"融洽会",截至5月20日,已有1 000多家国内外企业、200多家中介机构报名,更有全世界150多家私募基金机构参会,远超出原先预期的70家。天津市政府两次去美国路演和取经,国内路演也一共去了42个城市,向当地企业介绍私募股权基金，推介这次融洽会。

我国每年有成千上万个展会，但真正像天津融洽会这样，能在短短3年时间内逐渐改变行业格局的展会并不多见。从数字上看，2007年首届融洽会参会投资机构200余家，各类中介机构300余家，融资企业近1 000家，参会人数约5 500人。2008年参会投资机构549家，各类中介机构341家，融资企业1 639家，参会人数为6 330人。2009年的第三届会上，共吸引了来自全球的605家投资机构、392家中介机构和1 786家融资企业参会，与会总人数约7 000人。3年来，从私募基金、股权融资等概念被引入中国到慢慢为企业所接受，从会议、论坛到形成融资价值链，从"试验区"到中国最大的股权投资基金聚集地……融洽会的价值已经远不止"投融资盛宴"这么简单。

2009年开始，基于融洽会的巨大成功，在天津市政府的邀请下，中国科技部也正式成为主办机构之一，同时，长城资产管理有限公司也将天津作为资产证券化的基地，希望设计债务重组与转让市场，特别组建了一个专业的会务公司接手了融洽会的承办任务。我也卸任了前三届融洽会的副秘书长职务，专注投入筹备天津金融博物馆的新兴趣。天津融洽会是金融市场的一个重要创新，前三届产生的成果如下。

第一，天津成为中国股权投资基金市场的发动者和培育机构投资人的重要基地。历时3年，融洽会形成了为全球业界所瞩目的直接融资平台。依托滨海新区金融改革创新的优势，已经有158家股权投资基金（管理）企业和114只创业风险投资基金在天津注册，认缴资金额500多亿元。滨海国际股权交易所已确认入会投资机构243家，遍布世界20多个国家和地区，中介机构会员109家。天津股权投资基金中心也已吸引了90多家股权投资基金及管理企业落户，实际到位资金总额为120多亿元人民币，已经成为中国最大的股权投资聚集平台。

天津融洽会事实上将机构化的投资基金模式真正引进国内，而且大规模培育了基金投资人（Limited Partner，简称LP）和基金管理人（General

Partner，简称 GP）。今天在业界非常活跃的投资基金和基金专家几乎当年都是天津融洽会的参与者，天津也成为国际投资圈的一个热点。

第二，融洽会模式形成市场化融资生态，引发各地的仿效并启发了创新。首届融洽会上成立了国内第一家专业协会——天津股权投资协会。著名投资人田溯宁担任会长，我担任监事长。之后，北京、浙江和苏州等各地的股权协会陆续成立。第二届融洽会上建立了滨海国际股权交易所这样一个常态化交易平台，同时也创建了挂靠在天津财经大学的亚洲商学院作为培训基地，出版了《资本交易》杂志作为会刊。

值得特别提及的是，当时国际流行的 Private Fund 和 Private Capital 等词引进国内时比较混乱，有私募资本、私募基金、私人资本等各种翻译。尽管这是与公募资本对应的募集形式不同的正确翻译，但在当时的社会观念下，"私"这个词语还是会给传统体制下的管理者带来困惑和联想。一次在去天津的高铁上，天津主管市长崔津渡、中国人民银行副行长吴晓灵和发改委主管基金的副司长曹文炼与我一起讨论了很久，决定将天津的基金协会定名为天津股权投资协会。不久，吴晓灵行长、原国家体改委副主任邵秉仁和我一起在杭州筹备全国性协会时，再次明确定名为"中国股权投资协会"，邵秉仁担任会长，我以并购公会会长身份加入并担任了两年的兼职秘书长。

第三，政府与民间共同推动的市场模式。一个国外引进的创新模式能否落地是一个对商业生态的挑战，处理不当，可能产生连锁的负面影响，特别是在金融领域，非法集资和金融诈骗也会随之而来。天津市政府相关领导与承办的并购公会团队建立了联合筹备组，天津市主管副秘书长陈宗胜担任秘书长，我代表全国工商联担任副秘书长，邀请美国企业成长协会（ACG）加入筹备组，三方共同设计融洽会方案，共同审查并邀请嘉宾，共同去各地路演，共同操作所有细节。大的原则由政府掌控，运营细节则由民间推动并承担商业风险。与国内政府主办的领导与专家讲演、听众正襟危坐的模式不同，整个融洽会参考美国模式，投资人和企业家才是会议主角。三天里，几千人的会场上音乐弥漫，咖啡与美食随处可见，所有人都是休闲服装，漫谈可以到夜半，气氛非常融洽温馨。

一个非常感人的场面是我邀请了美国尼克松总统的女婿考克斯与中国前国家主席刘少奇的女儿刘亭的一个现场对话。1971年，尼克松总统女儿的婚礼在电视上直播，全球几千万人瞩目，当时，刘亭却在乡村干农活，困苦交加。几十年后，考克斯作为律师，刘亭作为企业家，双方联手推动了许多中美商业项目，为中美文化交流做出重要贡献。这次融洽会双方的回忆和感想令在场的上千位来宾动容。

首届论坛后，戴相龙市长专门约我们团队便餐庆祝，他突然问道："你们能不能统计一下融洽会达成了多少笔交易，政府需要这个数据总结经验，加大明年的力度。"我回应，出席公司和人数可以统计，现场签约的项目也可以统计。但是，融洽会的核心在于"快速约会"和"资本对接"，形成一个大家经常来的民间资本市场，这个影响力很难统计。我开了一个玩笑，政府的统计相当于婚姻登记所，融洽会相当于年轻人约会的酒店，感情是很难统计出来的。

并购公会：一个行业协会转型的样本价值

首先需要说明的是，在特定的历史时期，有特定的行业协会模式。全联并购公会曾尝试了竞选模式，当时引起了各界的关注，认为是一个重要的创新，全国政协的机关报还专门做了报道，许多商会专门来讨论学习。著名的经济学家吴敬琏先生在一个论坛上赞扬了并购公会的模式并做了推广。

在竞选的背后还有许多故事发生。例如当时一位参加竞选轮值主席的副会长本身非常出色，但因技术原因未能及时报名而失去机会。他怀疑我们在背后做了文章，导致他出局。于是，准备在全国工商联的机关报刊上刊登文章，揭发并购公会的竞选黑幕。我后来了解了具体情况后，专门邀请了并购公会的监事长、秘书长和上届轮值主席与他见面,解释原因,得到他的理解。这件事可以看出,当时公会理事们对公司治理和行业协会的期待。遗憾的是,我们的协会竞选模式有些超前于时代,后被有关部门建议不再继续了。我之所以全文引用这篇《人民政协报》的报道,是希望留下一段值得研究的历史。

11月2日,北京产权交易所。偌大的交易大厅中缺少了往日的喧闹,大厅中央的巨幅液晶显示屏上一行巨大的文字提醒这里正在发生的事情:全国工商联并购公会第二届会长竞选演讲。

下午2点30分,竞选演讲正式开始。7名竞选者为竞争会长、副会长的职位发表了激情四溢的演说。"公开竞选会长,是并购公会的一次民主尝试,是对商会良好治理结构的一种探索。"前任会长王巍表示。

今年9月,在3年会长任期将满之时,他主动辞去了会长的职位重新参与会长竞选。"其实,中国目前的行业协会都可以连选也可以连任,没有任届限制,而且连选并不一定要先辞职。"王巍说,"但是作为并购公会创办者,应当利用在公会中有比较高的威信的时候建立公司治理规则,这比出了问题以后再讨论要强。如果竞选失败,那我再做公会的普通理事也没什么失落。"

2007年5月13日,国务院下发了《关于加快推进行业协会商会改革和发展的若干意见》(以下简称《意见》),明确要求实行政会分开,行业协会要严格依照法律法规和章程独立自主地开展活动,切实解决行政化倾向严重以及依赖政府等问题。"《意见》提出了'积极创造条件,培育一批按市场化原则规范运作,在行业中具有广泛代表性、与国际接轨的行业协会',实质上是为未来行业协会的改革指出了方向,但如何形成一套全国统一的改革模式是未来国家有关部门迫切需要面对的问题。"中国行业协会商会网专家委员会主任张经在接受记者采访时表示。

对并购公会来说,这次会长竞选只是一次协会内部的制度创新。但从整个中国的行业协会来看,并购公会的制度创新,或许能为中国行业协会的改革提供一个可供借鉴的样本。

并购公会的创新基因

"并购公会创始团队对公会治理的共识，诠释了并购公会成立三年来不断进行机制创新的思维理念。三年来，并购公会创始团队坚持良好的公司治理规则，不断进行机制创新，使并购公会始终充满了鲜活的生机。"在对记者回顾并购公会三年的发展时，王巍丝毫不吝溢美之词，"创新"是他提得最多的一个词。

作为行业协会改革的先行者，并购公会从一出生似乎就带着创新的基因。20世纪90年代末期，世界范围内的并购之风开始刮向中国。此前，国内并没有并购这个词。并购公会的创始人刘吉、王巍、夏斌等一群志同道合的先行者开始在各种场合谈并购的道与术，呐喊并推广并购理念、并购与产业安全。

最初这些新鲜的概念并不被大家认可，随着中国加入WTO，发生在本土的并购事件开始风生水起，而与并购相关的证券政策也逐渐松绑，同时，金融工具也出现了自发创新的苗头，并购逐渐成为社会性的话题。

"中国有13亿人口这样一个潜在的巨大市场，经过近30年的改革开放以后，中国的经济和企业都有所发展，同时，中国已经进入了全球化的竞争，跟国际进行接轨。在这种情况下，全球的并购将不可避免地转移到中国。"在《全国工商联并购公会的商会理念与操作实践》中，并购公会的创始团队解释了他们如何看到中国这个将要崛起的并购大市场。

经过几番波折，2004年9月中华全国工商业联合会并购公会获得全国工商联正式批准成立，并购公会成为工商联旗下直属商会中的一员，他们的简单目标就是在中国并购市场的发展初期为并购市场传播启蒙性的并购知识。

正如并购在中国是一个新鲜概念一样，并购公会同样是一个新鲜事物。与传统的行业商会中的会员企业来自同一行业不同的是，这是个由来自不同领域的企业组成的商会，正是这点差异决定了并购公会在成立之时就要探索出一套全新的治理机制。

行业协会企业化治理

"2004年公会成立时我们尚不明确未来该如何治理公会，到现在，并购公会的治理机制还是处在摸索阶段，对于公会今后该如何创新管理，我们依然是要根据外部环境的变化摸索最佳的公会治理模式。"王巍对记者坦诚地表示。

在他看来，商会的治理远比企业的治理难，全世界的企业对公司治理模式已经探索了几百年，公司治理制度已经趋于成熟，可借鉴性也非常高，而商会的治理机制在全世界都尚处于摸索阶段，没有成熟的模式可供借鉴。特别是目前，我国大部分企业都是在改革开放以后创办的，成立的时间不到30年，商会的治理也才刚刚提上议事日程，我国国情决定了我国商会治理模式的成熟还需要不断实践、不断总结经验。

为了寻求最适合全国工商联并购公会的治理机制，王巍他们专门研究了欧洲和美国10多个优秀商会，单查阅的资料就有一尺来厚。"我们认为，公司治理制比较有利于促进并购公会的发展。"

事实上，并购公会采用公司治理机制，也与王巍的企业家身份和他多年企业治理经验的积累密不可分。创会初期，王巍就提出"治理商会如同管理企业，无非目的不同，后者追求利润，前者是为了互益，但重要性都是不言而喻的"。

按照这种理念，并购公会中设立了会长、轮值主席和会员单位，分别相当于公司的董事长、CEO和股东。轮值主席的设立实际上是"在公会内部引入一种制衡机制，而这种制衡机制的引入本身就是一项商会治理中的创新"，王巍表示：采取轮流做主席是充分调动大家积极性的一种手段。第一，轮值主席是全国并购圈子里的一个品牌，因此它会努力利用每个机会去做活动；第二它会带来新鲜血液、新的思想推动公会的发展，其实我们是刻意设置轮值主席制度，使得公会有不同的因素在博弈，形成对长期担任会长企业的制约。

与会长的任期三年不同，轮值主席每任任期一年。前两任轮值主席都采取的是会长推荐制，今年4月公会首次引入轮值主席民主选举机制，4名常务理事报名参选，最终结果在两名竞选者中产生，北交所熊焰最终以票数多胜出。

"轮值主席的产生不会受到政府、企业规模等因素的影响，能影响竞选结果的只是竞选者自己'对公会能有多少激情，能为会员提供多少服务'。"王巍表示。

2007年8月，并购公会又成立了监事会，以保证公会的规范发展。紧接着，王巍又把公会的改革引向更深入——会长、副会长也要竞选上岗。王巍认为，只有这样公会治理才能达到理想状态，"用制度来管理公会，而不是依靠人来管理。公会的领导人出差或者登山去了公会的工作仍然能够良好运转，形象地说就是用公司治理机制确保公会成为铁打的营盘"。

中国社科院世界经济与政治所公司治理研究中心主任鲁桐对并购公会的治理模式比较认可：领导一家商会其实跟管理一个公司是一样的，商会也需要治理，要有治理的规则。我们国家过去因为NGO（非政府组织）的地位比较弱，对于NGO的自身治理问题还没有提到日程上来。

行业协会改革难题

并购公会的公司治理制经验已经引起上级主管部门和国内很多行业协会的关注。但是王巍对这个问题不愿深谈："每个商会都有自己的特点和具体情况，并购公会的会员来源于多个行业，会员身份的多元化造就了公会自身的特殊性。公司治理制比较适合并购公会的发展，其他商会有其自身的特点和情况，并不一定都适合用公司治理制来管理。"

实际上，对商会改革的先行者王巍来说，行业协会改革在目前是个较为敏感的话题。中国的行业协会大多数是从政府部门蜕变而成，目前仍有相当数量的协会是沿袭行政机构的模式，不但有司局、处级，而且配备的人员也都有行政级别待遇，其领导机构的构成，多由业务主管单位安排或者是部分退休领导兼任。

根据1998年修订的《社会团体登记管理条例》规定，对社会团体采用双重管理体制，民政部门为登记管理机关，相关政府部门为业务主管单位，这种体制下的行业协会，其治理机制很难脱离行政色彩。

"我国行业协会最突出的特点就是政会不分。"清华大学NGO研究所贾西津在接受本报记者采访时表示，一些官办协会的领导层不是会员选举产生，而是有关政府部门任命，行政机关制定的决策，通过协会传递给企业。这样的协会组织普遍只对政府部门负责，而不对会员负责，更多行使的是管制功能，而不是为会员服务的功能。

清华大学人文学院经济研究所所长、商务部WTO谈判专家何贸春在接受记者采访时表示："我国加入世贸组织后，中国企业必须面对全球性竞争，竞争的结果不仅取决于企业自身实力，还取决于行业协会的发展状况等因素。现有行业协会早已不能适应世界经济一体化发展的要求。中国的行业协会改革，关键在于推动行业协会的'民间化'进程。建立符合市场经济要求和国际惯例的行业协会组织。"

事实上，早在1998年，我国政府就决心要规范和发展行业协会。当年，中央下发了《中共中央办公厅、国务院办公厅关于党政机关领导干部不兼任社会团体领导职务的通知》，禁止"一套班子，两块牌子"的现象。党的十六届三中全会通过的《中共中央关于完善社会主义市场经济体制若干问题的决定》中提出，"按市场化原则规范和发展各类行业协会、商会等自律性组织"的要求。这被认为是中央最高决策层高度重视的标志。

作为一个管理咨询专家，正略钧策管理咨询总裁赵民一直关注国内行业协会的改革与发展，他在接受记者采访时表示：由于行业协会承担着在全球化下的国际交流角色，所以，需要遵循国际惯例，用国际上行业协会同样的治理方式，来改进和加强行业协会自身的建设。

(《人民政协报》2007年11月9日)

第十三章

全球并购：风险与经济安全

加入 WTO 仅仅二十几年，中国就从吸收外资的大国转变为同时也是海外投资的大国。国家风险和国家经济安全（National Interest）成为影响中国经济和全球化格局的重大课题。

这一章笔者从个人经历出发，讨论与国家经济安全有关的投资与政策变化，特别关注美国政府对中国企业海外投资的各种限制和长远影响。

同时，在政府和企业家的努力之外，作为并购行业协会，我们如何与亚洲、亚太乃至全球同行达成共识，推动营造更加开放公平的全球并购市场。

从国家风险到海外投资

1985 年，我在中国银行工作期间被派到日本野村证券综合研究所进修了四个月。当时的日本正是经济高速成长的后期，成为美国的最大竞争对手，"日本第一"已经成为日本商业内部励志的口号，野村证券是日本最大的证券公司，也是全球金融机构的生力军。尽管安排我研修的主要方向是政府债券的承销与发行，但当时中国还没有这个市场，我就额外选择了"国家风险"这个课题自己学习。

国家风险也称"主权风险"（Sovereign Risk），是指国家在海外投资时产生的超出一般商业风险之外的政治、社会与文化等风险，政府投资就涉及主权风险，民间投资就涉及政治风险。在全球进入和平时代后，国家之间出现商业争端不能通过战争解决，只是通过国际法律诉讼和仲裁机制解决，成本巨大，因而当时主要的全球投资国家美国和日本都在做这个领域的研究。日本当时在拉美和中东的投资都非常大，经常受到当地政府国有化征收的威胁。美国的银行机构在全球各地都有巨额贷款，经常被拖欠、赖账或者干脆被恶意破产。

20世纪80年代，中国正处于改革开放初期，我们需要大量国际资本的引进，除了商业条件外，中国的社会制度、管理模式和文化习俗等因素也对引进外资有很大的阻碍。全面了解国际投资者的需求与安全底线，熟悉他们对中国商业与国家风险的要求，这是改善中国投资环境的重要因素。我在日本期间，读了大量书籍，也访问了一些机构和研究者。回国后，写了一本《国家风险：开放时代的不测风云》，填补了国内业界空白。

中国加入WTO后，在国际资本大规模进入中国市场的同时，中国企业家和投资机构也开始海外投资，我们开始遇到与当年美国和日本海外投资同样的国家风险问题。不仅民间企业在海外投资出现问题投诉无门，国有企业在境外运营也面临各种商业和政治制度上的挑战。当时，北京和上海政府都希望并购公会可以做一些研究和防范措施的设计。我有些惊讶地发现，当时除了几家国有机构提供一些海外投资咨询和担保业务外，这个领域还没有得到应有的重视，我20年前写的书仍然还是极少的参考资料。

于是，我与中国社会科学研究院世界经济与政治研究所的张金杰研究员一起组织了专家再次研究，在2005年出版了第二本《国家风险：中国企业国际化的黑洞》。我在序言中写道，"尽管国家风险的框架变化不大，但分析立场却是大转弯，中国企业投资海外市场的风险成为我们观察的重心，因此，许多立论就有了全新的角度。抚今追昔，不过20年的光景，中国经济在全球投资市场上的地位就有了天翻地覆的变化"。

2008年全球次贷危机后，美国与欧洲经济经历了一段较长的衰落期，同期，中国政府通过大规模的激励政策抵御全球经济低潮对中国经济的冲击，民间俗称"铁公鸡"的以铁路公路和城市基础设施建设为主体的新一轮投资高潮形成，有效地提振了国内经济增长的信心和竞争力，推动中国迅速成长为全球经济总量第二的大国，以至于在2010年之后，"大国崛起"成为全球舆论的关注点。

随着中国金融机构和大型国有企业纷纷在资本规模上进入全球500强的序列，中国的海外投资也水涨船高进入一个新阶段。从"中国十大并购事件"就可以看出轨迹。如中海油系列海外并购（2010）、上海电气收购美国高斯（2010）、中石化收购葡萄牙Galp能源公司资产（2011）、中化集团收购马克西姆－阿甘公司（2011）、万达集团并购美国AMC（2012）、光明食品收购英国Weetabix（2012）、五矿资源收购Anvil公司（2012）、双汇收购史密斯菲尔德（2013）、中石油收购埃尼东非天然气（2013）、联想集团收购IBM服务器业务及摩托罗拉（2014）、复星集团收购多家海外保险企业（2014）、海航集团收购瑞士空港（2015）、中国化工收购倍耐力（2015）等。加入WTO仅仅10年之后，中国的海外投资就成为主导全球并购市场的一支不可忽视的力量。

大约从2005年起，我被经济合作与发展组织（OECD）邀请担任跨国投资和公司治理两个部门的顾问，每年都会去巴黎参加讨论，也参与了一系列政策报告的研究工作。其中，2008年OECD专门写了一本关于中国的投资报告，在中国出版。这本书对中国吸收外资和海外投资的两个领域进行了政策环境分析，特别提示了商业投资的社会责任问题。我在该书中文版的序言中也强调，中国海外投资刚刚起步，"规则与透明度"非常重要，要让世界了解中国企业的风格；同时，海外投资必须是企业的商业行为，不应过于政治化；最后，企业投资要承担社会责任，关注环境和可持续发展问题。

当时，中国企业出海收购成为一时风尚，国内许多主流媒体都以为国争光的心态和立场大肆渲染，不过，我在国外的考察和论坛上却看到许多隐患。特别是中国企业以中国本土野蛮生长的经验应用于海外运营，与当地的商业和社区文化不融合，遭遇各种抵御，甚至出现当地抵制中国商品，烧毁中国商城的现象。我也在不同场合提及这种情况，希望媒体关注企业的社会责任与价值观。不过，有些媒体却刻意标题党，将我的比喻抽出来作为标题，引发热议。如2014年，我在中国并购年会上的大会发言主题是"大国并购的态度"，结果网络上的标题却是《中企海外收购都是嫖客心态，只图自己一时愉快》。许多央企领导人见面就批评我一番，认为我妖魔化了国企的海外并购。

我在2010年接受《商务周刊》的一个采访，提到中国企业出海投资或并购，应该有一个心态的调整和审慎的自审过程，特别提到至少要问几个问题：谁在买？买什么？如何买？向谁买？后来，不断在各种场合遇到企业家按我提到的"海外投资四问"来总结经验和教训，也看到一些大学教授将这四问作为教案。看来，这四问应该还是代表了中国海外投资初期的心态与立场的。我将当时的原文刊录如下，文章是对当时存在的一些问题的思考。

一百多年来，全世界都要来"买"中国。先是用枪炮当依托，鸦片战争、甲午战争一直到辛亥革命，背后都是洋人来强取豪夺地买。最近30年，洋人也是要来"买"中国，资源、市场、人力，等等，用国际规则和法律契约来买。忽如一夜春风来，随着中国加入WTO，中国企业突然强劲增长，中国经济突然积累了巨大额度的外汇储备，我们有钱了，有了可以购买洋人资源、技术、品牌、市场等要素的能力了。冰火两重天的转换只有区区10年的光景，不到一代人的岁月。我们名副其实地成为全球市场的"暴发户"了。贵族精神需要几代人的培育，美国、日本和韩国都有暴发户的经历，我们有这个状态，也不必苛求自己，这是一个过程。我们意识到了，就可以缩短这样的尴尬状态。

全球次贷危机正在褪去，美国经济已经在迅速恢复中。尽管我们的主流意识形态还是发现洋人的困难和黑暗面，确保我们的政府介入和主导权能继续牢牢把握在手中，但是，中国作为买家曾在全球市场中引发的激励作用已经不再被期待了。这一年，中国海外收购多受挫折，负面舆论蔓延，应当引起我们的关注。

第一，谁在买？在全球市场上，中国仍是政府主导的计划经济，海外购买的战略、定价、融资和操作仍然是政府意志。特别是我们整天高谈和平崛起经济增长的同时，又貌似低调地强调韬光养晦的时候，海外邻居们感受到的还是不安和威胁。国家经济安全和政治风险仍然是他们的主要考虑。我们要增加透明度，要提高市场运作的水平，要推动民营企业先走几步，这是正理，也是必须。

第二，买什么？企业是生命活体，不是任人宰割的资产和资源。我们动不动就以中国经济发展为理由，觊觎海外邻居的资产、技术、品牌和市场等，欲一网打尽洋为中用，这种以自我为中心的定位和手法，最是跨境收购的大忌，我称之为嫖客心态，只为"一夜情"，不愿为对方考虑发展，建立长久婚姻。要买公司为共同发展，不是单单买资产而肢解公司，这应当是我们的立足点。

第三，如何买？根据市场需求和企业竞争需求来推动海外收购，这是常识，但在我们这里，还是奢求。国家发改委和商务部要替企业把脉，高瞻远瞩运筹帷幄，听上去特负责任，但出了问题没有人负责任，还是企业承担风险。证监会也发文要求海外收购要有资质，又冒出来一位有能力的收租子的机构，还让企业如何出海呢？当然，如果政府几个主管机构能认定，融资机构闭着眼也会给钱，这样的机会恐怕也只有国有企业才能得到。收购中的战略设计、定价、操作和整合几个环节都取决于政府的基本判断，这条海外收购的价值链就是扭曲着生长到海外了。

第四，向谁买？我们一直以为次贷危机导致欧美资产贬值了，这两年所有的媒体也都在渲染海外的不良资产。殊不知，在低潮时，所有人都知道未来只会向好，因此惜卖。我们欢喜一场，真正得到低价资产的并无多少好的案例。所谓拉美、非洲的收购也多在概念上腾挪。并购是商业判断和市场操作的过程。"春雨润物细无声"，在传媒界和监管界不经意的当口儿，众多的中小企业海外收购正在风起云涌地悄然进行中，特别是江浙企业和海外收购已经颇有成效。没有什么计划指导，也没有区域和产业的动员令，只需要给企业家以收购的自由权，他们就会选择合适的项目，就会自己组织融资价值链，完成收购。

什么样的制度产生什么样的企业。据我观察，中国的企业并不笨，学习能力很强，这些年海外收购的成绩也很好。所谓的"人傻钱多快来"的段子，一般指的是国有企业。中国经济全球化过程正在加速，海外收购也一定会成为主流。中国购买将是未来几年值得高度期待也会有重大收益的事件。若干失败和挫折是不可避免的，但是中国经济强大的增长势头和能力将保证中国企业全球化的成功是挡不住的。

（《商务周刊》2010年12月21日）

国家经济安全的考量

中国在2000年加入WTO之际，企业界和金融界都有广泛的恐慌气氛，认为海外的先进技术、市场、资本与管理经验会让进入中国市场的外资公司立即形成对本土企业的降维打击，长期呼吁"狼来了"的警示已经破门而入了。政府、传媒和公众的关注点还是集聚在商品贸易、金融准入和产业进入等初级市场上，对于通过并购和产业整合的方式进入中国市场缺乏了解和研究。同时，也有大量的国内企业不断用民族工业、民族企业和民族产品等舆论绑架政府和传媒，设置各种壁垒保护原有的本土利益。

当时的两个重要并购事件使得并购与国家经济安全问题成为社会关注的热点。其一，联想宣布收购IBM公司的手提电脑业务，受到美国方面的抵制和专项安全审查；其二，三一重工的负责人公开反对美国基金收购徐州工程机械集团，认定威胁中国经济安全。这两个事件都将商业并购事件提升到国家经济安全的高度，引发了政府与社会的深入思考。如何将国家经济安全作为中国加入全球化后一个重要的安全基础和市场指标，同时，又不为传统本土利益所绑架，不给全球化设置障碍，这成为刚刚成立不久的全联并购公会的重要议题。

围绕联想和徐工收购，我们组织了多场研讨会，与企业家座谈。在原中国社会科学院副院长刘吉和时任国务院经济发展中心金融研究所所长夏斌等几位专家的支持与指导下，我与并购公会首任秘书长汤世声等一起主笔了一份报告，提交国务院有关部门，引起重视。同时，也得到全国工商联领导的支持，以全国工商联提案"建立国家经济安全体系的建议"的方式提交"两会"而成为大会议案，引起热烈讨论。全国主流媒体也跟进持续报道。鉴于国家经济安全在今天仍然是我们面临的巨大挑战，笔者将报告原文附后（见本节附录）。

这份报告大大提升了并购公会的影响力，国家发改委、商务部、国资委、中国人民银行和许多省市都邀请公会参加跨国并购相关的论坛和项目咨询。报告提出的观点也影响了官方主流政策与传媒的导向，报告提出的建立安全预警体系、颁布《反垄断法》和海外投资风险保障等措施都陆续成为现实。今天回顾起来，报告的核心在于从民间立场上最早将国家经济安全和海外投资风险提升到广泛的社会认知普及高度上，而且要在坚定不移地走向全球化基础上解决全球化的问题。

国家经济安全是一个很复杂的问题，从不同角度有全然不同的理解。简单地讲，任何威胁到一个国家正常经济、社会和政治体制稳定的因素都可能会导致国家经济不安全。除了领土领海完整和战争威胁外，每个主权国家都有自己对于安全的诠释，没有一个统一的标准，需要非常谨慎地处理。创建一个10亿美金的公司，在欧洲和美国习以为常，无人关注，但在一个小国和弱国就是国家经济安全的问题了。

中国在加入 WTO 后，成为全球经济的重要成员，国家经济安全的问题就不仅仅是外国资本对中国的影响，也有中国资本对他国的影响。可以说，国家经济安全是一把双刃剑，既可以保护本土利益，又可以开疆辟土，发展国家在全球经济中的利益格局。和平时期的国家经济安全之争执需要折冲樽俎，通过政治利益交易和法律诉讼来处理。战争冲突时，国家经济利益则体现在全面的军事冲突和制裁过程中，难以得到所谓国际经济体系或秩序的支持。例如，2022年俄乌冲突导致了欧美代表的全球化主流经济体系对俄罗斯的全面制裁，包括军事、政治、技术、金融、旅游与文化等所有方面。

大约在 2011 年左右，经济合作与发展组织（OECD）在巴黎召开一个重要会议，主题是跨国并购中的"国家公共秩序和经济安全"，认为经济安全在并购时代正成为更多国家需要直面的命题。将美国近两年在外资并购过程中施加的政府阻挠，评价为"新保守主义"的兴起。OECD 成立于 1961 年，目前成员国有 30 多个，代表世界主要市场经济国家的力量。限于"市场经济地位"的原因，中国目前还不是 OECD 成员，但考虑到中国经济近年来在全球的影响力，中国以观察员身份参加，由商务部代表中国政府出席会议。

当时，中国政府对美国凯雷并购中国徐工和法国 SEB 收购苏泊尔集团案中所做的相关审查，引起西方的广泛关注。并购公会不断在国内呼吁安全审查，我本人也多次正式倡议创建"国家经济安全委员会"，所以经合组织特别邀请我作为三位专家之一参加上述会议，另外两位分别来自高盛公司和欧洲的一个"院外游说"机构。去开会之前，我以为国家安全是谈中国，带了很多材料去了，结果发现整个会场都在互相讨论，这不是中国的问题，是全球问题。

会议开场，各国部长们就互相指责，火药味很浓。德国人指责澳大利亚政府限制德国公司建立港口，而澳大利亚部长明确回应，海岸线就是本国的国土安全线。以色列部长认为美国对本国在美国的上市公司做了太多的业务限制，而美国人回应，不能利用高科技手段在美国威胁盟国的经济利益。大部分矛头还是指向美国，各国政府代表都在阐述本国在有关跨国并购中受到伤害，同时也都指责对方因为对国家经济安全过于敏感而伤害了公平竞争的国际原则。不过，约旦劳工部长也指责中国公司在约旦的市场扩张损害了本土的传统产业。

参会的 30 多个国家的政府代表对《有关经济安全和其他国家利益的国家政策和措施调查问卷》做出回答。问卷的主要问题包括：在贵国，与投资政策相关的"公共秩序和国家安全"的内涵是否已经在立法层面确立或以其他方式为公众所知？就保护国家利益的不同途径而言，贵国的外商投资政策扮演什么样的角色（功能）？贵国政府如何对待外国政府控制的公司对国内企业的收购？贵国在多大程度上依赖非正式的壁垒限制国外资本的进入？贵国政府采取何种手段以保证有关"国家安全"的保护性政策在实施过程中的一致性和完整性？如何保证相关外资政策目标的透明度和可预测性，以及实施过程中的公正性？当贵国国家安全利益可能影响到国外投资者时，是否有相应的协商、仲裁和司法解决机制？

中国政府由于不是经合组织的成员，没有义务做出回答，只是列席，也没有发言。我作为经合组织的专家成员，主持了半天的论坛。除了礼节性地寒暄和协调发言外，利用机会表达了几个观点。第一，对于不同经济发展阶段的国家，国家经济安全有不同的立场，需要理解。例如，环境保护与劳工权益。第二，海外投资不仅需要本国的价值观，也要理解当地文化，建立全球价值观。第三，尽管美国和日本是最早的全球投资大国，但全球性的国家经济安全不应仅仅由先驱者制定标准，还是要根据科技与市场变化由多边协调形成。这些观点得到在场各国代表的好评，被写入大会纪要中，也被当地传媒当作中国代表的意见。这个误解似乎也没有被中国官方加以解释，或给我带来麻烦。我后来一直在国内各种场合宣推并购价值观的观点。

附录　高度关注全球并购对我国经济安全的影响

一、跨国并购对国家经济安全的影响

在经济全球化时代，企业为了寻求和保持其竞争优势，必然实施全球战略，以并购作为自己的核心经营战略，在国外建立生产设施，巩固和增强在全球范围内的竞争力。因此，跨国并购是经济全球化时代的重要特征，是企业和国家经济走向全球舞台的必经之路。但是，在各国跨国企业扩大

占有其他国家市场、资源和技术时,往往使被收购企业所在国受到很大冲击,甚至会威胁一国的经济安全。有鉴于此,各国对于跨国并购行为均存在相当严格的反垄断限制或以经济安全为名的其他限制。

在德国,公司法规定跨国收购中当一个人收购德国公司 25% 或 50% 以上股份或表决权时,必须通知联邦卡特尔局;当收购产生或加强市场控制地位时,这种收购将被禁止。

在美国,2004 年末联想集团收购 IBM 全部 PC(个人电脑)业务遭遇了美国外国投资委员会(CFIUS)的审查:该交易是否对美国国家安全构成威胁。他们担心此交易可能会使中国政府获得先进技术,从而影响美国国家安全。据美国媒体报道,后来 IBM 对美国政府做了相当多的解释、说明和承诺,并且把个人电脑部唯一算得上有技术含量的部门——位于北卡罗来纳三角区的实验室剥离。这样联想得到的只是 IBM 的生产、销售和服务网络。这说明美国政府对涉及敏感行业的外资收购也是非常关注。

在加拿大,2004 年 9 月中国五矿集团准备以 50 亿美元收购诺兰达矿业公司,加拿大政府也同样表现出与美国政府相同的态度,对并购本国自然资源公司的前景感到忧虑,并且正在酝酿采取更严格的保障措施以及考虑是否修改法案,给议会对并购过程更大的控制权,以期维护本国利益。目前,任何价值超过 2 亿美元的并购协议都必须经过加拿大政府批准方可生效。

二、跨国公司对我国的垄断趋势威胁我国经济安全

1. 跨国公司对我国各行业的垄断情况

相反,由于我国缺乏相应的法律制度制约,跨国公司对我国企业的投资并购已发展到了值得高度关注的程度。据国家市场监督管理总局调查,美国微软占有中国电脑操作系统市场的 95%,瑞典利乐公司占有中国软包装产品市场的 95%,美国柯达占有中国感光材料市场至少 50% 的份额,法

国米其林占有中国子午线轮胎市场的70%，米其林以及旗下品牌在各自细分市场上处于主导地位，富士公司中国市场占有率超过25%。此外，在手机行业、电脑行业、IA服务器行业、网络设备行业、计算机处理器等行业，跨国公司均在中国市场上占有绝对垄断地位。在我国轻工、化工、医药、机械、电子等行业，跨国公司子公司的产品已占据我国三分之一以上的市场份额。

2. 跨国公司的垄断趋势直接威胁我国的经济安全

跨国公司的垄断直接抑制了中国民族企业的发展。跨国公司通过直接投资或并购中国企业的方式强力抢夺中国市场，对许多行业实现了垄断或者处于垄断的临界点。其直接的结果不仅是获得了巨额垄断利润，而且使中国企业的民族品牌难以确立。中国不同产业的企业与跨国公司相比，普遍缺乏强大的国际竞争力。以零售业为例。沃尔玛在中国市场实施"亏损战略"，以其本土市场对海外市场补贴的方式，不惜亏损以扩张中国市场的份额。值得一提的是，家乐福超市在中国的门店对供货商收取种种不合理的进场费、促销费，恶意转嫁本应由自己承担的费用，但由于中国缺乏对此类垄断行为处罚的法律条款，家乐福的行为一直未被制止。而家乐福在韩国的门店的这些行为，在1999—2001年三年间，已经三次受到韩国政府的罚款。同样的行为在中国和韩国遭遇到两种完全不同的命运，值得我们深思。重要的是，这些零售业的跨国公司利用控制终端采购渠道的主导地位，通过全球采购方式间接或直接抑制了中国轻工业的发展。

跨国公司的垄断有可能获取关系国计民生重要行业不宜对外披露的信息，增加了国家的潜在风险。如IBM目前同时垄断我国银行业大型机市场和大型机服务市场。作为中国的关键经济领域之一的银行业仅由一家外国公司提供关键产品，又几乎仅由一家外国公司提供关键产品的服务，在全世界恐怕也是十分罕见的。当国家间战略出现冲突时，IBM肯定要服从美国国家战略，会自觉或不自觉地成为干涉我国内政的工具。1989年，美国和西方一些国家对我国实行制裁，IBM曾一度撤回其全部专家，中断对我国银行业 IBM 大型机的服务。因此 IBM 对我国银行业市场的垄断，客观上造成了我国金融运行存在较高的安全隐患。又如，长期以来四大国际会计师事务所几乎垄断了我国海外上市企业的全部审计业务，而这些企业有的又往往是我国的关键行业，如能源、金融等。通过审计业务，外国机构可以获取关键行业几乎一切重要的信息，如我国能源规划的战略部署、国有银行过去不宜被人知晓的资金用途等。现在这些大量的国家重要经济秘密已处于开放状态，国家经济安全受到威胁。

二、防范对策及建议

经济全球化体现了资本自由化、生产自由化、贸易自由化。经济全球化本身有可能导致国家主权的削弱，跨国并购往往会产生与东道国国家经济安全的冲突。这种主权削弱并不只是在中国，在美国等发达国家也是一样，何况中国是弱势国家。因此，我们在考虑经济全球化所得利益的同时，必须重点考虑如何防范由于加入 WTO、参加经济全球化所带来的中国国家经济安全问题。为此，建议：

1. 加紧执行以《反垄断法》为主体的相关法律法规

外资并购最大的直接的负面影响在于它可能导致垄断。垄断造成压制东道国的幼稚工业。而克服跨国并购负面效应最主要的手段就是制定《反垄断法》。通过《反垄断法》规制跨国公司的活动，既能做到遵守 WTO 规则，又能维护国家利益；既能充分吸引外资，又能控制跨国公司的负面影响，这是当前条件下我国的理性选择。

2. 设立跨国并购审批机构

中国应借鉴美国等国家的做法，制定一定的制度，对认定跨国并购涉及国家安全的，应设立专门的国家并购审批机构进行审查，该执行特殊审查任务的机构可由多个部委共同组成，直接归国务院管理。特别是考虑建立国家经济安全咨询委员会，可以由民间行业协会参加，充分吸收市场经验。

3. 建立并购中的国家经济安全预警机制

经济预警首先是信息预警，要建立并购经济信息网络、档案管理系统和分析系统。可仿照美国，一经发现危害经济安全的跨国投资和并购，立即采取相关措施。对于跨国公司在华设立的投资性公司，应借鉴日本做法，要求其定期报告，如反垄断主管机关认为有问题，可令其减少投资，转让股份，排除垄断的可能性；如果所有在华的子公司、分公司在外资投资性公司的统一指挥下滥用市场优势地位损害我国利益的，可借鉴美国"单一体论"做法，即把它们当作一个实体来看待。

4. 建立中国海外投资保障法律体系

社会敌意、法律冲突、政权变化和商业文化对立导致的资产剥夺、企业破坏、罢工、商业歧视、员工绑架乃至公司被驱逐等恶性事件，已经成为中国在外企业的现实问题。国家风险应当成为中国政府和企业在海外投资过程中需要重点关注的问题。美国和日本在20世纪50年代和70年代企业国际化过程中，都建立了海外投资的政府保障体系，有力地支持了本国企业的全球化操作。我国政府有关部门应该在中国企业的跨国并购和海外投资过程中，在中国企业开始学习利用自己的优势去获取所需技术、品牌乃至资源过程中，不仅要提供信息、进行市场协调，而且应在投资担保、并购信贷协调、企业经营支持乃至外交协助等多方面，提供一系列保障性措施。

5. 充分发挥国内投资银行中介机构的作用

在跨国并购或上市中，投资银行中介服务涉及证券公司、财务顾问、法律顾问、会计顾问等多方面，投资银行中介机构的作用甚为关键，比如为客户提供专业意见，帮助避免跨国并购的法律陷阱、汇率风险，规避价值评估带来的麻烦等。在近年中国发生的重要外资并购和海外并购案例中，大型并购项目的财务顾问业务基本由海外投行垄断。我们承认海外投行具有经验丰富和资金实力雄厚等种种优势，但如果中国大量的涉及国计民生的重要企业长期由外资投行垄断，无密可保，对我国经济安全是有重大威胁的。

特别是由于一些著名外资投行与我们在并购中的交易对手——海外跨

国公司，有着几十年甚至上百年的几乎是血脉相连的关系，甚至在中国政府和企业过去不知情的情况下，已经为他们服务了几十年甚至上百年，难道他们会即刻真正站在我们的立场上公正地考虑问题并坚守职业道德？难道他们会真心无私地帮助中国企业正确判断和破解可能出现的风险？难道他们会在并购定价中充分维护中国企业的利益？这些值得关注。

因此，从保护国家经济安全、保护国内企业利益出发，建议今后可参照有关国家的做法，在涉及中国企业并购、上市财务顾问业务时，规定至少必须同时聘请国内中介机构共同参与。

值得特别指出，我们高度评价过去20年里中国经济开放与改革的巨大成就，坚定不移地主张中国的经济安全必须在全球化的过程中实现。尽管全球并购对中国经济形成了严峻的挑战，也出现了涉及国家经济安全的威胁。但中国经济的发展和中国企业、政府的成熟使得我们可以有信心地正视挑战和威胁，积极稳健地建立合理的安全保障体系，为中国企业更加公平地、有效率地与全球经济接轨而创造机会与环境。这正是我们这一代在全球化过程中成长的中国企业家的历史使命与重大责任。

讨论并执笔人：

刘　吉　全国工商联并购公会名誉会长，中欧国际工商学院名誉院长

夏　斌　全国工商联并购公会副会长，国务院经济发展中心金融研究所所长

汤世生　全国工商联并购公会秘书长，中国银河证券有限公司副总裁

王　巍　全国工商联并购公会会长，万盟投资管理有限公司董事长

张　克　中国注册会计师协会副会长，信永中和会计师事务所董事长

吕红兵　上海市律师协会会长，国浩律师集团事务所首席合伙人

权忠光　民建中央财经委委员，中企华资产评估有限公司总裁

（2005年11月）

第十三章 全球并购：风险与经济安全

从 CFIUS 到 FIRRMA

2017年11月，全联并购公会应美国并购协会的邀请参加美国并购年度大会，我和尉立东会长带领了30多位理事和并购交易师参加。在百年历史的摩根大厦里，全联并购公会与美国并购协会共同签署了战略合作联盟，推动中美民间商业与金融的合作，呼吁两国政府进一步开放投资限制，为中小企业和跨境资本合作创造良好的条件。这本来是一个很正常的例行安排，但2017年末正是中美商业与金融关系开始急剧冷却的时刻，这个协议立即被在场的美国媒体发出，作为一个重要的市场信号。当天晚上，我们也接到中国驻纽约领事馆的见面邀请，因我们的行程紧张，结果由华盛顿大使馆几位主管领导接待座谈，高度评价我们在困难时期与美国并购同行做出的市场化呼吁。

一件有趣的事改变了我们的日程。按原计划，我在并购公会王英理事的安排下，到华盛顿的美国国会大厦拜会几位与美国外国投资委员会（CFIUS）相关的参众议员，其中著名的一位是约翰·麦凯恩参议员（John Sidney McCain III），他曾是2008年的美国总统竞选人。我在他办公室门前等了很久，他还是爽约了，后来从报纸上得知他被特朗普紧急约谈去了。同时在门前等的还有一位排在我之前的客人。有点无聊，我们就彼此交谈起来，看到他的名片，似有眼熟但一时想不起来。于是我去洗手间用手机查了一下，原来是著名的韦斯利·克拉克将军（Wesley Kanne Clark），美国四星上将，北约盟军最高司令，曾靠空袭赢得了1999年的科索沃战争，同时炸了中国驻南斯拉夫大使馆。

我坦率地跟他说："你在中国非常有名，而且是notorious（臭名昭著）！"他立即就理解了我的意思，马上就拉着我谈起当年这件事的源头，试图说明与他无关。他也参加过总统竞选，还专门写过一本书，主张全球合作与和平。他主动做导游带我们在国会大厅和地下的博物馆讲解美国的历史，

我与韦斯利·克拉克（右）合影

第十三章　全球并购：风险与经济安全

在了解我们的并购公会希望推动跨境投资的活动后，非常高兴地退掉返程机票来参加当晚我们在美国成立机构的晚宴活动，接受了我们颁发的并购交易师证书，担任顾问，要推动中美跨境投资的市场。

他的公司与美国最著名的从事政府公关和跨境投资的翰宇国际律师事务所（Squire Patton Boggs）有合作关系，他安排了美国几个律师与我们一起多次在北京、纽约和华盛顿讨论，准备合作一本书，指导中国企业理解和应对 CFIUS 的审查，规范业务，遵守美国国家经济安全的约束，便利完成交易。我们基本完成了全书，但因中美关系急剧恶化，没有机会用中英文在两国出版，真是遗憾。我和克拉克将军一起为这本书写了序言，摘录片段如下：

中国并购公会作为代表中国民间企业投资的重要代表，始终高度重视中美两国商业和投资的未来，我们与美国律师同行一起观察研究市场变化，共同讨论创建更为有效的中美投资合作途径，将有利于两国投资界的互相提携，也希望有助于两国政策制定者对市场的深入理解，共同努力来推动中美经济和全球经济的安全稳定发展。（王巍）

有兴趣投资美国的中国企业首先应尊重美国的安全利益。正如中国有自己的规章来确保其国家利益在外国企业投资中受到保护一样，美国有自己的程序。特别是，在美国的所有外国投资均受美国外国投资委员会（CFIUS）的督管。根据所需投资或合作伙伴的具体性质，CFIUS 可能需要进行各种审查。CMAA（中国并购公会）与全球律师事务所 Squire Patton Boggs 合作，将协助中国企业驾驭这些特殊情况。（韦斯利·克拉克）

现在，我们来谈谈 CFIUS 和 FIRRMA，这是一个机构和一个法案。

美国外资投资委员会（The Committee on Foreign Investment in the United States，以下简称 CFIUS）成立于 1975 年，初期是一个对在美国的外国投资的研究机构。伴随全球化发展，各国赴美投资的企业越来越多，对美国经济和市场的影响也日益增强，甚至形成对美国同行企业的生存压力和威胁。特别是在 20 世纪 80 年代后期，日本企业大量进入美国收购，日本汽车、电器等产品不断取代美国本土产品，引发人们对社会就业问题和经济安全问题的惶恐，CFIUS 的职能也产生了变化，从市场研究逐步变成了市场监管，负责审查外资投资对美国经济安全的影响。这个跨部门委员会由 11 个政府机构的负责人和 5 个观察员组成，代表们来自国防部、国务部以及国土安全部等，美国财政部部长担任委员会主席。

1980 年，日本富士通收购美国仙童半导体公司的计划引发了美国政府的关注。仙童半导体曾经是全球最大的半导体生产公司，被称为电子和电脑界的"西点军校"。在里根政府的施压下，仙童半导体放弃了富士通，转而与美国国民半导体公司达成协议。出于对更多日本公司收购计划的担忧，美国国会于 1988 年通过法案，赋予总统权力，在"有可靠证据"证明获得控制权的外资可能采取行动威胁到美国国家安全时，总统能叫停外资收购。从此以后，外国投资委员会的业务中增加了一项重要的内容：为确保国家安全，审查海外收购案。

中国海外投资兴起后，大量中国投资进入美国，也自然成为 CFIUS 的关注重点。CFIUS 审查的海外投资并购案例，包括中国并购投资案件数量呈明显的上升趋势。据统计，在 2012—2014 年审查的 35 个国家的 358 宗涵盖交易中，被 CFIUS 审查交易数量最多的四个国家依次为中国、英国、加拿大和日本。中国被审查数量连续 3 年高居首位，3 年累计被审查涵盖交易多达 68 宗，占全部被审查交易的 19%。之后，审查更为严格，

2015 年，紫光股份收购美光的交易因 CFIUS 审查被终止；2016 年，金沙江创投财团收购 Lumileds、紫光股份收购西部数据、华润收购仙童半导体、中联重科收购 Terex、安邦保险收购 Hotel del Coronado、宏芯投资收购 Aixtron 等案例均因 CFIUS 审查终止。

2017 年，TCL 收购 MIFI、四维图新等收购 HERE、海航集团收购全球鹰娱乐、开阳资本收购莱迪思半导体、忠旺集团收购爱励铝业等交易皆因 CFIUS 审查被终止。

2018 年因 CFIUS 审查被终止的案例更多，仅 2018 年前两个多月，就

有至少5笔中资海外并购因CFIUS而夭折。2018年1月3日,蚂蚁金服与速汇金共同宣布,相关并购事宜正式终止。蚂蚁金服支付速汇金3 000万美元的解约金。这笔交易最终没有达成的根本原因是,CFIUS以国家安全为由拒绝批准。2月22日,蓝色光标发布公告称,由于CFIUS拟不予对此次交易(收购纳斯达克上市公司Cogint)进行批准,经交易双方协商,蓝色光标决定终止此次收购。2月23日,美国半导体测试设备商Xcerra称,CFIUS阻止该公司以5.8亿美元出售给中国半导体投资基金湖北鑫炎。3月5日,研发电动汽车发动机的科罗拉多公司UQM Technologies Inc.表示,中国重型汽车集团有限公司取消了对UQM的第二轮投资计划,理由是"CFIUS对这笔交易心存顾虑"。除此之外,涉及交易金额仅1 650万美元的大北农对美国Waldo Farms的收购也因此终止。

特别是在特朗普担任美国总统后,中美商业与金融冲突不断升级,在防范中国企业收购美国企业上美国也迅速采取了更为严厉的措施。美国众议院和参议院相继于2018年7月26日和8月1日通过了《外国投资风险审查现代化法案》(以下简称FIRRMA)。FIRRMA旨在扩大CFIUS在决定外国投资人投资美国业务是否对美国国家安全构成风险方面的权限。2018年8月13日,美国总统特朗普签署了该法案。

FIRRMA法案于2017年11月正式提出,其代表着自2007年通过《外国投资和国家安全法案》后对CFIUS程序做出的最重大修改。FIRRMA法案背后的主要动机之一是主管美国国家安全的部门和人员认为目前的CFIUS机制不足以处理外国投资(尤其是来自中国的投资)对美国国家安全构成的新威胁。除其他方面的扩权外,FIRRMA法案扩大了潜在须经CFIUS审查的交易范围,规定须就若干涉及外国政府关联投资人的交易进行强制申报,并授权CFIUS在调查过程中即可要求暂停交易。

该计划主要内容和核心要点包括:

其一,界定强制申报的外国企业类型。一类是被定义为控制性交易的外国投资者,即控制试点计划美国企业的外国投资者;另一类是三种特定情况下的外国投资者，即从试点计划美国企业涉及的关键技术中获得实质性的非公开技术信息、从试点计划美国企业董事会或同等实体中获得成员资格或观察员权利（包括提名权）以及参与试点计划美国企业相关关键技术实质决策阶段。

其二，扩大"关键技术"范围。在 FIRRMA"涵盖交易"要求的全部"关键技术"基础上，FIRRMA 试点计划对"关键技术"做出界定并继续扩大范围，一方面，是符合美国《国际武器规制条例》（ITAR）和美国核能委员会（NEC）相关规定及其他有关药剂和毒素规定的"关键技术"；另一方面，范围扩展至《2018 年出口管制改革法案》（ECRA）中涵盖的新兴技术和基础技术，目前暂未公布具体细节。

其三，明确强制申报规定。涉及试点计划的交易方必须在交割前 45 天向 CFIUS 提交申报，CFIUS 将在收到申报 30 天内批准交易或展开更全面的调查，强制申报材料是不超过 5 页纸的声明（Declaration），或者是完整版的通知（Notice）。若交易方未进行申报，将面临最高金额与交易拟议额相同的民事罚款。

其四，界定试点计划行业。包括半导体、飞机、航空、导弹、坦克、电子计算机等在内的 27 个行业，以及交易方利用 27 个行业中的关键技术服务其他企业，上述两种情况都属于试点计划行业应纳入强制申报的范畴。

从历史上看，美国 1975 年成立 CFIUS 机构主要是针对日本、中东和德国等市场竞争者的举措，到了 2018 年增加 FIRRMA 计划则明显针对来自中国的竞争者。而且，在国会提案中，甚至明确到美国的投资企业中不能有任何党派组织进入公司管理，这种约束更是将意识形态纳入安全审查。

我在 2018 年和 2019 年两度作为哥伦比亚大学商学院的特邀学者到纽约讲课和访问，与 CFIUS 相关人员讨论，在哥大也做了多次关于中国在美国投资的困境的讲演，明显感受到监管和市场对中国经济的高度警觉。不仅中国对美国投资大幅下降，而且美国对中国的投资和已经在美国上市的中国背景公司都遇到空前的磨难。2018 年启动的中美贸易摩擦和技术冲突事实上也引发了金融与投资的冲突。2020年初，蔓延全球的新冠肺炎疫情更是让中美两国的商业与金融交易处于停滞状态。

并购之旅：上海、纽约到达沃斯

过去几十年，在全球化加速和中国经济的崛起过程中，中国企业几乎已经走遍了世界的所有角落，并购交易已经取代绿地投资成为主流模式。作为全国工商联领导下的并购公会也伴随中国企业海外投资的节奏，陆续与全球并购同行一起搭建并购交易的服务体系。早期我们通过大量的商务洽谈和论坛（如之前提到的天津融洽会），几十次遍布全球各地的并购实地考察，多次参与欧美并购相关机构的拜访与合作等，后来逐步参与全球并购行业协会的联络与合作。

上海：亚洲并购协会（Asia M&A Association）

大约是2008年，在沈阳举办的一次并购论坛上，十几位来自韩国并购协会的嘉宾与我讨论在沈阳建立一个中韩投资商务区的合作。了解到并购公会的情况后，他们立即与我们建立了战略联盟伙伴关系。我们共同认为中国加入WTO后，非常有可能在东亚地区形成海外投资合作，并购交易也会形成一个大的市场。日本当时没有并购协会组织，韩国并购协会的李昌宪会长和我分别去日本联系具有广泛影响力的业界领袖，最后邀请到一位担任国会议员的前大臣也是日中经济友好协会的会长代表日本参与我们的合作。

2010年11月25日在上海举办的中国并购年会上，中国、日本和韩国的三国代表共同签订了章程和运营方案，宣布筹备亚洲并购协会（Asia M&A Association）。2013年，亚洲并购协会正式在韩国成立，韩国并购协会李昌宪会长担任首任会长。当年，我们组织了大约70位并购公会理事和企业家到首尔参加开业仪式暨首届亚洲并购年会，引起当地传媒的广泛报道，中、日、韩在并购领域的民间合作受到三方政府的关注。并购公会的副会长孙杰女士担任协会秘书长，参与了大量的组织工作。当时中国与韩国的两个协会在处理协会章程和秘书处制度时，有许多争执，特别是韩国方面希望将注册地永久设立在首尔。我和孙杰秘书长与韩国并购协会几位负责人连续谈判十几个小时到深夜，最后定稿。

亚洲并购协会的前三年都是由韩国方面负责运营，其间韩国方面组织了很多考察活动，带领韩国企业来中国和日本路演融资，在韩国受到政府的支持，我们每次去韩国都有部长级别的官员接待，韩国协会因此也提升了自身影响力。不过，最重要的韩国收获，也是我们的遗憾，首尔在2009年建立了韩国并购交易所。

创建中国的并购交易所一直是我和并购公会同人的期待，从公会成立

亚洲并购协会发起签约仪式

第十三章 全球并购：风险与经济安全

2009年9月30日，我和美国中小企业并购联盟时任主席迈克（中）各自带领协会代表团到德国参加德国并购协会年会，与新任德国协会主席卢卡斯博士（右）合影。之后，美国和德国两位主席多次带队来中国推动并购交易

的2004年起，我们分别给几个地方政府提交了建议书，其中，苏州和上海都表达了强烈的兴趣。但中国的监管规则一直严格控制地方交易所的发起，而且负责落实此事的地方领导人经常被更换。结果，本来是邀请日本和韩国的两个协会担任我们的顾问，结果韩国并购协会抢先一步在首尔建立并购交易所被批准运营了。毕竟，韩国市场很小，尽管名字叫得很响，但实际业务并没有真正推动起来。

2009年起，中国担任会长机构，我立刻邀请了印度、新加坡、印度尼西亚以及中国台湾和中国香港的五个协会加入，成员陆续扩大到十几个国家和地区。每年的中国并购年会都同时举办亚洲并购协会年会，一般都有十几个国家和地区的近百位海外嘉宾参会，非常热闹。后来，来自意大利和俄罗斯的并购机构代表也列席我们的年会。

亚洲并购协会陆续组织了十几次海外并购考察团，到中国台湾以及英国、德国、美国、韩国、日本、阿根廷等与当地业界同行交流。其中，我们应邀参与德国并购协会的年度大会，十几位公会理事到场为新任的德国并购协会主席站台。德国并购协会主席非常感动，多次带团到中国参加我们的活动。在东北的一场并购年会上，并购公会与德国并购协会还签署了一个百亿并购基金的意向书。可惜，新冠肺炎疫情后，许多合作都被迫按下暂停键。

纽约：亚太并购协会

2009年，我应邀在美国企业成长协会年会上讲演，与一位非常活跃的美国并购专家大卫·弗格森结识，他除了自己的并购顾问公司外，还组建了一个非常具有业界影响力的并购协会，连续十几年为美国并购行业提供数据网站、年会论坛和颁奖仪式等。他在参加了我们中国的两届并购年会后，邀请我参加2012年的第十四届美国并购年会，还专门组织了一个中国论坛。我邀请了中国企业家亚布力论坛创始人、著名企业家田源和投资家王功权等，也邀请了著名金融学者、耶鲁大学教授陈志武等。在晚上两百多人的盛大晚会上，主持人突然宣布颁发我一个"并购终身贡献奖"，我非常诧异。后来，看到一位印度的律师协会会长、巴西的能源部长和俄罗斯的一位企业家同样上台领奖，立即理解了美国并购协会的用心。这是一个"金砖奖"！

2001年，美国高盛公司首席经济师吉姆·奥尼尔首次提出"金砖四国"这一概念，特指世界新兴市场。2006年，巴西、俄罗斯、印度和中国四国外长在联合国大会期间举行首次会晤，开启金砖国家合作序幕。2009年6

第十三章 全球并购：风险与经济安全

我获得美国并购协会颁发的"并购终身贡献奖"

月，金砖国家领导人在俄罗斯叶卡捷琳堡举行首次会晤，推动金砖合作升级至峰会层次。2011年，南非正式加入金砖国家，金砖国家扩为五国，英文名称定为BRICS。金砖国家（BRICS），因其引用了巴西（Brazil）、俄罗斯（Russia）、印度（India）、中国（China）和南非（South Africa）的英文首字母。由于该词与英语单词的砖（Brick）类似，因此被称为"金砖国家"。

我当时开了一个玩笑，提到我50多岁就得到了这个"并购终身成就奖"，只能算一个半生成就吧。全场顿时轻松起来。我做了一个简短发言（附后），同时提议与美国并购协会长期合作，共同推动亚太地区的并购市场，得到美国协会几位理事的热烈响应。

2017年，我和尉立东会长带领中国并购公会代表团参加美国并购年会，并购公会轮值主席、招商证券董事长宫少林获得终身成就奖。同时，我们宣布筹备"亚太并购协会"（Asia Pacific M&A Council，简称APMAC），成员扩大到19个国家与地区。2018年，在深圳举办的中国并购年会上，亚太并购协会正式揭牌，全联并购公会和美国并购协会共同担任联席主席机构。会后，弗格森主席带队专门飞到上海的并购博物馆参观，并在并购广场鸣钟作为历史见证。

达沃斯并购论坛

2014年，我在北京金融局定期举办的金融早餐会上，结识了几位推动互联网金融和区块链的年轻朋友，对比特币等数字货币产生了兴趣，也为一本关于比特币的书写了推广序言。我们在刚刚创建的北京互联网金融博物馆里创办了中国区块链应用研究中心，很快就陆续在国内几个城市以及美国和迪拜建立了分支机构，成为推动中国区块链产业发展的早期推动者。

2016年和2017年，我连续两年受到英国著名创业家理查·布兰森（Richard Brandson）的邀请，参加他在加勒比海买下的一个岛屿上举办的区块链论坛。我们一起发起了全球区块链商业理事会（Global Blockchain Business Council），我以并购公会会长的身份担任发起常务理事。并购公会也从2017—2020年连续四年带队几十人参加在瑞士达沃斯的区块链论坛。这批最早参与中国区块链行业创新的年轻人也参加了并购公会，组成了区块链专业委员会。

在瑞士的达沃斯论坛期间，我们在参与区块链主题的论坛外，也大量接触了并购业的金融创业者和许多来自国内的企业家。一个重要的想法初步形成，能否将亚太并购协会的成员进一步扩大而提升到全球性的行业协会。我与美国协会主席弗格森和瑞士的一些金融机构一起在2020年1月的达沃斯论坛上，举办了一个"亚太并购论坛（达沃斯）"，大约有100多人参加，非常热闹。遗憾的是，新冠肺炎疫情在全球肆虐，导致后续工作未能按部就班地推动。2021年10月，在一次由梵蒂冈主办的全球经济视频论坛上，我和弗格森主席再次提出关注疫情后全球并购市场的议题，期待早日得以启动。

全球并购是一个持续发展的巨大市场，不仅基于不同产业的全球化定

第十三章 全球并购：风险与经济安全

位与价值链的全球再造过程，而且与全球政治以及商业制度的再造息息相关。特别在全球疫情和反全球化潮流渐入疲态后，来自民间和行业协会的种种努力非常重要。中国作为后发展的经济大国，在全球并购成长的过程中得到巨大的收益，同时，中国也有能力和责任为创建更为有效公正的全

我与理查·布兰森（右）的合影

361

球并购市场做出贡献。

附录　在美国并购年会上的获奖感言

女士们，先生们，大家好：

感谢田源先生的介绍，我非常荣幸地接受这个并购终身成就奖，感谢所有评委和到场嘉宾。与前面几位获奖者相比，我感到我过于年轻来接受这个荣誉，这可以称为半生成就奖吧（众人大笑）。显然这个奖的意义不是对我个人的，更是对中国快速发展的并购市场。站在这里，我想到20年前我在开始推动并购业务时，中国人还不了解并购的基本知识和意义，不得不将并购这个词翻译并创造出来，并成为最早建立专业经营并购业务的民间投资银行之一。今天，中国的并购已经成为市场的主流，而且，全世界都认识了中国的并购力量。这个巨大变化就是全球化推动和中国经济制度改革的重要成就。感谢大会将这个奖发给中国人，这是全球并购界对中国并购成就的认可和鼓励，也是中国并购与全球并购标准达成共识的标志，我们用同样的概念，同样的财务、法律和管理方式，共同推动全球经济的发展。谢谢大家。（全场鼓掌）

中国经济正在高速发展，尽管遇到全球危机，而且经济增长开始放慢，但这是一个有巨大空间和活力的经济大国，我们才仅仅有30年的发展，刚刚加入全球化，我们还会有更多的制度改革和全球市场扩展的空间，我们希望与各位朋友一起努力。当然，中国的并购还有非常多的问题，在财务透明、公司治理、知识产权保护、并购后期经营等方面还有很多不被国际并购界理解的缺陷，但是中国从计划经济的社会主义国家转向市场经济和全球经济不过才十几年历史，而且还在迅速改革之中。仅仅批评中国、否定中国和拒绝中国并不能帮助中国，也不能帮助全球经济的发展。十几年前，我们无法想象有300家中国公司可以在美国市场上市，这是中国与全球市场磨合和学习的重要成果。30年前，日本公司大举收购美国公司时，美国也是同样怀疑并抵制日本公司的全球化。谈到国家经济安全的威胁，这更是可笑，为什么美国政府在大规模借款时不再强调中国的威胁呢？（全场大笑并热烈鼓掌）

是的，中国并购正在全球发生，让很多人不安。不过，并购是婚姻，不是"一夜情"，决定婚姻当然让大家不安（全场大笑）。中国有很多新钱，有新钱的国家与有老钱的国家不一样，花钱上可能不太体面，不太明智，所有刚有新钱的国家都是一样的，当年的美国和日本也是如此。我们希望大家帮助我们，我们也会好好学习，更好地管理新钱，与大家一起投资发展，建立一个更加透明、更加安全、更加可持续的全球经济。

各位，我的英文名字是Wang Wei，很容易被读成"one way"或者"wrong way"（全场大笑），我坚定地相信，中国并购与全球并购市场的整合只能是"one way"而且不可逆转，同样，帮助中国加入全球化，中国经济发展将有利于全球经济，这是正确的路线，是"right way"。拒绝中国将是"wrong way"。（众人大笑）想象一下，如果中国仍然是30年前那样封闭、保守和敌视全球化，这才是对世界的威胁。我们希望与在座各位一起共同并购发展并成长，再次感谢大会给我这个有意义的奖项！（全场热烈鼓掌）

（2012年10月10日）

第十四章

Web 3.0时代的并购观念

Web 3.0 已经成为我们讨论未来的技术场景，元宇宙更是热火朝天地洗礼新一代并购人的观念。中国的并购市场也是与 20 年前兴起的 Web 2.0 同步发展的，我简要回顾从中国并购交易网到和并购数据中心的合作运营历史，讨论未来数字并购的机遇。

数字经济的技术基础设施已经成熟，历次商业实践的经验与教训也已经足够丰富，全球化和市场化的大趋势不可逆转，重要的是人的观念革命。区块链和元宇宙都是革命性观念，并购的未来就取决于一代并购人能否与时俱进，保持持续创新的能力。

Merge NFT 与 Web 3.0 的开启

2021 年 12 月 2 日，全球著名的匿名艺术家、被称为"加密艺术的毕加索"的 Murat Pak（也称 Pak），在 NFT 交易平台 Nifty Gateway 向公众公开发售了一个作品《并购》(Merge)。与以往的拍卖不同，《并购》并不是以单个或者一组作品的形式被售出，而是一次"无限量的发售"，参与者需要购买名为"mass"（团块或小球）的代币，在 12 月 2 日至 12 月 4 日拍卖期间，任何人都可以选择购买任何数量的"mass"，每个"mass"根据时间的推移，售价会从 299 美元慢慢涨到 575 美元。据统计，这次拍卖总共有 312 686 个"mass"被售出，28 983 名买家参与购买，销售额为 91 806 519 美元，约合人民币 5.84 亿元，超过了 Beeple 的作品，成为史上最贵 NFT，更跻身全球在世艺术家作品成交金额的第三位。

并购的江湖

　　每个购买者拥有的都是一个小球,这个球的大小根据购买的数量来决定,每个钱包都只能拥有一个小球,当买入第二个球时,两个球就会合并成一个,颜色和体积也会发生变化。"合并"会随着二级市场的交易不断发生,存在的球的数量也会越来越少,目前体积最大的一个球,是一个包含了12 120 mass 的球。通过一系列藏家的互动,最终整个作品的外观会不断发生变化,整个作品不是一张图片,而是编写在智能合约上的交互艺术形式。视觉艺术家 Emre Tanırgan 制作了一个可视化工具来展示《并购》的吞并过程。

　　《并购》是基于区块链的加密艺术,同时在拍卖过程中也是行为艺术,生动地体现了每一个物质从小到大的合并过程,我们也可以理解为公司合并的过程。一个艺术视觉,一个影像观念,完全可以映射一个现实的世界,甚至更为简洁和清晰。看到这个艺术品形成的过程,就可以体验一个真实世界的变化过程。这就是观念艺术,也是映射现实的艺术。

　　现在,我们进入了一个全然不同于现实世界的新领域和新时代,而这个观念与影像的虚拟世界正是基于现实世界而生成的,而且远远比现实世

加密艺术《并购》(Merge)

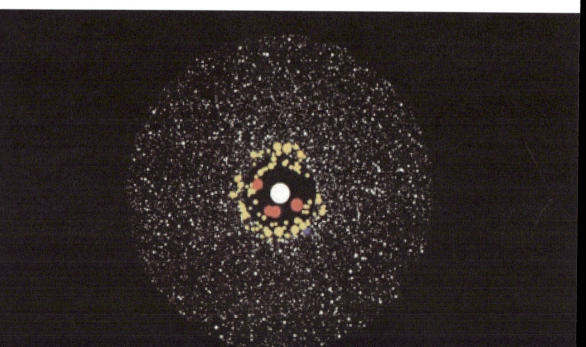

第十四章　Web 3.0 时代的并购观念

界更为宏大、更为复杂，也许更为真实。看过美国好莱坞大片《阿凡达》《哈利·波特》和《头号玩家》的人会享受这种刺激和兴奋，但是，今天无数在数字经济领域创业的年轻人正生活在这样的世界并创造着这样的世界，而且，对他们而言，这是远比现实更为真实和有价值的未来世界。

2020 年以来，数字经济成为全球的热点，这与新冠肺炎疫情的持续蔓延有密切关系。各种加密货币、区块链、DAO、DeFi 和 Token（代币）等词汇原本还是在小圈子里流行，现在突然成为席卷全球的潮流观念与语言，投资机构也迅速跟上布局各个可能的风口。幸运的是，我算是比较早就接触了这个领域的创业者们，有机会逐渐了解新的观念的发展。

2014 年初，我与几位年轻的作者见面，第一次了解了数字货币的背景。2014 年 5 月，我为中信出版社出版的《争议比特币》写了推荐序言。"人类社会的进步就是建立在一个个巨大的想象空间上，一批人前赴后继地捕捉和创造一个个历史机会。这些机会多数都不会指向成功，但我们还是要争取一个个机会，即便是犯错误的机会。我们期待社会给予数字货币一个宽容的空间。"

此后，我在金融博物馆的平台上参与了大量涉及数字货币和区块链的活动，也推动了中国区块链业界年轻创业者连续四年到瑞士达沃斯论坛交流，当然也给十几本相关的书写序推荐，这些书我自己也是先睹为快，不断从年轻人的激情和智慧中吸取养分。2021 年，我与朱嘉明、肖风一起参与作序的《元宇宙》一书成为火爆的财经畅销书，也自然被裹挟着投入大量精力来学习和实践元宇宙。

尽管新词汇层出不穷，让人眼花缭乱，但每个人都有自己的一个观察立场和体验的视野。根据我的理解，目前比较热闹的 Web 3.0 还是刚刚开始，处于盲人摸象的阶段，谈不上总结规律和本质。但是，摸象也是非常重要的，不同摸象人的讨论和比较还是可能描绘出一个大轮廓，远比冷嘲热讽不动手的旁观者更有意义。

Web 1.0 是历史，比较容易总结。主要是指互联网和数字经济的初级阶段，少数人主导信息梳理和制造，多数人消费和解读信息。这是一个信

2018年9月，在香港的一个区块链论坛上我与以太坊创始人维塔利克·布特林（Vitalik Buterin，俗称"V神"）共进午餐，"打卡"网红合影一次

息垄断和灌输的市场，全球的创新者如雅虎和网景等，中国的效仿者是搜狐、新浪和网易等。这个时期的互联网建立在电子邮件和文本的传输协议上（HTTP），技术是开源的，免费使用，不需要认可，相对自由，时间大体在20世纪90年代。

　　Web 2.0 现在是现实，也比较容易体验。互联网技术进步，参与者在阅读和接受信息外，可以写作和创造自己的信息，可以增加图文视频，特别是可以互动，建立不同的网络社区。有社会就会有竞争、利润和垄断，大量资本进入助长了少数巨型公司利用品牌、数据、技术和资本的优势，成为社交和商业的平台。这些平台公司控制了消费者数据，可能滥用权力侵犯个人隐私，出卖数据赢利，建立数据孤岛控制消费者的消费取向和思维习惯，形成对互联网社会和数字经济的巨大威胁。美国的谷歌、亚马逊和脸书公司，中国的百度、腾讯和阿里巴巴等都是如此，他们有创造数字经济基础和提高效率的巨大优势，也有危害数字经济创新发展的严重威胁。平台经济可以扬善，也可能作恶，参与者没有信任感和安全感。

这就是目前平台公司、政府监管和消费者主权三方的博弈阶段，从 21 世纪初开始到现在。

Web 3.0 还是未来，只有几个基本的观念要素和实验模块。基本的方向是去中心化的智能互联网，所有参与的用户都可以拥有自己创造的数据和资产，不需要包括政府在内的任何第三方机构认证和加持，全网自由互动和交易，实现价值的转移和创造。这样一种自由和平等的信息和数字资产交易网络可以摆脱第三方的干预和控制，真正实现互联网的初心和愿景，当然得到大多数人特别是年轻一代人的支持。不过，真正实现至少需要以下几个重要的模块成熟。

- 区块链技术与设施。2008 年匿名作者中本聪发布了加密货币的白皮书，宣布比特币的诞生。这是利用现代的加密技术和互联网平台创建的一个分布式账本，通过算法共识（挖矿）建立一个透明的不可篡改的支付体系。所有参与者都可以点对点交易，不需要依赖第三方（去中心化）。比特币的诞生和成功运营就是区块链技术成熟的标志。在区块链基础上加入智能合约交易的以太坊更是巩固并扩大了区块链的广泛市场应用。

- 数字货币的成熟。在以比特币和以太坊为代表的几千个算法数字货币产生并迅速发展之后，脸书和摩根等商业机构也纷纷开发了自己的场景数字货币，各国中央银行包括中国的中国人民银行也陆续推出了自己的法定数字货币。现代经济的核心就是交易和交易市场，货币是标准和法定的交易工具。数字货币的春秋战国时代到来，数字经济和人类文明的一个新阶段就呼之欲出了。

- DAO 的实现。DAO（Decentralized Autonomous Organization）是分布式自治组织，主要指通过算法将机构运行的价值观和组织原则纳入区块链的智能合约中自动执行，减少甚至排斥外部干预。这是一个基于平等和民主的治理理念，依靠网络平台和技术算法实现目标。近年来有了大量的网络尝试，比特币和以太坊等数字货币的成长过程也是基于这个理念，但仍然不尽人意，所以不断有软分叉和硬分叉的出现。但毕竟政府和资本的干扰已经大大降低，在网络游戏和区块链场景中成长的年轻一代中，DAO 已经成为一种精神信念了。

◎ Token 和 NFT 的机制。市场要依靠价格机制运作，社会要依靠政府权威治理，Web 3.0 也需要一个强劲的动力机制才能破土而出，成长壮大。Token（代币）就成为多数区块链社会的定价标准和交易工具，也就是承担了货币的功能，最为成功的还是比特币和以太坊。不过，在许多国家的监管体系中，算法货币仍然被高度监管和限制，为法定数字货币开辟空间。近年来，产生了新的 Token，即 NFT（Non-Fungible Token，非同质化代币），这些代币分别代表独特的主体，彼此不能互换，不能分割，更不能像货币一样脱离代表的主体而流通。简单地说，NFT 是一个在区块链上被唯一认证的独特的标识，代表身份、资产、艺术品和一切可以附加价值的主体。NFT 现在也许是价值的承载体，元宇宙场景的身份证，未来会有更多的赋能空间，这就是它现在被大量炒作的基础。

◎ DeFi 的运营。DeFi 是指去中心化的金融应用，可以指汇兑、支付、贷款、投资、保险等任何传统金融机构、工具和市场在区块链基础上的应用。

许多人都以为数字货币就是传统货币应用在数字经济中，是一个时代升级版，其实不然。传统货币是基于交换而从贝壳、金属、纸币和信用账户等一路演化而来的，与农牧业、制造业和信息业的成长及需求息息相关。基于区块链基础的数字货币则是算法货币，与加密技术和共识原则相关，超越物质约束，与人类观念与精神需求一致，是一个全新的激励与服务体系。人类的想象空间有多大，数字货币与 Web 3.0 的空间有多大，我们还是刚刚窥测一点而已。

第十四章　Web 3.0 时代的并购观念

数字并购的尝试与思考

20 世纪 90 年代初期，互联网刚刚进入中国，我算是比较早上网的那批人，还记得通过 56K 的 MODEM 拨号上网的场景，耐心地等待接通的哔声。当时主要是浏览国际新闻和与国外同行邮件交流，尽管网速非常慢，经常断线，但是，互联网真正开启了我们那代人的视野和想象力。我始终密切关注国内外网站的发展，了解商业模式，也发掘了几个重要的互联网公司客户。与朋友一起专门写了可能是国内的第一本网络定价的书：《网络价值评估与上市》（2000 年）。在新浪和搜狐等网站火起来后，我们也尝试做了几个垂直的专业门户网站，其中"中国铜网"和"摩托车网"还从客户那里得到了规模不大的创业投资。

网络运营的经验也慢慢培育了我的一个执念，并购交易可以通过网络进行，至少可以大大降低信息沟通、尽职调查和财务评估等中介费用，成为现实交易中的一个必要程序。当时普通商品还不能在网上交易的时代，将并购这种复杂的非标准化交易搬上网络的确是太超前了。我查到了 20 多年前我在报刊上发表的观点，摘录如下：

金融市场的合并，其深层动力在于因特网络技术和电子交易技术的迅速发展。国家的地域概念以及企业的民族属性已日益变得微不足道。据统计，目前美国在线交易的证券账户已达 300 万个，而且到 2002 年会扩展到 1 400 万个。依赖在线交易的美国嘉信证券交易总值已超过了百年老店美林证券。电子化交易以及目前起步的金融市场合并将会对企业特别是中小企业的融资带来积极的影响。在日益全球化的金融网络中，投资者搜寻投资项目的交易成本大大降低，资本变得更为便宜，更为迅捷，投资领域也会变得更为宽广，投资工具也会更为丰富。在一个有更多选择的融资环境中，中国企业的发展战略及融资结构会有何种变化，是值得我们研究的。我们可以在网上寻求上市机会，进行在线的尽职调查（Due Diligence），选择在线的承销商，进行在线路演（Roadshow）、在线销售、在线交易，甚至在线并购。这对企业的组织构架、股东参与、管理运作都有革命性的意义。同样，在线的监管、在线的信息披露也会随之丰富起来。

（1999年3月8日）

这种执念一直持续到今天，每当有新的网络技术突破，我便跃跃欲试。为便于理解我们这代并购人的尝试，我大体将并购交易网络化的几次努力梳理出来，为更为幸运的未来成功者建立坐标。

中国并购交易网（1998）

我在下海创办并购顾问公司的同时，也创建了"中国并购交易网"（www.mergers-china.com）。网站1998年正式开通，到了2003年已经拥有9 500多名注册会员，是当时国内最大的并购专业门户网站，希望面向企业、投资者、中介机构，提供低成本的并购解决方案。我当时还采用一句流行歌词作为广告语："你是一张无边无际的网，就这样把我困在网中央"，也曾在各种并购论坛上热闹过一段时间。中国并购交易网希望通过并购过程的"E"化（当时流行的电子化），大大降低搜寻目标企业的成本，打造新型的并购服务体系。中国并购交易网的主要内容有：

◎ 每日更新国内外并购新闻，定期加以评论，与《经济日报》等主流报刊合作；
◎ 每周出版《重组与并购周刊》电子周刊，截至2002年12月，已经发行180多期，拥有订户13 000多人；
◎ 编制"中国并购指数"，连续多年与并购公会一起评选"中国十大并购事件"及"十大并购人物"；
◎ 快速并购通道：与北京、上海、天津、河南、长春、济南等全国40多家产权交易中心联合推出，搭建企业与资本间的信息通道。
◎ 企业自动价值评估软件，企业自我测算和评估并购交易价值；
◎ 投融资分析报告：向股权供需双方提供精确的市场预告和有效的投融资操

第十四章 Web 3.0 时代的并购观念

作方案,帮助企业从各种信息中获得更重要的信息;
◎ 财经公关服务:提供并购路演、企业私募等全套网络财经公关服务,树立企业形象,致力于协助上市公司和投资银行在公开上市、私募融资方面提供系统的专业推介服务,搭建企业与资本间的对接桥梁;
◎ 中介机构检索:收录国内外数千家投行中介机构,用户可根据需要查询中介机构并进行联系。

中国并购交易网

这个网站曾经吸引了国内企业界的高度关注,也成为许多专业期刊的合作伙伴,更是培育了中国并购公会(后更名为全联并购公会)的早期影响力。其中,最有创意的是以下两方面。

一方面,企业自动价值评估软件。编制并购决策支持系统软件,在没有第三方介入的情况下,企业自主定价。在填写企业财务数据后,系统会根据企业现状，自动选取适合的估值模型进行计算，给出企业当前价值，对企业目前的经营状况进行分析，提出企业存在的问题，并以提升企业价值为目的，自动生成价值提升报告。同时，我们在系统中集成了商业计划书与交易合同自助生成系统，帮助企业自动撰写商业计划书与交易合同。

另一方面，编制中国并购指数（China M&A Index）。根据并购市场数据指标的变化，运用数学模型和统计分析方法反映并购市场的整体状况和发展变化态势的指数，是对并购市场进行定量分析和研究的重要途径和手段。2000年起，我们与《新财经》和《中国证券市场周刊》一起每月公布指数，包括并购总量、行业与地区分布和每月五大并购案例分析等。中国并购指数推出后，受到了学术界人士、公司研究人员及著名高等院校、研究机构、并购业界的广泛关注。

但是，随着平台综合网站巨头的兴起，大量垂直专业网站失去了独立运作的市场基础，也没有得到资本的支持。大约在2003年"非典"之后，中国并购交易网事实上就停止更新了。不过许多金融专业网站都增加了并购交易的内容，也有更多地方和行业的并购指数不断发布，这是令人非常欣慰的。

中国并购数据中心（2008）

2008年全球次贷危机后，中国经济也在迅速重组，新一轮并购高潮到来。许多部委和地方政府都希望并购公会能够建立一个专注并购重组资源的网络平台。我们在成功承办了天津的融洽会后，也借鉴了国际股权投资基金领域中大量的交易网站的经验，开始筹备一个"中国并购数据中心"。我援引几段2008年写的文字：

"中国并购数据中心"，以互联网为载体，采用Web 2.0模型，让投融资双方在成为数据中心内容提供者的同时，成为数据中心的内容受益方。"中国并购数据中心"通过互联网向中小企业提供全套并购交易解决方案，可以

第十四章　Web 3.0 时代的并购观念

有效降低中小企业的并购交易成本。

通过 Web 2.0 技术帮助中小企业将交易信息标准化，在经过认证后即进入撮合流程。我们将美国 ACG 企业成长协会的股权交易匹配模型引入国内，通过批量匹配模型，在大大提高企业融资成功率的同时，有效降低了投资机构的风险。

同时，在交易过程中有大量工作需要中介交易机构协调、跟踪、管理，交易机构要对律师、会计师、评估师及投融资双方的接洽进度进行跟踪，我们的系统会分别对各个工作细节进行逐条进度管理，实现交易进程的全程监控。根据统计，2007 年我们共计帮助 952 家工商企业完成融资接洽意向共计 1 045 次。

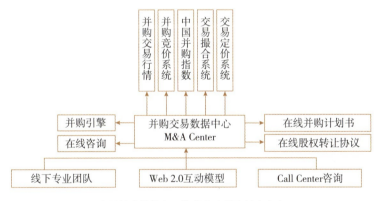

中国并购数据中心提供全套并购解决方案

基于上述海量数据中心的优势，我们采用与美国 ACG 企业成长协会共同创建的并购交易匹配模型，当形成多家投资机构关注同一个优质项目的情况时，他们就需要利用我们的竞价交易系统帮助他们组织竞价会来促成交易。我们的系统除提供传统的报价递增竞价法外，还提供了权重竞价法与逐轮竞争法，是国内最先进的跨地区股权竞价网络交易系统。

这个方案最初得到北京和上海两个地方政府的大力支持，安排了预算，准备启动，我们也组织了团队，与国外的一家并购交易平台签订了战略合作的合约，拟定于 2009 年正式筹备。但方案在上报给国资委和发改委的两个主管司局审查后被认可，主管单位准备加大投资将之升级成全国中小企业系统的并购交易平台。经过几个月的多轮讨论后，整个运行方案由某领导推荐的一个没有任何经验和影响力的杭州的咨询公司来主导，我个人被安排做专家顾问。以后的进展我就没有参与了，只是大体知道第一笔投入了 2 000 万，以后就再也没有任何信息了。

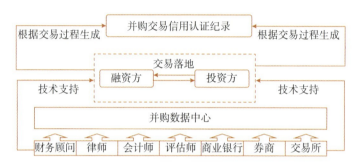

中国并购数据中心交易系统模型

我们也将这个方案的部分用于天津的融洽会，与天津政府一起创建了"滨海国际股权交易所"，成为承载天津融洽会的重要交易平台。在运营的前三年里，有各类专业会员与 3 000 余家金融机构注册，覆盖全国 30 多个省市及包括美国、加拿大、英国、法国、德国、日本、韩国等在内的全球 20 余个国家和地区。同时，我们还与苏州、沈阳联办了分所。交易项目储备近万个，挂牌 171 项，其中 155 个股权项目涉及融资额 85.3 亿元。后因全国清理整顿地方交易平台而停止运营。

亚洲并购交易所（2015）

2013 年第十届中国并购年会在香港成功举办，并购公会发布《香港宣言》，希望以香港为基地利用香港成熟的与国际接轨的金融市场和经验，搭建专业的并购平台协助跨境并购服务，推动亚洲并购成为全球经济发展的引擎。同时，全国工商联配合中国政府鼓励中国企业"走出去"对外投资的政策，要求并购公会推动海外并购交易，我们在考察美国、日本和中东的市场后，正式提出筹备"亚洲并购交易所"。其主要有三个定位。

跨境并购交易平台：为非公开性平台，以会员制为基础邀请企业、专业投资者、金融机构及中介机构参与。提供跨境并购项目资产、股权买卖的场所，并为参与者提供融资渠道及服务，推动并完善并购交易。

讯息交换平台：为跨境并购双方提供信息平台，寻找合适的投资合作伙伴及发展机会，创造商机。通过搭建专业的互联网平台，提供跨境并购项目的投资信息，以及相关的国家、地区、行业及并购市场的最新资讯。

专业服务平台：制定交易制度，并通过专业中介机构（包括策略咨询公司、财务顾问、税务顾问、会计师事务所、律师事务所、评估师）提供专业服务平台。为完成跨境并购后的企业提供并购后整合的有关服务。

当时的筹备团队、交易所框架和首期募资已经完成，与美国并购协会和韩国并购协会也正式签约，只待香港监管部门审查批准。因涉及交易所，香港和内地相关部门也在不断沟通讨论，到香港出现动乱事件后暂停筹备。

最有预见性的两点是我们当时就将这个并购交易所计划放在珠海横琴地区，利用港澳区位优势发展，同时借鉴区块链技术应用，将数字交易作为主营模式。今天，横琴成为粤港澳大湾区的中心，数字交易也成为未来大趋势。

并购网上交易的思考

在我们持续尝试网上交易的同时，全国有许多同行也在不断地创新，展示了不同的商业模式。遗憾的是，至今仍然没有一个具有行业影响力的品牌。在互联网、区块链、人工智能、大数据、云计算等各种技术创新已经风云际会的当下，技术障碍已经不复存在了，并购交易规模和市场需求也足以支撑起独立的专业并购交易所，金融监管规则的丰富也可以预防市场风险。各地政府也有愿望和能力建立区域性的并购交易中心，我坚定地相信，只要有创新的精神和具有操作能力的团队，坚定不移地做下去，一定会有数字平台上的并购交易平台、中心或交易所。几个重要的考量因素如下。

并购交易是非标准化的交易。交易标的资产和股权的证券化和数字化是必要的交易条件。在区块链的认证确权、不可篡改和透明等因素制约下，非标资产可以反复交易和流通。参考加密艺术《并购》作为 NFT 的交易和增值过程，我们可以得到启发。

并购交易可以智能化。并购资产的搜寻筛选、市场评估、尽职调查以及竞价和过户结算等过程完全可以全部在网上实现，甚至可以智能化实现，即设计一个最大利益的算法模式，自动搜索和撮合交易。并购大数据库和历史交易痕迹都可以大大扩充并购交易的机会与效果。

并购交易的风险预警和规则监管也可以智能化。区块链上的智能合约可以实现预警和终止违规交易。

并购交易不仅限于传统企业资产与股权，元宇宙场景的资产也是未来的方向。目前已经形成的大量 NFT 资产就是一个新的市场。我们下一节讨论。

从并购到金融元宇宙

2022 年 4 月，我们组织了专家一起参考国外的资料和国内创新同行的一些讨论，应中译出版社的邀请，编写了一本《金融元宇宙》(*MetaFi*)的图书。同时，也开始策划了金融元宇宙博物馆（筹），力图将金融元宇宙的来龙去脉和业界前沿的探索通过博物馆的展示体现出来，成为凝聚业界关注和研究的平台。我们也尝试发行了多枚金融数字藏品，受到热烈追捧。利用我们在香港注册的公司在知名的元宇宙游戏 Sandbox 上收购了一个 9 000 平方米的虚拟地块，创建了虚拟的中国金融博物馆，重点展示中国货币演化和井冈山革命金融的独特性，目前已开业。

第十四章　Web 3.0 时代的并购观念

金融元宇宙是元宇宙在金融领域的尝试，我自然更加关注并购交易在元宇宙场景中的应用。

这里引用我在《金融元宇宙》一书的部分序言，表达我的看法。

2017 年 1 月，我与美国并购协会主席大卫·弗格森（左）和瑞士著名企业家卡洛斯·莫雷拉（Carlos Moreira）（右）在达沃斯论坛上。他们写的《超人类密码》成为畅销书，也为《金融元宇宙》一书写了序言

元宇宙是市场竞争出来的

不同领域的人定义了不同的元宇宙。技术公司讲的是 AR、VR 和虚拟硬件体系，互联网公司谈的是拥有数字所有权的 Web 3.0，商业圈谈的是资产价值的网上交易，社会学者谈的是分布式自治组织 DAO，艺术和投资人讨论的是 NFT。因有前车之鉴，金融从业者反而不太敢发言，担心过度炒作可能导致金融诈骗或非法集资活动。中国银保监会 2022 年 2 月专门发了涉及元宇宙的警示通知。不过，连监管机构都关注元宇宙了，表明元宇宙的确是来到现实了，而且太重要了。

500 年前，人类探索新大陆时要讲五花八门的故事，要追求财富，要传教布道，甚至犯罪潜逃，真是八仙过海。当然也有的只是抱着单纯的好奇。哥伦布成功了，但也是走错了航道，歪打正着。同样，30 年前的人刚上网的时候，也无法想象今天的互联网社会。因此，还请各位专家们不要过早地定义元宇宙，给元宇宙创业者们一个开放而多元的发展空间吧，让各种奇形怪状的元宇宙都可以并存发展。元宇宙不是专家设计出来的，而是无数人参与市场竞争出来的。所以，我们要让子弹多飞一会儿，不必过早地画地为牢。

DAO 和 Token 是金融元宇宙的动脉

无论线下还是线上，人类有交易就会有金融生态。实体金融的生态就是金融工具、金融机构和金融市场，金融元宇宙（MetaFi）的生态是建立在数字货币和数字资产上的与实体经济的跨线交易。任何一个经济生态都需要适应自己的组织模式和激励方式。政府依靠机构和权力，公司依靠管理和薪酬，元宇宙需要去中心化自治组织（DAO）和通证（Token）。DAO 是建立在区块链和智能合约基础上的分布自治的成长机制。Token 是激励参与者完成交易的驱动机制。

全球各国都在推动数字经济，全球数字资产价值正在急速追赶而且很快就会超越全球实体资产的价值，因此，金融元宇宙将会成为元宇宙的主战场。无论我们是否愿意，各种加密货币与各国央行发行的数字法币之间的竞争正在全面展开，这是技术算法与政府权威的竞争，并不是你死我活的竞争，而是多元并存的竞争。你可以关闭加密货币的交易，但应该关注和研究这个上万亿美元的市场的存在，而且这个市场也是元宇宙的发源地。

这里需要强调几点：

第一，元宇宙没有国门。我们的铁路、电力、科学、金融、互联网和共产主义思想都是从西方引进的，我们应该积极推动与欧美同行的密切交流与合作。

第二，元宇宙没有门槛。从游戏、旅游、消费、制造业到监管，都有广阔的应用空间，要鼓励年轻创业者参与，不要轻易扣帽子建立禁区。

第三，元宇宙没有传统。要给新一代元宇宙人类更多的话语权，让他们主导未来趋势。例如，从金融史的立场看，传统的管制金融与未来的算法金融并没有任何血缘和师承关系，是断代，是颠覆。传统金融人不能过于自信和武断。

优先建立元宇宙金融的法治环境

在元宇宙和金融元宇宙刚刚成为热点时，应该对可能导致对立的情绪和立场有所警惕。一方面，来自创新者的冲动和偏执。创新者认定自己已经看到了未来大趋势，而且锁定了正确的赛道，但其实可能只是盲人摸象而已。另一方面，来自监管者的审慎和紧张。监管者认定不加管控将会导致非法集资和金融诈骗，将不出事作为第一使命，可能会封住创新的风口。当然，在两个极端之间有非常丰富的创新与监管的博弈空间，这种持续的博弈将同时提升创新和监管的能力。我们希望有一个正常的创新与监管的博弈，合理地发展未来的金融元宇宙。

所有创新都会有各种问题，元宇宙金融自然也是。只要你动用的是别人的钱，无论是现实资产还是各种数据资产，从事金融行为的本质就没有变,就要接受各种法律监管。除了我们熟悉的非法集资和金融诈骗外,元宇宙金融还涉及侵犯隐私、数据产权、加密货币和NFT诈骗、市场公平竞争等各种新问题。包括我国在内,各国的监管机构都在关注元宇宙金融的风险,因此,需要更多专家来提前布局监管规则,需要创新元宇宙金融的法治环境。应当说明,法治环境不仅是监管行为和管制约束"亮红灯",还要建立鼓励创新的安全基础,要给创新者亮"绿灯"和"黄灯"。互联网金融在中国发展的初期,大量的P2P和众筹等创新都得到了监管机构的支持,但监管规则迟迟不到位,结果引发大量社会金融风险,一大批意气风发但经验不足的创新者成了少数金融犯罪分子的陪葬,令人惋惜。无论现实中,还是互联网空间,能不能有一个良好的法治环境是元宇宙金融发展的基础。

金融元宇宙要对接现实场景

金融元宇宙不是与传统金融对立的金融,而是数字经济与现实经济融合的金融。仅仅是观念的讨论远远不够,应该踏踏实实地办几件事,真正解决现实的痛点和难点。不可否认,过去20年里,金融科技取得了重大的突破,恰恰在于真正提高了效率、降低了成本,而且服务更为人性化。所以,今天我们有了信用卡、自动取款机(ATM)、微信支付、支付宝、网上银行和网络支付,等等。这些都是金融元宇宙的初级形态。金融元宇宙与中小企业实际需求对接有以下几个场景。

首先,中小企业的金融服务。特别是新冠肺炎疫情中,大批中小企业出现了流动资金短缺和债务纠纷等,政府针对这些问题出台了房租减免等政策并发放了各项补贴,但这些救命钱如何才能真正传递到位?这是非常具体且带有普遍性的难题,传统金融模式处理起来难度很大。但对于金融元宇宙中的区块链、智能合约、通证激励等来说,这正是其用武之地。

其次,中小企业的信用评估。过去几十年,无数机构都希望建立一套企业信用评估体系,但至今没有一套有效的体系,全都好看无用。开发隐私计算技术,在保证数据提供方不泄露原始数据的前提下,对数据进行分析计算,实现数据的"可用不可见",这是建立信用评估体系的核心。金融元宇宙中的自治信用管理模式 DAO 既能让企业动态、商业机密始终掌控在企业自己手中,又能让企业有动力参与推动区块链智能合约实现。

还有很多现实问题,例如碳中和的金融认证、反金融欺诈和反洗钱的溯源、中小企业破产与重组确权等。其实,在消费金融、供应链金融、税收、账务等无数领域,金融元宇宙都有应用的场景。需要特别指出的是,许多人纠结于元宇宙、区块链、智能合约等的技术环节,对权益证明、拜占庭将军、双花难题和哈希算法等困惑不已。其实,这些都不应该是我们关注的重点。就像我们使用手机和电脑,并不需要了解每个芯片和部件的功能。元宇宙金融的活力就在于所有人都可以应用。

让算法人类主导金融元宇宙的未来

2018 年,瑞典中央银行负责人宣布要在 2030 年取消纸币。2021 年,中国人民银行也启动了数字法币的发行,而且是全球领先的速度,最终可能也会取消纸币。要知道中国在 1024 年,瑞典在 1668 年分别发行了全球和欧洲的第一张纸币,这两个国家的表态在金融史上意义重大。如同电子邮件消灭了电报和纸质信件一样,数字货币最终会将现在所有的纸币送进博物馆。支付工具的数字化将颠覆并重塑整个金融体系,这当然是现存的权威机构不愿意看到的,但大趋势无法阻挡。金融元宇宙的目标不仅仅是货币的数字化,而是以区块链、智能合约和 DAO 等为基础的第三代互联网在金融领域的大洗牌。

第一代互联网让我们自由获得信息和发表言论,第二代互联网建立了更为有效而集中的网络平台,但是我们失去了个人隐私和数字所有权。第三代互联网将数字所有权还给我们自己,同时给所有人创造了一个共享公共信息、数字资产和服务,但又独立自主的网络空间。区块链、加密算法、智能合约和 Token 等技术要素是第三代网络的基础,人为的干预空间大幅减少。需要特别强调的是,成长在互联网空间的新一代算法人类的观念、行为与激励方式全然不同于我们老一辈,这就是苹果、特斯拉、微信、淘宝、美团以及一些网络游戏公司等在过去十几年里全面淘汰了传统产业,也改变了我们生活方式的原因。

第十五章

并购的江湖

并购是创新的艺术，需要大视野、持续的激情和能够妥协的态度，这里没有高头讲章，只有大量的江湖经验。在创造企业和整合产业的同时，提升价值观，为文明进步做增量贡献，也给操作者带来快乐和成就感。

中国的并购动力正在带动全球并购的节奏，这是新一代并购人的机遇和使命，数字经济、全球化和元宇宙是新的空间，我期待中国并购人能保持改革开放的奋斗精神，参与创建全球文明共识的未来。

我期待能继续保持学习的态度，跟随年轻人一起前行，为未来的并购大趋势担当吹鼓手，摇旗呐喊。

视野、激情与妥协

我一直很喜欢"江湖"这个词，也把这本书定名为《并购的江湖》。

"江湖"在不同的时代和场景下有很多复杂的内涵，对我而言，主要是三点：

其一，变幻莫测的社会万象。有社会就有江湖，会遇到各种各样的众生相、无常的环境和突发的事件，需要不断开阔的视野、随机应变的生存能力、随遇而安的心境。经风雨，见世面，长才干，这是我们这代人从小的信念，大抵缘于我们是中国历史上可能也是世界历史上经历最多政治运动和时运转变的一代人吧。

其二，远离官府和规则的自在。"人在江湖，身不由己。"这句老话是指作为社会存在需要接受一些约束，有些无奈，但我更喜欢是面对既定规则和官府的一种抵御态度。与一切高大上的东西保持足够的距离，可以有更多的自由自在，内心安逸和轻松。少了特权和地位的加持，可以更加清楚自己的位势，感受和听从内心的呼唤。

其三，随心所欲地折腾。江湖就可以尽情驰骋，放飞自我。一个人能力有限，折腾不了多大的事情，不会妨害大局面的。"我的地盘我做主"，保持足够的清醒，始终走在边缘地带，给自己一个折腾撒野的空间，做我所爱，尽我所能。

几十年来，我一直身在社会，心在江湖。无论在哪里，都保持好奇心，不断游离于中心之外，探求边缘与底线，发现所在环境和特定生活的乐趣。我有一段知青插队的经历，七七级大学生、清华五道口金融学院和海外博士的背景，加上许多国有金融机构和境外金融机构的工作阅历，可谓根红苗正。但真正让我快乐的是30年参与并购的江湖经验，参与一个个企业的重组和产业的整合，加入个人的贡献，改变原来的轨迹，将之提升到新的境界。

许多年轻的朋友和商学院的学生经常提到一个问题，到底如何成为一个成功的并购人？成功的定义是因人而异的，我没有资格讨论和定义，但以并购作为职业则还有几点经验。全书写到此处，我可以大体总结三点。

首先，要有大视野。

并购和金融一样，是一门艺术，不是规则。因此，需要有广阔的视野，而且不断通过学习而持续地开拓。做好一个并购交易，要充分把握当事人、财务和特定环境这三个都在不断变化的要素，这就需要观察、理解和学习能力。知识准备是需要的，但要了解到知识是不断被折旧或淘汰的，互联网和大数据等会帮助我们补充更新知识。最重要的是保持强烈的好奇心和求知欲，要琢磨看不清看不懂的地方，努力发掘答案，而且将之作为一个快乐的发现过程，而不是别人强加给你的工作。

开拓大视野的途径有许多种，我习惯用的有下列几个：

读书，每周至少读一本书，这是我保持了几十年的习惯。坐飞机、爬山和度假就是最好的读书时刻。当然，微信和抖音等也是读书的一种方式，可能未来更重要。

聊天，结交各种朋友，喝茶聊天非常有益。新朋友会努力展示自己的长处，用一个小时大体获得对方几个月的思考心得，实在是太划算了。如果每周都有机会安排这样的聊天，人的赋能就更大。当然，这是双方互惠的交往。

复盘，经常回顾历史，总结他人的经验和自己的经验。去博物馆、看展览、旅游等都是引起各种思考和借鉴他人的机会。个人的直接体验毕竟有限，学习他人的间接经验才会丰富视野。

运动，分泌荷尔蒙和多巴胺是人的乐趣，放松自己的头脑，它才能更有效运转。40岁以后，我才开始参与各种健身活动，爬山、越野、跑步、游泳、打球、滑雪、攀岩等，接触不同圈子、不同年龄和不同阅历的朋友，会给你很多灵感和启发，开拓视野。

然后，要有持续的激情。

当年读过写美国著名的杠杆收购基金KKR的一本书，一段情节让我印象深刻。为了出售一个公司的股权，KKR的两位合伙人夜以继日地给不同的潜在买家讲同样的故事。他们口干舌燥地谈了两天，讲了差不多100次之后，突然接到东京一个投资人的电话，于是振奋精神再次讲了20分钟。不久，电话那边传来生硬的英语：谢谢了，我大概听懂了，我现在请来公司的两位老板，麻烦你们再从头讲一次吧。

激情体现人的精神状态，也是人最大的驱动力。爱情自然是极致的表达，但人的激情远远比爱情更为长久和强烈。激情来源于好奇心和求知欲，来源于创造的成就感，也来源于人的名利心和虚荣，当然，宗教也会造就传教士的布道激情。我们这一代人最幸运的就是遇到了改革开放的伟大时代，我们亲身参与其中，无论成败，都是贡献了自己的青春和才干。我们遇到了太多出类拔萃的人，经历了太多艰辛曲折的事，也有太多激动人心的故事。

走笔到此，我也想起经常被联办老同事们提起的一段往事。1992年6月，我刚刚回国不到一个月就被中国证券市场研究设计中心（联办）的总干事王波明派去广西的北海了解一下当地的商业机会。当时，正是北海的开发热，全国各地的投资者争先恐后去北海寻找投资机会，希望在深圳和海南的开发热后，再有一次大的机遇。好不容易买到一张机票，我只好独自出发。在飞机上努力搭讪，终于混入一个部委机构的团队，蹭车进城而且拿到了一个酒店房间。那时的北海，没有出租车，也极难订到酒店。

凭着一张北京朋友写来的小纸条，我终于见到北海财政局的一位科员。一个上午，我讲了几个不同的参与北海开发的计划，陆续见到科长、副局长和局长本人。午饭就已经与市政府副秘书长一起吃了。

当天晚上，我见到市长，他也是书法家和具有诗人气质的官员。随着对方级别与能力的提升，我的开发故事也从在北海做商务考察到推动金融培训、培育法人股上市到筹备股权交易中心，最后，提升到创办"北部湾国际信托投资公司"，同时造一座88层高的大厦。在1992年的北海，当时最高的是皇都酒店，十几层，计划中的也不超过30层。这个宏伟蓝图顿时激发了市长和当地领导们的兴奋点。

两天后，我已经拿到了70亩市中心土地的协议。刚离开政府大楼，我就被几位老板堵住，直接开价2 000万人民币要接手这个合同。我立即致电王波明，是建大厦还是拿钱。王波明激动地大声吼着："我当然要建大厦啊！你等着，我明天就飞过去！"我立即劝他："千万不能来北海，我会请市长去拜访你的。我都把你吹到天上了，必须在北京接待来访。"

一周后，北海市市长带队下了飞机就直奔联办见王波明，那时有许多部长都排队等着到北海见市长的。联办与北海政府正式签约，启动大厦筹备。同时，我也陪着市长到中国人民银行总行拜见行长和各司局领导，借美国西部开拓的历史，讲了一个在北部湾建立国际金融开发区，与东南亚合作开发中国西部经济的大故事，这也许是最早谈到西部经济开发的故事。

不久，我们就得到了正式的筹备批文，我从光大信托、南方证券等机

2018年11月，在苏州基金博物馆举办的中国并购基金年会上，中国证监会前副主席陈耀先（右）给联办总干事、《财经》杂志出版人王波明（左）颁发中国基金行业杰出贡献奖

构募集了两个亿的筹备资金，正式入驻北海，以南方证券作为大股东的身份担任了"北部湾国际信托公司"（筹）的总经理。北海政府也通过决议，由市长牵头筹备，财贸委主任、财政局局长、中国人民银行北海分行行长等都参与筹备，成为当时最有影响力的一个项目。不过，一年后，海南和北海的房地产崩盘，经济一时萧条，国家金融监管政策也有很大调整，信托公司和大厦都无疾而终。

尽管这个北海项目没有结果，但参与这个项目的几位主要骨干仍然以同样的激情和努力继续在以后几十年的不同项目中奋斗着，我们时常聚首，彼此声气相求。值得玩味的是，当年在深圳、海南、北海等地参与开发的一大批创业者们始终活跃在各个领域和各个地区。他们全身投入改革与开放的激情，也正是当下中国经济崛起的重要基础和依托。

最后，还要有妥协精神。

人的能力总是有限的，尽管经常以为自己在驾驭浪潮，但从大背景看，常常不过是随波逐流的一叶浮萍而已。不过，我始终认为，必须保持驾驭浪潮的感觉，高度乐观主义和理想主义，这样才有激情，才有创造动力。但同时，要时常想到人背景，认清自己的地位，缓解焦虑，心平气和，有悲天悯人的气质和现实主义精神。人的精神就是各种矛盾张力的平衡状态。

记得当年一位获奖的中国并购人物在大会讨论中谈到自己的各种逆境和挫败，轻松地说了一句，做生意就不能生气。不过，这是一个不容易达到的境界。并购交易的目标不是你预期的成功，而是所有当事人可以接受的成功，甚至让你感到的可能是一种挫败。尽管永远是充满乐观的态度参与并购交易，几乎所有的案子都会在不同阶段出现各种意外，我们需要不断去调整战略和预期，克服困难去解决问题。我在交易中始终记住几点：

第一，所有问题都是正常的，意外是事先考虑不周。把问题归结到自己一方，避免各种怨恨和迁怒于人，提升自己的学习能力。

第二，办法永远比问题多。积极乐观，一起寻找可能的方式，而且穷尽力量。

第三，守住底线后，所有事情都可以妥协。不因利益调整或面子等次要因素的变化而影响既定的底线原则。

有视野，有激情，能妥协，这不仅是做好并购的条件，也是人生的立场和态度吧。

中国里程，全球节奏

2022年7月22日，并购博物馆公布2021年度的中国十大并购人物与事件，我也做了一个简短的致辞：《中国并购的里程，全球并购的节奏》。全文如下。

中国十大并购评选已连续举办了21年，这是中国并购行业的一个重要标识了。透过这21年的评选，我谈三个观点。第一，我们看到了什么？第二，我们做了什么？第三，我们在思考什么？

第十五章 并购的江湖

第一,我们看到了什么?

金融是国家的核心竞争力,并购是金融的主旋律。这20年来,并购从一开始是"春雨润物细无声",大家不太了解这个概念,到今天并购成了大众词汇,所有企业家、创业者和金融家都在讨论并购,并购已经成了中国金融的一个主旋律。这是非常明显的,几乎所有重大的事件都和并购相关。

中国并购与全球并购同步。中国十大并购评选的最初5年,获奖项目的并购标的基本都是在中国本土,而在2001年中国加入WTO之后,中国的并购就跟全球并购同步了。前期是外国的并购公司在中国推着我们往前走,现在中国的企业已经在全球产生了巨大的并购能力,中国的并购会带动全球的节奏。

创业者和企业家是并购的核心发动机。特别要注意,我们过去很多人认为金融家在推动并购,不错,他们拥有资源,拥有资本,但真正发动并购的是创业者和企业家,可以说中国的并购是由一批实业家带动起来的,而我们的并购主要是以实业并购为主,这是评选榜单中很重要的特点。

国家政策与经济周期控制并购的节奏。并购浪潮有高有低,有两个很大的因素制约,一个是市场商业周期,一个是国家的政策。这一点也是不仅在中国,在全球都有同样的节奏。由于中国独特的计划主导的市场经济的特点,中国的并购受国家政策的影响会更大一些。这恰恰也是要我们所有的并购者高度关注自身的能力,上限在什么地方,底线在什么地方,要如何谨慎和积极地参与中国并购。

第二,我们做了什么?

创立了具有广泛行业影响力的协会。并购公会从20年前创办到今天已经拥有了7 000多名个人会员和几百个机构理事,这样的发展首先在于中国经济全面崛起,没有这样的大背景,这个市场就不存在了。但这个过程当中也有一批充满激情、有理想、有信念的人坚持不断地推动、不断地组织,然后不断地创造一系列行业标准,才有今天这样的影响力。今天的全联并购公会得到了全国工商联的支持和呵护,而且成为全国工商联民营经济体系里唯一的金融属性的商会，这是我们的光荣，但同时也是我们的责任，我们应当有更大的机会在未来发挥作用，特别是在我们逐渐战胜疫情期间，中国经济进入重启阶段的时候，我们可能发挥更大的作用。

建立了行业标准和价值观。我们已经出版了三版《中国并购行业行为准则》，民间身份出版也得到了广泛的政府认可。我们不断强调社会责任价值观，不仅仅是金钱和财富，同时还要环保、碳中和，包括未来如何跟世界上其他国家一起实现人类共同发展，要获得共识。

创建了并购交易师的培训体系和网络。按今天的区块链语言叫节点，7 000多名并购交易师都是中国并购市场的节点。通过培训，每个人都能发现自己的能量，而且创造出一个巨大的网络，这将促使中国并购市场的发达和发展。

我们投入了才智与青春，与并购一起成长。我们这一批人，包括所有关注并购市场的同仁，我们为并购市场投入了才智和我们的青春。这个市场的大发展，行业的大发展，和我们个人的职业生涯与信念结合在一起，这是非常难得的机遇，我们相信我们20年来做到了这些。

第三，我们在思考什么？

坚定不移走全球化、市场化、法治化道路。这是我们国家的方向，是民族的方向，也是我们这些行业专业人士的方向，这是必须坚定不移的。无论是中央还是地方，无论疫情前还是疫情后，我们都看得到，这是大家的共识，所以，并购同仁们也将会在这样一个大的格局下坚定地做出自己的努力。

数字并购与金融元宇宙的未来。数字经济到来了，金融元宇宙来了。今天我们很多人还看不清，如同30年前我们看不清互联网是干什么的，今天我们也看不到未来到底会是什么样子，但是我们能看到它是一个走向未来的起点，是现实世界和虚拟世界的融合。所谓的Token、DAO等这一系列的词语，构筑的是我们的想象空间。大家都知道《人类简史》，这几年比较火的一本书，它提出人的世界是靠想象驱动的。现在，衣食住行我们在过去一两百年已经基本解决了，大部分人类不再为衣食住行发愁了，那么，人类主要的生活是精神世界，因此，我们未来的财富将以数字经济的形式体现，这对我们是一个非常重要的启迪。2021年12月初，有一件艺术作品《并购》发行了NFT，两天之内这个并购概念的数字作品募集了9 200万美金。你看并购这样一个生疏的概念，两天之内有三四万人参加，最后形成了9 200万美金。这是并购在数字经济当中的一个很小的案例，我相信这是我们未来的方向。

坚持社会责任与普惠金融的价值观。这种价值观不是今天时髦，20年前从《中国并购报告（2000）》开始，我们就强调做并购人的一个社会责任，除了财富之外，你要改变社会、改变环境，让人类走向文明，生活得更好，这才是并购人的价值观，这也是普惠金融。如何让并购做得更加快乐、更加美好，这是我们今后的使命。

让年轻人做并购领导者。并购公会发展的20年，中国市场发展的20年，都是年轻人推动的，年轻人是并购的最大动力。20年前我们这批人都很年轻，很有激情，因此，我们开创了一个市场。今天这个市场属于数字经济，属于元宇宙，年轻人才是未来主导。最近几年来并购公会吸引了大量年轻的并购者来参与。我们也希望利用今天这样的活动，邀请更多年轻人一起来参与，共同推动中国并购事业的长期发展。并购是非常伟大的一个方向，是充满活力和激情的，需要更多的年轻人来推动。并购公会是个年轻的行业协会，有无限的动力。

疫情后的并购机遇

连续三年的新冠肺炎疫情给全球经济带来巨大的冲击。在各种经济要素融合已经如此紧密的当代社会，一个中心城市的供应链、生产线和社会服务全面停止几个月，产生的后果已经超越了商业、产业和金融业，而是形成了社会组织生态和公众观念与行为模式的重大改变。关注未来，即使是两三年的近期，我们都要考虑疫情的深刻影响。在2022年出版的《中国并购报告》序言中，我提到对2023年中国并购市场有几个预期。

第一，并购价值观的重新定位。

改革开放以来，中国企业界和金融界一个重要的驱动力是"做大做强"，这与共和国初期的"超英赶美"目标异曲同工，源于经济落后但理想远大的奋斗精神。这种举国之力的创业激情和全球开放的大环境的确演绎了一个大国从贫穷到强大的奇迹，并购始终是重要的操作工具，厥功至伟。不过，最近几年，全球化趋势已经发生了深刻变化，中国的强劲增长模式与价值观与美欧主导的传统全球格局发生激烈冲突，中国的成长动力与空间更多集中向内部转移。面对计划优先于市场，公平优先于效益、政策优先于规则的特色社会主义国情，产生了许多基于价值观的挑战，如单纯地做大做强是否导致市场垄断，破坏公平竞争的环境？一味追求加入全球经济体系是否阻碍中国企业提升价值链空间，甚至威胁国家经济利益安全？坚持中国企业的独特生长模式和公司治理方式与全球主流体系的冲突如何协调？仅仅以资本为驱动力的并购扩张是否会形成野蛮生长？并购交易中如何考虑碳中和、就业、妇女权益等社会责任维度？并购的价值观导向应该成为企业、产业、国家发展和加入全球化的内置要素，而不是外部约束。

第二，中国经济生态的再造。

为控制疫情而出台的一系列切断物流、限制交易、停止办公甚至长期封闭社区的政策，尽管是短期的，但从心态和行为模式上改变了公众对于未来社会管理模式和日常生活方式的预期，而这是过去40年来微观经济生态的基础。我们长期依赖的城镇基础设施突然变得脆弱和不安全，我们已经习惯的奋斗与紧张突然松弛而极度不适应。可以确定的是，疫情后中国经济将面临一次空前的大洗牌：所有企业的部门设置与人工薪酬安排，战略定位和客户市场等都会根本性重组；各个产业的工艺流程、上下游企业供应链、投资者与消费客户的构成等都会重新调整；宏观经济政策、区域产业布局和国民经济结构等高端经济调整也会启动。这就是并购和产业整合的用武之地，责无旁贷。并购应该积极有效地参与疫情后的中国经济大重组过程，而且与传统的企业本位重组不同，必须关注社会与经济的上下游生态环境。

第三，数字经济的奠基。

疫情的一个重要推动就是数字经济的真正奠基。所有企业都加速网络化和线上运营，始终在线服务的创新企业如拼多多、联想等都在最近拿出超过疫情前的亮眼业绩，而一大批固守线下服务的企业纷纷倒闭破产，也给一大批创新企业腾出空间。中国政府在2022年5月举办了推动建立数字经济的高端论坛，也实施了一系列政策，这是一个总体动员令。实体资产和实体企业的数字化已经成为社会共识，大势所趋。大数据、云计算、人工智能、区块链等日益成熟，在互联网时代成长的一代算法人类已经成为中国数字经济的主力，中国与全球先进国家同步发展。数字经济中的并购交易也日益活跃。相对于今年全球已经发生的三起重大数字经济的并购交易，中国同行也应该迅速行动起来，加速传统经济的数字化转型，特别是关注元宇宙等领域的重大进展。全联并购公会已经开始与相关机构联合推动在数字经济的平台上创建中小企业融资与纾困平台，尝试创建金融元宇宙和并购元宇宙等。

第四，全球并购将再次启动。

在经历了几年逆全球化的各种政治事件后，特别是疫情后，新一轮全球化已经开始升温。欧盟的经济合作和北美与亚太地区的经济合作成为热点。遗憾的是，中国目前没有更多参与，而且一个重要的动向便是国际资本和产业链从长三角、珠三角和香港转移到东南亚和印度一带。这固然与全球经济与金融秩序依然由美国、日本、韩国以及欧洲等发达经济主导有关，但同时应该看到中国早期的产业构造与成长价值观正在与全球主流正面冲突，需要彼此更多的理解和调整。中国政府非常明确将开放作为长期国策，而且坚定地成为全球经济的部分。如果说传统产业的融合已经完成了历史阶段目标，那么中国的科技、医疗、环境、金融服务和数字经济则刚刚进入全球舞台，这应当成为中国企业家和创业者全力以赴的领域，并购业也当仁不让，应倾情助力。在数字经济的基础上，坚定地推动民间国际交流，这是一个具有巨大潜力的战略方向。

2022年12月17日，我在第十九届中国并购年会上做了主旨发言，重点关注上市公司的并购机会。上市公司是中国经济体系中最具市场活力和创新能力的主体，抓住上市公司的并购力量，就是抓住了中国并购市场重启的龙头，纲举目张。我重点讲了几个观点。

并购与上市：企业成长的双引擎

公司的价值取决于很多因素，包括它的社会资源、行业资源，包括有多少资本，包括人才，包括技术，包括信息，等等，有很多因素共同组合才形成公司价值。决定公司的价值一个重要因素是资本的结构。早期用创业资本，用家族资本、私募股权资金资本，随着企业发展，大家开始借款，银行借款、发行债券，等到公司进一步壮大得到社会公众认可，公司就开始筹备上市。上市之后，公众资金进来，整个公司的资本更加庞大，结构更加复杂，同时要求公司的治理结构也更加复杂化。这个过程当中并购基金和并购的资本也会不断地与公司的各种资本一起出出进进。显然，并购和上市会不断改变公司的资本价值。

无论企业大和小，终究会考虑到并购和上市这样一种选择，这种选择有可能是单一选择，有可能是重复选择。那么越早，甚至在创业初期还没有成立企业时，你能熟悉并购与上市，对你未来走向更加合理的资本化运作道路是有非常大的好处的。

可以大体打个比方，并购是资本的江湖，它非常广阔，很自由，但是很任性。它动作非常快，因为它在水下，所以缺乏一些公开的规则指导，而且很多交易是形成一种私下的签约。严格地说它受到的监控和约束比较小，因此它是比较任性的。上市相当于是资本的庙堂，所谓庙堂就有很多的规矩，要遴选，要公开，要透明，要监管，这就是并购和上市的一个大体区别。并购和上市都是非常重要的。公司选用什么样的方式，与公司和经营团队的经营风格以及所处的行业有很大的关系。相当多的非常优秀的公司、家族企业不考虑上市，这并不妨碍它成为一个很好的公司。并购培育了上市企业，一旦上市以后，上市公司的发展就需要不断地扩股，不断地发展，它可能会通过收购的方式去继续发展。

时代会创造未来的公司

今天我们进入了工业 4.0，就是智能化与数字化的时代。谷歌、Meta 等公司建立在信息和数字智能领域基础上，并不是传统的所谓的实体企业，像 Meta 现在做的很多事情，大家觉得完全像科幻电影，包括游戏产业，是不是一个玩物丧志的东西呢？不一定。它可能代表人类未来的一种精神活动，将形成一个巨大的精神产业。2022 年尽管在全球疫情下，并购活动并不像往年那样戏剧化，数量相对也比较少，但是仍然产生了 500 亿美金以上大并购，其中有三个大的并购都是在数字化产业。

在 Web 3.0 时代，人类最值钱的东西是注意力，就像今天我们大量使用手机一样，不是生产多少粮食，生产多少钢铁，重要的是你的关注度在哪里，所以，这就是推特的价值。马斯克不断强调，他不再考虑挣钱，他考虑价值观，是为了人类，为了自由，为了公正，等等。这种价值观目前大家可能认为是一种虚伪，但也有可能这种价值观更加代表未来一代人的想法。

我们这一代创业者，在 40 年前一穷二白的背景下野蛮生长。而随着经济发展，人的教养，人的文明，人的价值观能不能跟上去，这很重要。所以今天新一代的中国企业家，特别是"90 后""00 后"更关心的是价值观，环保问题、可持续发展问题、绿色低碳问题，这是超越金钱价值的，是我们这代企业家需要重新理解的事情。

用并购来选择未来公司

我们应该了解未来公司的领导者是谁，因为每一个时代有每一个时代的领导者，下一次的领导者显然是在互联网土生土长的一代人。他们了解未来世界，了解游戏，了解算法，而且他们很独立，他们才是未来的领导者。所以我们要向他们学习，要跟随他们。如果你始终跟着那些靠加工、低端制造的第一代企业家走，那是在走向历史而不是走向未来。所以我们要相信年轻人，要了解数字社会，包括算法、元宇宙、数字经济等。包括垃圾处理的数字化，农业的数字化等这些跨界领域，都将产生巨大变化。

所有的公司过去都是从小到大，以自己为中心成长。在今天高速运转的市场上，没有人给你时间慢慢培育成长。这个时候很多公司是靠并购发展的，确立了一个好的观念和场景后，创业者融资去收购五六个企业而组合成一个新的公司。在数字经济环境中，新公司创建的模式和运营方式也发生了深刻变化，这是需要我们来思考的。我们要学会用数字经济、低碳经济，包括游戏，去赋能实体，使实体发生更大的变化去颠覆传统。

并购的最高境界

我们在开篇曾谈到这样几个概念：物理并购、化学并购和生物并购，这是多年前我与北大一位生物科学家出身的企业家讨论时形成的概念，主要是指并购模式不同产生的协同效应。

物理并购是企业并购交易导致规模的扩大，无论是自身资产、效益还是市场，一般都是同类企业合并或者上下游企业合并形成。例如房地产企业的合并，食品企业的合并等，传统的商业模式没有变化。

化学并购是企业的跨界并购，例如钢铁行业收购了互联网公司，传媒集团收购了健身运动公司，不同的消费群体和市场之间会形成新的产品和服务，公司的商业模式会产生变化。例如流行多年的互联网＋的推动，的确使许多传统产业上网运营，改造了原有的销售、设计和生产模式，淘汰了落后的工艺和管理体系。

生物并购是建立以头部企业为中心的生态圈为导向的并购，利用品牌、资本、大数据、技术和管理等优势，收购和整合与自身主导业务及服务相关的上下游企业或左邻右舍企业，建立具有垄断性质的平台，如铁路、能源、电力等大型企业集团，包括近年来快速成长的电子商务与金融科技平台公司等。这种并购交易是基于企业内生增长的需求，持续吸附外部资源，旨在形成可以制定生态规则的巨型企业集团。

其实，上面的区分只是方便理解并购性质的话术而已，不同的商业环境、不同的产业和不同的发展阶段，这些不同形式的并购都在同步发生，并不存在一个清晰的界限划分，也不存在一个并购鄙视链。重要的是，并购交易在改变企业资本结构和运营模式，在创造价值。

我们也可以用历史阶段来区别并购，形成了之前提到的"横向并购""纵向并购""多元并购""融资并购"和"全球并购"等，也可用所有制主体来划分国企并购、民企并购、混合并购和外资并购等，还可以有善意并购、恶意并购，或有并购、标购等各种不同的技术术语，所有上述这些并购圈经常使用的语言都是关注并购标的与并购交易，关注交易的利益成本、交易方式和交易的成败。

对于笔者而言，并购是一个商业交易，也是一个职业选择，更是一种生活态度。在关注客户利益和市场成就外，通过并购交易建立和提升人生价值观，扬善除恶，为创新和文明发展赋能，推动社会进步，这才是并购的最高境界。

近十几年来，我创建了一系列金融主题相关的公益博物馆，其中也有并购博物馆，在发掘历史的过程中，思考未来的演变。反思当年接受的主流金融教育和操作实践，我提出金融是一种制度安排，更是一种生活方式和人生态度，提倡新的金融启蒙，放弃传统金融教育提及的三个要素"安全性、流动性和效益性"。传统的宣传是基于金融监管的立场，忽视金融创新的动力和作为金融从业者自我的提升。我主张新的金融启蒙应该强调三个新的要素，当然包括并购在内。

一是金融让人生更加安全。金融的存在和创新就是让商品交易更便利，经济运行更稳健，社会文明更发展，民众生活更安全。例如，有了保险和房屋抵押贷款,社会和大众就有安全感。

二是金融让人生更加自由。有了贷款和投资,创业更有保障。更多的创业者不再依附于固定的职业和体制,可以自己追求财富,更加独立和拥有自由的选择。改革开放40年来,庞大的中产阶级形成,年轻人更加富裕,对未来有信心,金融体系的发达是基础。

三是金融让人生更加快乐。有了消费信贷和房屋抵押贷款,人们可以提前消费未来的收入能力,也可以将今天的收入用于未来的消费,人生的各个阶段都有大量金融工具可以选择,让生活更美好、更快乐。

归根结底,人类社会文明的体现就是每个人的安全、自由和快乐,金融体系的健全和财富的增长也是实现这种朴实愿景的基础。并购的最高境界,也是金融的最高境界,就是在创造社会进步的同时,让我们自己更加安全、自由和快乐。

从新的启蒙意义上说,金融和并购不再是简单的技术工具和制度安排,而是一种积极乐观的生活方式和进取创新的人生态度。从事金融和并购操作,协助创业者、企业家和金融家的商业实践,创造一系列企业、产业和社会财富,同时也激发自己的创新活力,开拓视野,丰富阅历,提升价值观,获得个人的财富自由与职业成就。

现在,让我介绍另一张代表并购公会的标识宣传画。

大约在2004年,我参与创办的中国并购公会正式加入全国工商联体系,成为二级商会组织。同时,我也邀请了来自美国、欧洲、日本和韩国的并购协会与并购专业机构参加我们举办的中国并购年会。在晚会上,看到各国来宾以不同语言讨论并购的国际合作,非常有感触。我想起少年时代经常看到的宣传画,全世界人民热爱毛主席。于是,自己用电脑修改了画面,将口号换成《国际歌》的歌词:英特纳雄耐尔就一定要实现!同时,参考马克思的名言,改成:全世界并购者,联合起来!这幅宣传画从此就成为第一张并购公会的形象标识流传开来。

第十五章　并购的江湖

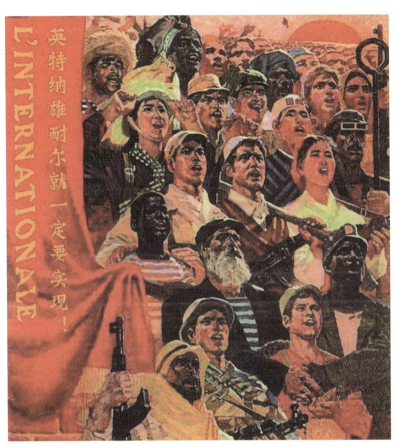

全联并购公会宣传画

全世界并购者，联合起来！
M&Aers of the World, Unite!

我们2008年到美国参加一个为期三天的美国企业成长年会，带去了几十张易拉宝宣传画用于推广，结果，第一天就被来宾们暗偷明抢地拿光了。这张画也上了大会的广告屏，极受欢迎。此后的历次国内国外的论坛上，这张画和本书开篇引用的"愿天下有情人，终成眷属！"那张画，始终代表着全联并购公会的宏大愿景和积极快乐的进取精神，鼓励各行各业的朋友们一起参与并购交易，创造未来。

几十年来，从事金融与并购的操作给我带来了很多焦虑和挫败，但更多的是赋予了我创新的激情和有所作为的欢愉。回顾历史，有几个被强加于我的称号值得回味一番。

大约在1998年，一位台湾记者在大陆收集并购的资料，主要浏览的是我参与创办的"中国并购交易网"，在书店里买了几本书，都是我写的。于是，他在台湾一本杂志上写了一篇关于我的报道。同时也约我与当时台湾一位知名的证券市场专家做了一次杂志专访，戏称我是大陆的"并购教父"。不久，香港报刊上也发表了一篇我的评论，称呼改成"并购之父"。很快，我周边做并购的朋友拿这个戏谑我，简称"之父"，当时是嘲讽为主。冷嘲热讽反而转化成了一个压力，于是我坚持创办起一个行业协会来。

几年后，《上海证券报》的一个记者采访我，我明确指出并购就是要破坏大家习以为常的环境，肢解或组合企业，发现最好的资本结构和最佳效益。从这个意义上看，我就是一个"坏人"，不断折腾、发现问题、创造机会，让大家都不太舒服。结果，这位记者就发表了《王巍：金融圈的"坏人"》的报道。另外，也有其他记者评价我是"金融界的一个浪子"。这些报道都是善意的调侃，我也引以为荣。十多年前，我在新浪博客中也写过一段话："看到一本书 *The Predator's Ball*（中文版译名为《垃圾债券之王》），书中有一句话很好：Born bad: one is more likely to make one's way to the great idea from the seemingly crazy or outrageous than from the cautious and sensible.（生为坏人：从疯狂或越轨而不是从审慎与理智中寻求知识），此话真是深得我心。"

所谓的"并购之父""金融浪子"和"坏人"等都是传媒的煽情用语，我自己最为得意的是"中国并购行业的吹鼓手"，这也是多年前接受杂志专访时的自我定义。无论在并购行业培育的初期，还是今天已经如火如荼的市场上，并购行业总是需要一批充满激情的吹鼓手，唤起社会的广泛关注，鼓励创业者、企业家和金融家的参与，呼吁监管规则的改进，提倡扬善弃恶的价值观，特别是为更为年轻的新一代并购创业者摇旗呐喊、鸣锣开道，在全球化、数字经济和元宇宙的新时代再创辉煌。